KB271059

효과적인 학교교육론

효과적인 학교교육론

이 정 선 저

머 리 말

학교하면 가장 먼저 생각나는 것이 무엇이냐고 사람들에게 물어보면 아마 배우고 가르치는 장소 정도의 대답을 들을 수 있지 않을까 한다. 초등학교 저학년에게는 의무적으로 당연히 가야하는 장소로 인식되겠지만 고학년으로 갈수록 가기 싫은 곳이 학교라는 대답도 쉽게 예상된다. 학교는 가야함에도 왜 자발적으로 가려하지 않는가. 단순해 보이는 장소 같지만 따지고 들다보면 학교에 대한 의문은 쉽게 가라앉지 않는다.

우리는 최소한 십년 이상 학교를 다니기 때문에 학교를 잘 알 것 같지만 실상 학교에 대해 물어보면 아는 것이 별로 많지 않은 것 같다. 하여 학교에 대해 조금이나마 내가 아는 지식을 소개해보고자 이 책을 묶게 되었다. 물론 한계가 없는 것도 아니다. 처음부터 학교를 소개하기 위하여 책을 기획했더라면 되도록 학교에 대해 많은 것을 보여주려고 했겠지만, 학교교육과 연관하여 이곳저곳에 쓴 글을 모으다 보니 체계적이지도 못했고 범위도 한정되었다.

그러나 이 책이 지향하고자 하는 바가 없는 것은 아니다. 기본적으로 학교교육의 핵심은 가르치고 배우는데 있다고 보고 어떻게 가르치고 배우는 것을 이해해야 하고, 학교에서 보다 나은 가르침과 배움이 일어나게 하기 위해 어떻게 해야 하는가를 나름대로 고민한 것을 모았기 때문이다. 실상 주변 여건이나 시설 및 제도를 개선하는 것도, 학습 자료를 다양하게 구비하는 것도, 구성원 간 원활한 인간관계를 유지하기 위하여 노력하는 것도, 그리고 행정이나 장학 등의 활동에 관심을 기울이는 것도 잘 가르치고 잘 배우기 위해서이다. 또한 학생에 대한 심리학적 이해나 교수-학습방법의 개선, 발문 방법, 교사-학생 간 상호작용의 이해, 그리고 수업 기법 등을 연구하는 것도 결국 잘 가르치고 배우기 위해서이다.

그래서 교수-학습은 그것이 환경이 되었건 아니면 방법이나 전략의 문제가 되었건 모든 교육하는 사람들의 관심사가 아닐 수 없다. 그러나 나는 교육인류학을 전공했고 주로 교육현상에 대한 문화적 이해와 해석을 주로 했기 때문에 투입-산출모형이나 교육의 효과에 대해서는 잘 모른 것이 많다. 효과적인 학교교육에 대해서도 이 점은 마찬가지이다. 따라서 초보자로서 배우며 이해한 수준에서 비교적 깊은 고민이 많지 않은 글들도 없지 않다.

본문은 총 4부로 구성되어 있다. 교수-학습 및 그러한 교수-학습을 규정하는 교육환경에 대한 내용이 주류를 이룬다. 지난 10년 동안 교육관련 잡지와 연구지에 실린 내 글을 모은 결과이다. 제1부에서는 문화적 맥락에 따라 학교교육이 어떻게 다르게 이해되는가와 우리나라 학교교육이 나아갈 방향으로 기초, 기본교육이라는 주제로 다루었으며, 가르치는 방법이나 전략과 연관된 내용들은 제2부에서 다루었다. 학습자가 잘 배우도록 학습을 장려하고 지도하는 방법 및 전략은 제3부에서, 그리고 그러한 교수-학습이 일어날 수 있는 최적의 환경에 대한 내용은 제4부에서 다루었다. 특별히 공교육의 2대 이념이 수월성의 추구와 소외계층을 위한 교육평등의 실현이라고 한다면 본문에서 중점을 두고 다룬 창의적인 학습은 전자에 해당되며, 소외계층을 위한 교육은 후자에 해당된다.

한권의 텍스트로 만들어지기까지는 도움을 준 사람들이 적지 않다. 조건 없이 출판을 허락해준 (주)한국학술정보 관계자들에게 감사드린다. 그리고 원고의 집필과정에서부터 아이디어를 주었고 뒤에는 초고를 읽고 비판을 아끼지 않았던 초등학교문화연구소 연구원들에게도 감사를 드린다.

매번 책을 낼 때마다 느끼는 감정은 부끄러움이라고 해야 옳을 것 같다. 그럼에도 책을 내는 것은 그러면서 조금씩 나아진다는 사실 때문이다. 개선의 속도는 독자들의 질책이 결정해 주는 것이지만 말이다.

2006. 6

무등산 자락의 연진관에서 저자 이정선 쓰다.

목 차

◉ 머리말 / 5

제1부: 학교교육의 이해◆◆◆9

문화적 맥락에 따른 학교교육의 이해 ····················· 11
올바른 기초·기본교육의 방향 ························· 23

제2부: 효과적인 수업의 조건◆◆◆33

학습 활성화를 위한 수업의 조건 ····························· 35
효과적인 수업을 위한 수업설계 ····························· 42
학습의 활성화와 수업설계 ····························· 50
수업목표와 학습동기화 ····························· 57
효과적인 학습동기 유발전략 ····························· 65
학생의 특성을 고려한 학습동기 유발전략 ················· 72
학습과제를 고려한 수업전개 ····························· 80
적극적인 수업을 위한 주의집중 전략 ····················· 87
초등수업의 과학적 인본주의:
　　　　ICT활용 수업의 반성적 성찰 ················· 94

제 3 부: 창의적인 학습지도의 조건 ◆ ◆ ◆107

창의력의 개념과 창의력 신장을 위한 학습지도 ········· 109
창조적인 발문 전략 및 효율적인 반응 방법 ············· 116
효과적인 개별화 학습의 사회·문화적 조건 ············· 123
성공적 토의학습 조건으로서 소집단 구성 ················· 130
교사의 질과 교수의 질: 비판적 고찰 ····················· 137
소규모 학교에서의 효과적인 학습지도 방안 ············· 144

제 4 부: 학교환경의 이해 ◆ ◆ ◆157

교단선진화의 필요성 및 방향 ····························· 159
학교교육을 살리는 길: 사회자본의 진작 ················· 166
학교와 지역사회 간 관계 정립의 방향 ····················· 175
자녀의 성적향상을 위한 학부모 역할 ····················· 186
소외계층의 교육: 미국을 중심으로 ····················· 194
도·농간 교육격차의 실태와 개선방향 ····················· 204
농어촌 소외학생을 위한 교육복지 대책 ····················· 213

※ 참고 문헌 ◆ ◆ ◆222

제 **1** 부:

학교교육의 이해

문화적 맥락에 따른 학교교육의 이해

1. 들어가며

오늘날 교육현상을 이해하는 데 문화의 중요성이 강조되고 있다. 교육은 문화적 맥락을 떠나서 독립적으로 이해될 수 없기 때문이다. 교육은 문화의 반영이자 문화는 교육의 내용이다. 문화는 교육목적, 교육방법, 수업, 학생통제, 학교경영, 인간관계 등 교육의 제 측면에 끊임없이 영향을 미친다. 듀르깽(Durkheim)의 주장처럼 교육목적의 문제가 되었건 아니면 사용하는 방법의 문제가 되었건 그것은 모두 사회·문화적 요구에 대한 응답이다.

학교교육에서 수업과 학생통제의 문화적 맥락에 대한 고려 역시 중요시되고 있다. 예컨대, 개별화 학습구조는 개인주의 문화의 산물이며 협동학습 구조는 집합주의의 산물이다. 학급통제 방식 역시 문화적 산물이다. 독립성향을 강조하는 국가는 규칙 중심적인 학급통제를 강조하는 반면, 적응성향의 문화적 오리엔테이션에 기초를 둔 국가는 온정 중심적 학생통제를 선호한다. 대체로 개인주의 국가는 규칙을, 집단주의 국가는 구성원 간의 유대감과 신뢰를 중시하는 학급통제를 실시한다.

이러한 주장은 특히 헤쓰와 아즈마(Hess & Azuma, 1991), 그리고 홉스테드 등 인류학자들에 의하여 뒷받침되고 있다. 전자는 미·일 간 학교교육에 대한 문화적 지원에 대한 비교연구에서 문화적 성향을 미국의 독립성향과 일본의 적응성향이라는 두 가지 틀에 입각하여 분석하였다. 독립성향은 자기주장을 강조하고 개인적 독립을 강조하는 문화적 습성인 반면 적응성향은 근면, 수용, 고분고분함을 바탕으로 집단에 대한 개인의 적응을 강조한다.

다국적 기업인 IBM사의 50개국 사원을 대상으로 문화적으로 결정된 가치에 대한 설문조사를 통하여 국가간 문화적 차이를 4개의 문화적 차원으로 분석한 홉스테드(Hofstede, 1996) 역시 학교교육에 있어서 문화적 맥락의 중요성을 강조한 사람이다. 그는 권력거리, 개인주의 대 집단주의, 여성성 대 남성성, 불확실성의 회피(uncertainty avoidance)의 강도에 따라 국가간 규범, 가정, 학교 및 직장, 정치와 이념이라는 하위 영역과 어떻게 관계되는가를 분석하였다. 특히 권력거리와 개인주의-집단주의의 문화적 차원은 국가간 학교교육의 차이를 이해하는 기초로서 활용된다.

따라서 이하 문화적 성향과 문화적 차원이 국가간 학교교육에서 어떻게 다르게 나타나는가를 살펴본다. 이러한 범주의 양극단에 위치한 나라가 미국과 일본이라는 점에서 미국과 일본을 대표로 선정하였다. 우리나라의 학교교육의 현주소를 확인하기 위해서이다.

2. 문화적 성향의 차이: 독립성향 대 적응성향

헤쓰와 아즈마(Hess & Azuma, 1991)에 의하면, 문화적 성향은 전체 사회 문화의 반영이자 결과적으로 사회화의 방법을 규정하는 중요한 메커니즘이다. 이러한 문화적 성향이 학교교육에도 그대로 반영된다. 그리하여 미국의 독립성향은 학교교육을 통하여 사회화 대행자로서 권위적 존재보다는 개인의 욕구와 목적을 우선시한다. 반면, 일본의 적응성향은 학생과 사회화 대행자 간의 차이를 극소화한 타인과의 관계를 중시한다.

미국교사는 학생의 내적 동기를 자극하여 학습을 촉진시키기 위하여 학생의 독립적 성향을 활용한다. 즉 조건과 환경을 개선함으로써 학생들을 동기화하고, 학생의 개별성, 독립성을 존중한다. 지적 자극을 위해 학습의 사회적 환경을 조정한다. 반면 일본 초등학교 교사는 효과적인 학습을 자극하기 위하여 교사의 외적 통제보다는 학생의 근면, 학교의 요구에 대한 수용을 강조한다.

가. 독립성향

미국 초등학교 교사가 학교생활을 통하여 가장 많이 쓰는 단어는 '독립 (independence)'이거나 이와 연관된 어휘들이다(Shimahara & Sakai, 1995: 60). 미국 초등학교에서 교수의 초점은 자기 주도적 학생을 양성하는 데 있으며, 교육목적은 교사와 독립하여 학생 스스로 과제를 해결하도록 하는 것이다. 학교생활을 통하여 교사들은 책임감, 자기 주도성, 성숙, 책무, 그리고 자기 활동에 대한 소임을 다하기와 같은 독립과 연관된 단어를 가장 빈번하게 사용한다. 따라서 책임을 다하지 못한 학생은 교사로부터 가장 자주 제재를 받는다.

가령, '(5학년 학생에게) 아직도 어리구나, 넌 4학년이니?', '너를 3학년으로 다시 보내게 되어서 기쁘구나', '이것이 양방통행로라는 것도 모르니?', '네 일을 내게 의지하지 마라', '너의 10년 후의 모습을 볼 사람은 내가 아니라 바로 너다' 등과 같은 언어적 질책을 통하여 행동을 교정하려고 한다(Shimahara & Sakai, 1995: 60). 즉 자신의 행동에 대하여 자신이 책임지는 성숙하고 자기 주도적인 아동을 강조한다.

시마하라와 사카이(Shimahara & Sakai, 1995)는 일본의 3개 초등학교와 미국의 2개 학교(1개의 초등학교 1학년 반, 1개의 유치원 반)에 대한 문화 기술적 비교연구를 통하여 미국의 초등학교 교사들은 학생의 독립성 배양을 위하여 다양한 도구적 활동을 수행한다는 점을 다음과 같이 밝히고 있다. 첫째, 미국의 초등교사는 읽기 교과를 통하여 학생들의 독립성을 강조한다. 즉 읽기에 있어서 교사가 강조하는 것은 학습자료에 나타난 독립성과 관련된 내용들이다. 교사들은 읽기 자료로써 교재보다 문학작품을 선택하는 경우가 더 많았다. 교사가 적어준 문학작품 목록에서 학생이 특정 책을 선택하여 읽고 개인적 소감을 기록하게 하여 문학작품 속에 나온 독립적이고 자기 주도적인 내용을 학생들로 하여금 습득하게 한 것이다(p.60).

둘째, 미국의 초등학교 교사들은 숙제 점검을 통하여 학생들의 독립성을 신장하려고 한다. 숙제는 학생들로 하여금 독립적인 학습태도를 배양하는 데 필수적인 자기 주도적 활동이다. 즉, 숙제가 학생들로 하여금 자신의 시간을 주도적으로 조정하고, 완성하는 훈육을 스스로 할 수 있게 하기 때문이다. 따라서 미국의 초등학교 교사들은 학생들에게 숙제를 자주 내준다. 칠판에 그날의 과제를 적어두고 학생에게 수시로 환기시키며, 숙제에 관한 규칙을 학부모와 학생들에게 공지시킨다.

학교마다 다양한 숙제 규칙과 숙제 점검 전략(진전표[1]와 점수제 등)을 가지고 있는데, 모두 학생 개개인의 독립적 활동을 강조하려는 의도이다. 이러한 독립적 활동을 통하여 학생들의 특정 기능을 증진시키고 수업 중 제시된 개념을 재확인하며, 학습습관을 배양하고 독립심과 자기 훈련을 증진시킨다. 구체적으로 미국의 한 초등학교 5학년 학급이 가지고 있는 숙제규칙을 예시하면 다음과 같다.

1. 만약 학생들이 숙제를 다 하지 못하거나, 사유서를 가지고 오지 않으면 그날 저녁 부모의 사인을 받아오라는 통지서가 나간다.
2. 숙제를 못해 온 학생이 그날 방과 후에 남아서 숙제를 다 하면 성적에는 영향을 미치지 않는다.
3. 학생이 남아서 숙제를 보충하지 못하면 그 과제에 대해서는 0점이 부과된다.
4. 연속해서 3회 숙제가 늦으면 학부모에게 전화해서 숙제를 제때 해올 수 있는 계획을 수립하게 한다.
5. 부모로부터 사유서(질병, 피치 못할 사정 등)를 가져오면 숙제는 면제된다. 결석에 의하여 숙제를 하지 못할 경우 학생이 다시 학교에 출석한

---

1) 주기적으로 학생의 학습 진전 상황과 숙제에 대한 교사의 평가를 학부모에게 공지하기 위하여 고안된 표를 말한다.

후 수일 내에 보충해야 한다(Shimahara & Sakai, 1995: 60).

이러한 숙제 점검에 있어서 교사는 조정자(director)로서 학생들이 자기 주도적 학습과 독립성향을 배양하기 위한 환경을 제공하는 역할을 담당한다. 그리고 그러한 규칙을 객관적이고 중립적으로 운영함으로써 학생들에게 필요로 하는 책임감과 독립적 성향을 내면화시킨다.

나. 적응성향

시마하라와 사카이(Shimahara & Sakai, 1995)의 연구에 따르면 일본의 초등학교 교사는 교육목적을 달성하기 위하여 학생과 정서적 친근감과 유대감을 가장 중요하게 생각한다. 교사와 학생 사이에 형성된 정서적 유대감(kizuma)[2]이 학습동기를 강화한다고 생각하기 때문이다. 따라서 초등학교 교사는 정서적 유대감을 증진하기 위하여 다양한 방안들을 고안한다. 가령, 아동들을 겸손하게 관여시키기, 개인 간 경험의 증진, 친근감과 동료의식을 강화하기 등이 여기에 포함된다.

특히 일본 초등교사들은 학생들에게 문화적 가치를 전수하는 방법으로 무엇보다도 직접적 교수보다는 삼투(osmosis)를 활용한다(Hess & Azuma, 1991). 즉, 성인의 가치를 제공하는 정서적·신체적 친근감, 상호의존성, 가르쳐 길들이기 등 의미 있는 타인과 동일시를 강조함으로써 도덕적 가치를 내면화하도록 한다. 따라서 일본의 초등학교에서는 미국과 달리 도덕적 덕목을 직접 가르치거나 권고, 대화, 그리고 설명하는 일은 상대적으로 강조되지 않는다.

둘째, 일본의 초등학교 교사들은 미국과 달리 학습활동을 개별적으로 학생들이 자유롭게 선택하게 하거나 학생들의 자기 주도적 개별학습이나 행동에 대한 자율적 통제를 강조하지 않는다. 대신 집단 중심적 활동을 강조한다. 가령, 소집단 구

---

2) 일본어로써 감정이입을 신장시키는 개인 간 관계 혹은 타인의 심금을 울려 감동시키는 것을 의미한다.

성, 집단과 동일시, 사회성, 협동, 공동 책임과 같은 규범을 강조한다. 따라서 학급 내 형성된 동일 집단의 구성원들은 각각 다른 활동을 하는 것이 아니라 동일한 활동을 해야 한다. 독립과 선택이 중요한 것이 아니라 상호의존, 협동, 집단활동, 그리고 소속감이 중요한 것이다(Shimahara & Sakai, 1995).

특히 4~6명으로 구성된 모둠(han)은 구성원 간 강한 연대의식과 팀 정신(team spirits)을 가지게 한다. 일본 초등학교에서 대부분의 활동은 이러한 모둠별로 이루어지며 책임 역시 공동으로 떠맡는다. 여기서 각종 활동이란 교과 관련 활동, 학급 활동(학급의 질서, 정원 가꾸기, 건강과 보건 활동, 오락, 영선, 기획 등), 문화행사 관련 활동(추리소설 쓰기, 수박 재배, 연극 대본 쓰기, 학급 신문 만들기, 장래의 꿈 지도 만들기, 벽보 만들기 등)을 포함한다(Takaoka, 1992: 73).

셋째, 정규 교과 관련 활동3) 도중에도 교과의 내용과 직접적으로 상관이 낮은 도덕성과 일상적인 태도에 대한 지도(guidance)를 통해서 일본의 초등학교 교사는 적응성향을 강조한다. 가령, "한 걸음씩 나아가 산을 정복하듯 공부도 꾸준히 나아가야 한다. 등산에서 한 명의 실수가 조원의 생명을 앗아가듯 학습에서도 협동이 중요하다. 동료 간 격려와 협동을 통해서만 앞으로 나아갈 수 있다"는 요지의 초등학교 교사의 훈화가 그것이다(Takaoka, 1992: 78). 일본 초등학교 교사가 사용하는 학생지도 관련 지침서에 따르면 개개인의 성공보다 구성원 간 유대와 협동을 통해서 얻어지는 집단성취를 강조한다. 그리고 학습태도와 예의범절을 강조한다. 그러한 내용을 담고 있는 한 초등학교 학생지도 관련 지침서를 살펴보자.

1. 시작종이 울리면 자리에 앉아라.
2. 호명이 있으면 '예'라고 즉시 대답하라.
3. 수업 도중에는 자세를 똑바로 하라.
4. 자신의 의견을 말할 때는 상대방을 쳐다보고 끝까지 또렷하게 말하라.
5. 의문이 생기면 질문을 하고 대답을 들으면 '알겠습니다. 고맙습니다.'

---

3) 일본의 초등학교 교육과정은 크게 세 영역으로 구성된다. 정규교과(가령, 일본어, 사회, 수학, 과학, 음악, 체육, 미술 등)와 도덕교육, 그리고 전체 수업의 10% 이하로 구성된 특별활동이 그것이다.

라고 말하라.

6. 상대방의 이야기는 끝까지 경청하라(Takaoka, 1992: 79).

넷째, 일본 초등학교는 학급의 급훈을 통해서도 적응성향을 내면화시킨다. 대부분의 급훈이 학생지도와 연관되어 있으며 그 내용은 의사소통의 기능과 태도뿐만 아니라 학급의 질서와 규율, 집단 내에서 개인 간 관계, 공통의 목적을 달성하기 위한 협동이 대부분을 차지한다(Takaoka, 1992: 80).

결국 특정 사회는 그 사회가 규정하는 규범, 가치관, 관습과 일치하는 생활 경험을 학교교육을 통하여 내면화시킨다. 일본도 예외가 아니다. 대부분 일본의 초등학교 교사는 학급을 모둠으로 나누어 운영할 뿐만 아니라 정규 교과 시간이나 특별활동을 통해서 집단의 규칙과 규율을 익히도록 노력한다. 적응 성향의 특징인 집단의 연대의식과 유대감, 협동심을 강조한 것이다.

이러한 문화적 성향은 초등학교교육, 가령 교육목적이나 학습활동, 그리고 학생통제 방식에 그대로 적용된다. 또한 교수－학습과정에도 나타난다(이종각, 1988). 따라서 그러한 문화적 성향이 다른 문화적 배경에서 개발된 교육방법을 도입할 때 학습지도나 학생통제의 외형적 기술만을 도입하는 경우에는 문화적 차이로 인하여 갈등을 야기할 수 있다.

3. 문화적 차원의 차이

앞에서 언급한 것처럼 문화적 차원과 학교교육 간 관계를 규명한 대표적인 학자 중의 하나는 홉스테드이다. 그는 권력거리, 개인주의 대 집단주의, 여성성 대 남성성, 불확실성의 회피(uncertainty avoidance)의 강도가 국가 간 학교교육의 실제에서 다르게 나타난다는 점을 밝혀주었다. 그가 밝힌 권력 거리 및 개인주의－집단주의의 문화적 차원이 국가 간 학교교육에 있어서 어떻게 다르게 나타나는가를 살펴본다.

가. 권력거리

권력거리라는 용어는 네덜란드의 사회심리학자인 모크멀더(Mauk Mulder)에 의하여 제기되었다. 상사와 부하직원 간의 감정적 거리를 말한다. 홉스테드는 한 나라의 제도나 조직의 힘없는 구성원들이 불평등한 분포를 기대하고 수용하는 정도로 정의하였다. 그에 따르면 권력거리가 큰 사회에서는 아랫사람이 윗사람에 대한 의존도가 높다. 대체로 아랫사람은 전제적 내지는 가부장적 상사에 대한 의존 자체를 선호하거나 아니면 그런 관계를 전적으로 배척하려는 극단적인 감정을 갖는다. 이런 사회에서는 양자 간 심리적 간격이 크기 때문에 아랫사람이 윗사람에게 반대 의견을 내는 일은 거의 없다.

반면 권력거리가 작은 사회에서는 아랫사람이 윗사람에게 의존하는 정도는 상대적으로 약하다. 상호 평등관계를 유지하기 때문이다. 따라서 양자 간 감정적 거리도 비교적 작고 아랫사람은 윗사람에게 쉽게 접근해서 반대의견을 제시한다.

이러한 관계는 초등학교 안에서 교사와 학생 간 역할을 규정하는 데도 그대로 적용된다. 권력거리가 큰 사회에서 교사와 학생 간 관계는 권위적으로 규정된다. 즉, 교사 주도로 교육과정을 운영하기 때문에 학생들이 무엇을 배울 것인가는 교사가 결정한다. 엄격한 학급 규율에 따라 교사가 학급 활동을 주도한다. 교사의 말은 거스를 수 없고 또 비판할 수 없으며 심지어 학교 밖에서도 존중되어야 한다. 학생이 못된 행동을 할 때 교사는 그 부모에게까지 간섭하여 학생의 버릇을 고치려 한다.

반면, 권력거리가 작은 사회에서 교사는 학생을 기본적으로 동등한 존재로 대한다. 교육과정도 학생중심이므로 학생 스스로 자기가 알아서 공부할 것을 기대한다. 수업시간에 교사가 묻지 않아도 학생들은 언제든지 의문점을 교사에게 질문할 수 있다. 학생들은 교사와 논쟁도 하고, 교사의 말에 이견을 말할 수 있으며 비판할 수도 있다. 그럴진대 학교 밖에서는 교사에게 각별한 존경을 보이지 않아도 된다. 아이가 못된 행동을 할 때 부모는 교사와 맞서 아이 편이 된다. 특별히 교사와 인간적인 교류 없이도 교육은 가능하다. 홉스테드가 제시한 가정과 학교 영역에서 권력거리의 강도에 따라 인간관계가 어떻게 다르게 나타나는가를 도표로 나타내면 아래의 〈표 1〉와 같다.

<표 1> 권력거리가 작은 사회와 큰 사회의 학교교육의 차이

권력거리가 작은 사회	권력거리가 큰 사회
• 부모는 자식을 동등한 존재로 대한다	• 부모는 자식에게 복종을 가르친다
• 자식은 부모를 동등한 존재로 대한다	• 자식은 부모를 존경심으로 대한다
• 수업시간에 교사는 학생이 주도적으로 나올 것을 기대한다	• 수업시간에 교사가 모든 것을 주도한다
• 교사는 객관적 진리를 전달하는 전문가이다	• 교사는 자신의 지혜를 전달하는 스승이다
• 학생은 교사를 동등한 존재로 대한다	• 학생은 교사를 존경심으로 대한다
• 교육수준이 높은 사람은 낮은 사람보다 덜 권위적인 가치를 지닌다	• 교육수준이 높은 사람이나 낮은 사람이나 비슷한 정도의 권위적인 가치를 지닌다

나. 개인주의 대 집단주의

국가 간 문화적 차이를 설명하고 나아가서는 초등학교 교육의 차이를 설명할 수 있는 또 다른 문화적 차원으로 개인주의-집단주의를 들 수 있다. 홉스테드(1996)는 개인주의를 개인의 이익보다 집단의 이익을 우선하는 사회로 보았다. 그에 따르면 개인주의는 개인 간 구속력이 느슨한 사회이며, 집단주의는 출생에서부터 개인이 강하고 단결이 잘된, 그래서 내집단으로 통합되어 있으며 평생 동안 내집단에 충성하는 대가로 그 집단이 개인을 보호해 주는 그런 사회를 말한다.

개인주의 사회에서는 자기의 생각을 분명히 표명하는 것을 문화적 미덕으로 삼는다. 자기 스스로 의견을 갖도록 장려되고 자기가 느끼는 것들을 사실 그대로 말하는 것이 진지하고 정직한 사람이다. 그 과정에서 상대방과 빈발하는 의견충돌은 한 차원 높은 진실에 도달하는 과정에 불과하다. 오히려 갈등에 대처하는 방법은 일상적인 삶의 한 부분에 지나지 않는다.

반면, 집단주의 사회에서는 아이가 어떤 의견을 말할 때 다른 사람들의 눈치를 보는 법부터 배우게 한다. 집단에 대한 조화와 체면이 중시되기 때문이다. 이런 사회에서는 개인의 의견 자체가 집단에 의해 미리 결정되기 때문에 개인의 독립적 의견은 존재하지 않는다. 또한 내집단과 외집단 간 구분이 명확하여 외집단에는 배타적이지만 내집단에 대해서는 충성과 의무를 대가로 안전과 후원을 보장해 준다.

어린 시절 가정에서 심어진 개인과 집단 간 관계는 학교교육을 통해 더 한층 강화된다. 집단주의 사회에서 학생들은 대체로 큰 집단 안에서 말하기를 꺼려한다. 집단 안에 외집단 성원들이 섞여 있다고 생각하기 때문이다. 그래서 학생들은 수업시간에 기꺼이 발표를 하지 않으려 한다. 심지어는 교사가 전체 학급을 대상으로 질문을 던졌을 때도 입을 열려 하지 않는다. 자신은 단지 집단의 일부이고 따라서 집단의 허락 없이 일어서서 말한다는 것은 이치에 맞지 않는다고 느끼기 때문이다. 이러한 사회에서는 교사가 학생을 교정할 때도 학생과 일대일로 맞서는 일은 가급적 피하고 학생의 마음을 상하지 않게 해야 한다. 할 수만 있다면 학생들의 체면을 살려주는 방향으로 지도해야 한다. 대집단 활동보다는 소집단 활동이 강조되는 이유이다.

<표 2> 개인주의와 집단주의 사회의 학교교육의 차이

개인주의 사회	집단주의 사회
• 아동은 나라는 의미 안에서 생각하는 법을 배운다	• 아동은 우리라는 틀 안에서 생각하는 법을 배운다
• 자신의 생각을 그대로 말하는 것이 정직한 사람의 특징이다	• 언제나 조화가 유지되어야 하며 직접적인 대립은 피한다
• 규칙을 위반하면 죄책감과 함께 자기 존중감의 상실을 느낀다	• 규칙을 위반하면 자신과 집단에 대해 수치심과 체면 손상을 느낀다
• 교육의 목적은 어떻게 행동할 것인가를 배우는 것이다	• 교육의 목적은 어떻게 학습할 것인가를 배우는 것이다
• 졸업장은 경제적 가치와 자기 존중감을 높여준다	• 졸업장은 보다 높은 지위 집단에 들어갈 자격을 부여한다

반면, 개인주의 사회에서는 집단주의 사회에서 암묵적으로 인정되는 것조차도 명시적으로 표현을 해야 자신의 능력으로 인정받는다. 따라서 자신의 의견을 명확히 표현하는 것은 학교교육을 통해서 적극 권장된다. 교사가 학생을 교정할 때도 개별적인 학생으로 다루어지며, 따라서 집단적 행동교정 방법보다는 학생 개개인에 대한 책임을 직접 묻는 방법으로 교정을 시도한다. 개인으로 하여금 사회에서 자신의 위치를 스스로 찾도록 준비시키는 것을 교육목적으로 간주하기 때문이다. 개인주의와 집단주의 사회에 따라 가정과 학교교육이 각각 어떻게 다르게 나타나는가를 홉스테드가 분석한 내용을 요약해서 표로 나타내면 위의 〈표 2〉와 같다.

4. 나오며

문화는 제도, 체제, 상징, 의식, 가치, 개인적 습성과 같은 것으로 표출된다. 수업의 구조 역시 하나의 문화적 산물이다. 따라서 어떤 학습구조를 제대로 이해하고 해석한다는 것은 그러한 구조가 생겨난 사회적 상황이나 배경, 그리고 그 안에 살아가는 사람들의 특수한 경험을 그 맥락 속에서 이해한다는 것을 의미한다. 개별학습 구조나 협동학습 구조 역시 그러한 구조가 나오게 된 사회·문화적 맥락을 이해할 때 비로소 올바른 이해가 가능하다.

예컨대, 개별화 학습은 이러한 독립성향에 익숙하지 못한 학생이나 혹은 집단적 문화성향(cultural orientation) 속에서 성장한 학생들이나 학급 상황에 적용하는 데 용이하지 않은 학습구조인지도 모른다. 어얼리(Earley, Hofstede, 1996 재인용)의 집단목표와 개인목표 간 실험 결과에서 보는 것처럼 집단주의 국가는 집단목표가 주어졌을 때, 그리고 무기명으로 과제를 해결하도록 했을 때 과제를 잘 수행한 반면, 개인적으로 작업을 할 때, 그리고 실명으로 과제를 제출하도록 했을 때 수행수준이 가장 낮게 나타났다. 반면 개인주의 사회에서는 개인적으로 일할 때, 그리고 실명으로 과제를 제출하도록 했을 때 수행수준이 가장 높았으며 그 역일 때 수행수준이 가장 낮았다.

그러면 우리나라는 어떤가. 역사적으로 우리나라는 일본 문화의 영향과 미국 문화의 영향을 모두 받아온 국가이다. 즉 일본의 집단주의의 문화적 성향과 미국의 개인주의적 성향이 혼재된 상태에 있다. 그래서 독립성향과 적응성향이 동시에 강조된다. 또한 권력거리가 높은 관행과 낮은 관행이 동시에 표출된다. 그것은 수업에서도, 학교교육 전반에 있어서도 마찬가지이다. 따라서 특정의 기준과 뚜렷한 관행이 정착되지 않은 결과 상황에 따라 가변적이며, 현장 교사들의 고민이 그만큼 클 수밖에 없다. 그런 사회일수록 고맥락적 의사소통인 '눈치'가 발달하게 된다. 예측 가능한 특정의 형태를 도출해 내기가 어렵기 때문이다.

우리나라 학교교육이 미국의 개인주의와 일본의 집단주의 문화적 성향 그리고 적응성향과 독립성향의 양 중간에 있다고 해서 전혀 부정적인 의미로만 받아들일 것은 아니다. 우리가 양국 학교교육의 장점을 어떻게 받아들이느냐에 따라 우리 교육을 보다 발전시킬 수 있는 개연성을 의미하기도 한다. 이러한 일은 현장교사들이 부단히 연구하고 현장교육을 발전시키려는 관심과 노력이 함께 할 때 가능하다. 이것이 현장교사의 창의성이 요구되는 이유이다.

올바른 기초·기본교육의 방향

기초·기본교육은 7차 교육과정에서 강조하는 핵심내용이다. 여기서 기초교육은 기초능력배양 교육으로서 기본적인 언어능력, 수리능력, 탐구능력과 창의성 등 기초학습능력의 신장을 말한다. 기본교육은 기본생활습관 형성으로 기본예절, 질서, 절제, 준법, 공중도덕 등 기본적인 생활습관을 익혀서 민주시민으로서의 자질과 품위 있는 인격을 도야하기 위한 교육을 말한다. 이를 위해 교과, 특별활동, 재량활동 등 학교교육활동 전반에 걸쳐 통합적으로 교육과정을 운영하자는 것이다(1997, 교육부 자료).

국가수준의 교육과정의 취지에 부응하여 전남교육도 '실력전남'을 장학의 캐치프레이즈로 내걸고 '학생중심의 학교문화 조성, 신뢰받는 교육풍토 조성'을 위해 기본학력의 정착 및 기초생활습관 교육을 강조하고 학생수준에 적합한 교육과정을 편성 운영하도록 하고 있다.

제한된 본문에서는 전남교육이 내걸고 있는 장학방향의 각 항목을 기초·기본교육과 결부시켜 자세히 기술할 수 없다. 역량의 한계 때문이기도 하지만 그것보다는 교육과정의 전반적인 발전과정에 비추어 기초·기본교육이 어떠한 위치를 차지하고 있는가, 기초교육과 기본교육은 각각 어떠한 방향으로 나아가야 하는가를 알아보는 것도 의미 있는 일이라 생각하기 때문이다. 따라서 기초·기본교육을 강조하게 된 배경과 실천방향을 살펴보는 것으로 본문을 대신하고자 한다.

1. 기초교육의 강조 배경

기초교육은 학습력에 대한 교육, 즉 기초지식교육을 말한다. 우리나라 교육과정의 발달과정을 살펴보면 지식교육에 대한 강조가 어제오늘의 일이 아님을 알 수 있다. 예컨대, 3차 교육과정에서는 기본개념의 파악과 관련하여 "지식의 구조를 이루는 기본개념과의 관계를 이해하고 지적인 탐구방법을 익힐 수 있도록 지도내용을 정선하여야 한다"고 밝히고 있으며, 5차 교육과정 구성에 있어서는 "지식의 급격한 팽창과 과학의 발달에서 오는 고도 산업화, 정보화 시대에 능동적으로 대처하고 국제관계의 다양한 변화에 주체적으로 대응하며……"라고 하여 지식교육을 강조하고 있다(김종서, 1997).

그런데 7차 교육과정에 와서 (기초)지식교육을 다시 강조하는 이유는 무엇인가? 첫째, 지식기반사회의 도래 때문이다. 지식기반사회의 키워드는 지식이다. 창의적 지식과 정보를 창출하고 이를 투입해 경제적 부가가치를 높이는 사회이다. 다니엘 벨은 "지식은 이성적 판단이나 경험적 결과를 제시하는 사실이나 개념에 관한 조직화된 진술의 집합체로서 어떤 체계적인 형태로 전달매체를 통하여 제 삼자에게 전달되는 것"이라고 하여 지식의 표현과 전달을 중시하였다. 이러한 사회의 주인이 되기 위해서는 ① 지식에 접근하고 지식을 관리할 수 있는 능력을 길러야 한다. ② 지식을 현실적으로 그리고 창의적으로 활용할 수 있는 문제해결 능력을 길러야 한다. ③ 의사소통 능력과 휴먼네트워킹 능력을 길러야 한다(김경자, 2000).

교육구조는 사회의 전반적인 구조의 변화와 무관할 수 없다. 사회가 바뀌면 필연적으로 교육과 학교에서의 교육내용도 바뀌게 마련이다. 지식기반사회에 효율적으로 대처하기 위해서 기존의 지식교육 역시 성격과 실천방안이 바뀌지 않으면 안 되었다.

둘째, 지식교육에 대한 강조는 세계교육개혁의 동향과도 무관하지 않다. 80년 이후 지속적으로 추구되어 온 선진 각국의 교육개혁은 각국마다 독특한 역사적, 정치적, 경제적, 그리고 문화적 맥락에서 다양하게 추진되었다. 그러나 공통적으로 기초학력을 높이고, 엄격한 평가와 경쟁을 통한 공교육의 질을 향상시키며, 학교의 자율성과 책무성을 동시에 강화하고 학습자 중심의 다양한 프로그램을 마련하는 것으로 요약할 수 있다.

특히 국제 경쟁력을 제고하기 위하여 기초지식을 강조하고 학생들의 기초학력을 향상시키기 위하여 국가수준의 교육과정을 도입하고 그에 입각하여 국가단위의 시험을 부과함으로써 핵심적인 내용이 학교에서 가르쳐질 수 있도록 한다는 것이다. 이러한 교육개혁의 방향은 보다 구체적으로 교육과정의 구조와 내용에 변화를 초래하고 결과적으로 단위 학교에서의 지식교육의 강조는 물론이고 지식교육의 성격과 내용 그리고 실천방향을 좌우하게 된다.

셋째, 보다 직접적인 이유는 성적 저하 때문이다. 전체적으로 초·중·고 학생들의 기초학력이 저하되었다고 한다. 이는 세계적인 추세이기도 하지만 특별히 우리나라의 경우 열린교육의 도입과 특기적성교육의 강조가 학력 저하의 원인으로 단죄되기도 한다(직접적인 원인이라고 단정할 만한 구체적인 증거는 없다).

기초학력의 저하와 관련하여, 예컨대 서울의 명문 대학들이 신입생을 대상으로 치른 수학평가시험 결과 7.7%가 기초학력이 현저히 낮아 학업에 문제가 있는 것으로 나타났다(주간조선, 2002. 3. 7). 5년 전 대학생들에 비해 실력이 현저하게 떨어지고 자연대와 공대 학생들을 중심으로 물리, 화학, 수학 등 '열반' 강좌를 별도로 만들어 학업을 보충하고 있다고 한다. 이러한 기초학력의 저하 현상은 중학교, 초등학교도 예외는 아니다. 고교 신입생의 10% 정도가 기초적인 수학문제를 해결하지 못하며 중소도시 초등학생의 5%가 '학습부진아'라는 분석이 나오고 있다. 이러한 저간의 사정이 최소한 기초지식교육을 강조하려는 노력으로 표출되었다고 할 수 있다.

2. 기초교육의 방향

그러면 (기초)지식교육을 어떻게 실천할 것인가? 단위 학교에서의 구체적인 기초교육의 실천방안과 관련해서는 전남교육청이 제시한 자율과 창의에 바탕을 둔 기초·기본학력 정착 방안을 참고해 보면 좋을 듯하다. 보다 근본적으로 기초지식교육의 방향과 관련하여 다음과 같은 점을 고려해 보아야 할 것으로 생각된다.

첫째, 기초지식교육을 강화하기 위해서는 무엇보다도 교육에서의 (기초)지식교육의 위상을 올바로 알아야 한다. 교육과정사적으로 볼 때, 학교에서 인류의 전통적 문화유산인 지식을 가르쳐야 한다는 것은 주지주의의 일관된 주장이다. 교과내용을 일방적으로 아동들에게 주입시키는 교과중심 교육으로 전락하고 지식교육의 의미가 단순정보의 암기라는 좁은 의미로 해석되어 지식교육에 대한 비난이 제기되었다. 교육에서 개인의 이성과 잠재력을 개발해야 한다는 낭만주의자들은 '우리는 아동을 가르치는 것이지 교과를 가르치는 것이 아니다'라고 하여 교육의 중심을 교과에서 아동으로 이동시켰다. 교육에서 아동을 고려하여 그들에게 적합한 교육방법을 사용해야 한다는 것이다. 그 후 학습자와 지식 양자에 대한 강조는 교육과정의 발달과정에 있어서 시계추처럼 양자 사이를 오가게 된다.

낭만주의(혹은 자연주의)를 바탕으로 한 20세기 초반 진보주의의 아동중심 교육, 과거의 맹목적 지식 주입이 아닌 제대로 된 지식교육을 해야 한다는 취지 아래 '지식의 구조'를 '발견학습'으로 가르친 학문중심교육, 그 후 강조된 열린교육, 그리고 1980년대 교육개혁을 통하여 학생들의 학력저하를 지적하고 수월성을 추구하려는 노력 등이 그것이다. 최근 시계추는 지식 쪽으로 더욱 경도되어 있다. 예컨대 헐쉬 2세(Hirsch, Jr. 1996)는 낭만주의 교육을 형식주의라고 비판하면서 문화적 지식 및 핵심 지식을 학교에서 가르칠 것을 강조한다(홍은숙, 1999).

그에 따르면 교육에서 아동의 창의성, 비판력, 도덕성을 가르칠 때 특정 교과내용과 무관한 일반적이고 추상적인 '형식'을 가르칠 수 있다는 생각이 낭만주의자들의 주장에는 담겨져 있다는 것이다. 그런데 '명제적 지식'이나 정보 등 구체적인 내용 대신에 그것과 직접적으로 관련이 적은 추상적 형식이나 기능만을 별도로 가르칠 수는 없다. 예를 들어 읽고 쓰는 문해력을 가르칠 경우 읽기는 알파벳의 규칙을 해독하여 소리를 내는 기능 이상의 것으로 내용을 파악할 것을 요구한다. 따라서 내용 파악을 위해서 기본적인 정보나 개념들을 이해하는 일이 필요하며 따라서 인간의 문화유산이나 정보를 가르쳐야 한다는 것이다.

둘째, 올바른 지식교육의 형태가 무엇인가를 알아야 한다. 분석철학자 라일(Ryle, 1949)은 지식을(실제로 구분 가능한 것이 아니라 관념상으로) 명제적 지식(knowing that)과 방법적 지식(knowing how)으로 분류한 최초의 학자이다. 전자는 명제를 아는 것(~인 것을 아는 것)을 말하며 후자는 방법을 아는 것(할 줄 아는 것)을 의미한다. 그는 교육을 통하여 길러내야 할 사람은 명제적 지식을 많이 가진 유식한 사람(intellectual)이 아니라 방법적 지식을 많이 가지고 있는 사람, 즉 지적으로 사고하고 행동하는(intelligent) 사람이라고 보았다. 물론 그렇다고 라일이 명제적 지식을 무시한 것이나 명제적 지식과 무관한 방법적 지식이 별도로 존재한다고 주장한 것은 아니다. 명제적 지식을 이해하는 것은 방법적 지식의 한 부분이다. 즉, 명제적 지식을 이론으로 먼저 배운 후 나중에 이를 적용하는 것이 아니라 하나의 효과적인 행위를 하는 방법이 되어야 한다는 점에서 양자를 분리하지 않았다. 명제를 제대로 배울 경우 그 명제 내용을 다루는 방법도 동시에 배운다는 점에서 내용과 무관한 학습방법의 학습이 별개로 존재하지 않는다는 점을 강조하였다. 이러한 점에 비추어 볼 때 지식교육은 단순히 명제적 지식교육, 그것도 지식 암기교육에 한정될 성질의 것은 아니라는 점이 명백해진다. 또한 명제적 지식과 방법적 지식이 분리될 성질의 것도 아님을 알 수 있다.

셋째, 지식기반사회에 걸맞은 지식교육을 실시하여야 한다. 지식기반사회에서 요구하는 지식은 사회적 측면에서 경제적 부가가치를 창출하는 것이다. 이는 지식이 구체적이고 현실적인 문제 해결을 위한 도구로서 가치를 갖는다. 그렇다면 사회에서 요청되는 지식과 기능을 초·중등학교에서 직접적으로 가르쳐야 할 것인가? 즉, 실생활 문제 해결에 필요한 혹은 직업세계에서 필요로 하는 지식과 기능을 중심으로 교육과정을 구성하고 컴퓨터와 인터넷을 다루는 데 필요한 지식과 기능을 다른 교과에 우선해서 가르쳐야 하는가? 물론 아니다. 초·중등학교에서 가르쳐야 할 것은 생의 범위를 포괄하는 것이어야 하고 평생을 두고 인간다운 삶을 유지하며 사회의 유익에 기여하는 데 필요한 기반이 되는 것이어야 한다. 이는 당장의 직업적 필요보다는 지·덕·체를 포괄하는 풍부한 교양교육(자유교육)을 통해서 달성되는 것이다.

특히 문제해결을 위해 지식을 선택하고 사용한다고 할 때 가장 최적의 지식을 선택하기 위해서는 이를 판단할 지식(기초기본지식)이 필요하다. 이때 학문에 기초한 교과의 지식이 유용성을 갖는다. 이러한 기초기본지식에 대한 교육이 초·중등학교에서 가르쳐져야 할 핵심이다. 그렇기 때문에 지식의 경제적 가치 창출을 강조하는 대학이나 사회교육 기관에서의 교육과 달리 초·중등학교에서의 지식교육은 사회적 측면에서 고려되는 지식과 기능이 아니라 교육적 측면에서 고려되는 지식과 기능이어야 한다.

끝으로, 교육에서 명제적 지식이 경시되어서는 안 된다는 점이다. 명제적 지식도 그 자체로서 가치를 갖기 때문이다. 명제적 지식에 해당하는 정보와 관련하여 오크쇼트(Oakeshott, 1967)는 다음과 같이 세 가지를 든다. 첫째, 어떤 행위를 할 수 있기 위해서 반드시 알아야 하는 '조건'의 성격을 가지는 명제가 있다. 예컨대, 모스부호로 된 메시지를 받기 위해서는 반드시 모스부호에 관한 정보를 알아야 한다. 둘째, 어떤 행위가 옳은지 여부를 평가할 수 있는 '준거'의 성격을 가진 정보가 있다. 예컨대, 어떤 언어를 바르게 사용하는지를 평가하는 문법이 여기에 속한다. 셋째, 행위를 이해하기 위한 명제로서 현상을 설명하는 '원리'의 성격을 가진 정보가 있다. 이것은 행위 속에서 일어나는 행위에 대한 합리적 근거를 제시하는 역할을 한다. 예컨대 자전거를 타는 일과 관련된 물리공식이라든가 혹은 도덕적 행위를 설명하는 아리스토텔레스의 중용의 원리 등이 여기에 속한다.

여기서 중요한 것은 진정으로 명제적 지식을 아는 일은 문자로서의 명제를 아는 것을 넘어서서 그 명제의 의미나 원리를 알 뿐만 아니라 그 명제가 나온 활동을 이해하며 그 안에서 그것이 어떻게 적용되고 활용되는지를 아는 것이다. 지식이라는 것은 이른바 단편적인 사실을 말하는 것이 아니고 지식의 습득이라는 것도 그것을 단지 암기하는 것으로 그치는 것이 아님을 알게 한다.

따라서 '피상적인 명제적 지식위주의 지식교육(기존의 지식교육)'을 배격하고 진정한 의미에서의 명제적 지식교육을 강화하여야 한다.

3. 기본교육의 강조 배경

　기본교육은 학생들의 생활습관 형성을 말한다. 물론 이러한 노력이 7차 교육과정에 와서 새삼 강조되는 것은 아니다. 예컨대, 4차 교육과정에 국민정신 교육에 대한 강조의 일부로서 기본적인 생활습관의 형성과 공동체 의식과 준법정신이 강조되었다. 그런데 특별히 오늘날 다시 기본교육이 강조되는 이유는 무엇인가?

　첫째, 세계교육개혁의 동향과 무관하지 않다. 기본질서에서 배태된 시민 공동체 의식을 함양하기 위해 교육을 강조하는 것이 선진국의 공통된 특징이다. 사회구성원으로서 자신의 책임을 다하는 것과 남에게 폐를 끼치지 않고 타인을 배려하는 공동체 정신을 강조한다. 예컨대, 미국의 팩스 아메리카나 정신교육, 프랑스의 시민강좌, 영국의 시티즌십 교육이 그것이다. 특히 영국 정부는 올해 초 어린이와 청소년을 '완벽한 시민'으로 키우기 위해 시민정신 교육을 강화하기로 했는데 이를 위해 교과서에 공동체 봉사 프로젝트 및 윤리적 이슈를 담고 청소년을 위한 역할분담 게임을 포함시켰다. 일본의 경우도 질서 교육은 남에게 폐를 끼치지 않는 것에서 출발하며 프랑스 역시 유치원 교육부터 '함께 살기(vivre ensemble)'를 강조한다. 자기 의견을 말하고 남의 말을 듣고, 거짓말 안 하기 교육을 집중적으로 시킴으로써 공동체 생활의 기본을 익힌다. 결국 이러한 기본교육의 강조는 공동체 의식의 함양 및 세계 시민의 일원으로서 살아가는 데도 필수적인 요소들이기 때문이다.

　둘째, 우리나라 학생들의 기초질서의식의 부족이라는 현실적 이유에서 비롯되었다. 사회생활을 위하여 기본적인 도덕규범에 대한 교육은 필수적이다. 그러나 오늘날 강조되는 기본교육은 학교폭력, 집단따돌림, 학교붕괴, 청소년 범죄의 증가, 성문란, 버릇없음과 무질서 등과 무관하지 않다.

사회 곳곳에서 나타나는 청소년들의 버릇없는 행동의 양상은 어제오늘의 일은 아니다. 기본이 지켜지지 않고 각종 불합리하고 비이성적인 사례들이 만연해 왔다. 그러나 그러한 형상들은 N세대의 등장과 기성사회의 가치체계의 붕괴, 권위의 붕괴, 핵가족화, 과잉보호 등과 맞물려 더욱 심화되고 있다. 극단적 이기주의, 주변에 대한 배려를 못함, 과격한 행동 등으로 나타난다. 결과적으로 자제심 없는 폭력적 행위로 말미암아 기본적인 공동체 생활마저 위협받고 있다. 따라서 가정, 학교, 사회에서 사회생활에 필수적인 기본교육을 소홀히 하면 선진시민이 될 수 없다는 생각과 공동체마저 와해될 수 있다는 절박감에서 기본교육을 강조하지 않을 수 없게 된 것이다.

4. 기본교육의 방향

그러면 기본교육을 어떻게 실천할 것인가? 기초생활습관교육을 실천하기 위한 방안으로 전남교육청에서 제시한 것과 별도로 강구될 수 있는 새로운 것은 발견하기 어렵다. 다만, 선진국에서 실천하고 있는 방안들을 중심으로 기본교육의 방향을 몇 가지 제시하면 다음과 같다.

첫째, 기본생활 습관과 관련된 도덕적 덕목이나 규칙을 지식으로 가르치는 것이다. 즉 도덕적 생활을 하는 데 필요한 규칙을 명제(규칙명제)로 가르치는 일이다. 이때 문제는 활동을 실행할 수 있도록 가르치는 일이 중요하다. 그저 규칙명제를 말할 줄 아는 것이 아니라 규칙명제를 적용하여 여러 가지 활동을 실행할 줄 아는 것이 중요하다는 이야기이다. 예컨대, 문법이라는 규칙명제를 아는 것이 회화능력을 보장하지 못하듯, 자전거 타는 규칙을 명제적으로 말할 줄 아는 것은 그 규칙을 적용하여 실지로 자전거 타는 것을 보장하지 못하는 것과 같다. 따라서 교육에 있어서 규칙명제만 전달할 것이 아니라 어떤 다른 방법을 동원하여 가르쳐서 학생들이 실지로 활동할 수 있게 하여야 한다. 즉 규칙명제에 대한 이해와 실제로 활동을 할 줄 아는 것의 결합이 이루어져야 한다. 이는 교육내용으로서 이해의 측면과 활동의 두 측면을 결합시키는 일과 같다(조영태, 1998).

둘째, 도덕적 규범과 관련된 절차적 기능을 반복해서 훈련시키는 일이다. 도덕적 규범이나 기능을 교과의 내용으로 부과하기보다는 비교과적, 물리적, 절차적 기능을 통하여 반복적으로 실천하도록 함으로써 습관화하는 것이다. 마치 문화가 훈습되는 것처럼 학생들로 하여금 절차적 훈련을 통하여 도덕적 규범을 훈습토록 하는 방법이다. 여기에는 캠페인을 전개하거나 절차적 기능을 담은 포스터를 게시하거나, 반복해서 연습을 시키는 일이 포함된다.

셋째, 교사의 직접적인 지시나 지도보다는 학생 동료집단의 사회화를 활용한다. 학생들도 학급(교)통제에 대한 책임을 공유하도록 하고 편의상보다는 교육목적상 학급의 권위를 아동들에게 부여함으로써 학급의 질서 유지 등 학교가 필요로 하는 도덕적 규범을 배우게 하는 것이다. 규칙 준수를 위한 교사의 성급한 개입보다는 학생 스스로 사태를 어떻게 조정하는가를 깨닫도록 한다. 이때 교사는 동료집단 내 학생 간 평가와 비판을 적절히 활용함으로써 도덕적 규범을 내면화시키고 동료 사회화를 진작시킨다.

중요한 것은 건전한 인성 함양이나 더불어 사는 공동체 의식 함양에 대한 선언적 주장이 아니라 이를 어떻게 실천할 것인가이다. 즐겁고 건전한 학교풍토 조성이나 애국·애향 정신의 고취가 곧 기본교육의 내용이 될 수 있는가에 대한 논의는 차지하고라도 중요한 것은 그러한 규범을 실천할 수 있는 구체적이고도 실제적인 방안을 모색하는 일이다. 대답은 도덕적 규칙과 규범에 대한 인지적 지식교육과 실천으로서 도덕교육을 어떻게 접목하느냐에 달려 있다.

기초학력이 튼튼한 학생은 어떠한 상황에서건 문제해결을 주체적으로 한다. 쉽게 좌절하거나 포기하지 않으며 끝까지 문제를 추구하여 창의적인 결과물을 산출한다. 기본 생활태도나 행동이 반듯한 학생 또한 자신의 내적 삶을 충실하게 가꾸며 공동체 삶 속에 타인을 배려하고 그들에게 희망과 행복을 준다.

기초기본교육을 강조하지 않을 수 없는 이유이다. 본문에서 기초교육을 기초지식교육으로 기본교육을 기본생활습관교육으로 이해하여 각각의 교육이 7차 교육과정에 와서 강조된 배경과 실천방향을 살펴보았다. 이제는 단위 학급에 적합한 실천방안을 보다 구체적이고도 실질적으로 모색해야 할 때이다. 학교 구성원들 몫으로 남겨 둔다.

제**2**부:

효과적인 수업의 조건

학습 활성화를 위한 수업의 조건

　1980년대는 전 세계적으로 교육개혁의 소용돌이에 처해 있던 시기이다. 교육개혁의 시작은 미국이었지만 가장 주목을 받은 국가는 일본이었다. 그도 그럴 것이 일본은 교육뿐만 아니라 경제 산업 등 모든 분야에서 소위 'Japanese number one'을 구가하고 있었기 때문이다. 하여 많은 경제학자, 기업가, 학자, 교육자 할 것 없이 일본을 배우겠다고 일본으로 건너갔던 것도 이때이다.

　교육학자들도 일본의 교육이 어떻게 해서 세계 제일의 교육결과를 낳게 되었는가를 분석하기 위하여 일본으로 건너갔던 것은 두말할 나위도 없다. 국제 간 학력 비교가 한창 주목을 끌고 있었기 때문에 그러한 시대적 분위기가 더욱 그런 상황을 연출한 것이 아닌가 한다. 그중에는 미국의 스티븐슨(Stevenson, 1983)도 끼어 있었다. 왜 일본 아이들이 공부를 잘하는가가 그와 그의 팀이 풀려고 했던 연구과제였다. 일본, 미국, 중국 삼국 간 학업성적을 비교한 그들이 내린 결론은 간단하다. 일본은 더 많은 시간을 공부한다는 것이 요지이다. 즉, 수업시수가 다른 나라에 비해 길다는 것이다(지금은 180일 이상이지만 그 당시에는 230일 이상이었다).

　형식적인 수업 시간이 길다는 것 외에도 단위 수업 시간당 수업에 투자하는 시간이 길다는 것도 일본 학생들의 학업 결과의 우수성을 설명해 주는 요인이었다. 즉, 단위 시간당 절반 이상을 수업 대신에 학생 통제에 허비하는 미국과는 달리 일본은 초등학교의 경우 40분 단위 시간 대부분을 온전히 수업에 투자할 수 있다는 것이다. 6년을 계산해 보면 미국은 일본의 초등학교 절반밖에 수업을 하지 않는다는 계산이 나온다.

무엇이 단위 수업 시간을 온전히 수업에 투자할 수 있게 했는가. 스티븐슨의 뒤를 이어 나온 일본 수업에 대한 질적 연구결과들을 보면 기본적으로 교사의 몫과 학생의 몫을 학교 구성원들이 잘 수행한 결과라는 결론이 나온다. 즉, 교사는 학생들로 하여금 온전히 수업에 관심을 집중하도록 필요한 절차적 훈련을 반복해서 잘 교육시킨 결과이고, 학생은 동료 사회화를 통하여 수업에 관심을 집중하지 않는 구성원의 일원이 될 수 없도록 하는 사회적 통제기제를 작동한 결과이다.

따라서 단위 시간당 수업의 중요성은 새삼 이야기할 필요조차도 없어진다. 학습결과는 결국 수업의 성패에 달려 있다고 해도 과언이 아니다. 수업에 투자하는 시간과 수업의 질이 학습결과를 결정한다. 교사가 수업의 다양한 조건들을 구성함으로써 학생들로 하여금 활발한 학습이 일어나게 하여 결과적으로 우수한 교육결과를 도출하는 것이 학교교육의 핵심이다. 따라서 학생들 학습의 활성화를 위해 교사는 어떻게 수업을 이끌어가야 하는가가 이 글에서 다룰 내용이다.

먼저, 몇몇 학자들의 이야기를 들어보자. 미국 시카고 대학의 잭슨(Jackson, 1968)은 학생들이 관심을 집중할 때 학생들의 학습이 활발하게 일어난다고 본다. 즉 우수한 학습결과를 산출하기 위해서는 학생들의 주의집중을 통한 자발적인 참여를 유도하는 수업이 되어야 한다는 것이다. 이를 위하여 교사가 학생들을 수업에 주의 중시키는 일이 중요하다. 그는 먼저 학생들을 수업에 주의 집중시키기 위하여 필요한 것들로 ① 외부에서 오는 방해들을 제거하면서 적절한 작업 요소를 유지하는 일, 즉 교실 내 질서를 유지하는 일, ② 학습내용이 학생들에게 잘 맞도록 적합성을 유지하는 일, 즉 교육과정을 조직하는 일을 들고 있다.

이를 위하여 교사는 ① 교육과정을 학생의 흥미와 필요에 적합하도록 변경할 것, ② 교과목의 내용에 적합하도록 학생들의 집단을 조직할 것, ③ 교과목의 내용에 참신성, 유머, 인간적 흥미를 가미 학생활동을 활기 있게 할 것,

즉 교수 기술이 중요하다고 주장하였다. 그러나 학생참여를 위하여 수업을 재미있게 하는 데 있어서 교사의 노력은 몇 가지 한계가 있을 수밖에 없다. 참신성의 한계, 즉 지식이 늘 새롭지만은 않다는 점이다. 교사의 임무의 한계, 즉 교사의 주 업무는 가르치는 것이지 학생들을 재미있게 해주는 것은 아니라는 한계에 봉착할 수밖에 없다.

미국의 심리학자 칙센트미하이(Csikszentmihalyi, 1997)는 학생들이 스스로 하고 싶은 것을 할 때 몰입을 할 수 있고 그러한 몰입이 일어날 때 자발적인 학습이 일어난다고 본다. 이를 위하여 교사는 학생들이 주어진 과제에 몰입할 수 있도록 만들어 주어야 한다는 것이다. 몰입은 자기가 하고 싶은 일을 할 때, 즉 자기가 하는 일이 자발적일 때 일어나는 체험이다. 대체로 사람들은 자기가 하는 일을 좋아하고 그 일을 하겠다는 각오가 서 있을 때는 객관적 어려움이 아무리 크더라도 별다른 갈등 없이 마음을 집중할 수 있다. 집중할 때 우리가 느끼는 것(감정), 바라는 것(목표), 그리고 생각하는 것(사고)이 하나로 통합된다.

그러한 몰입 활동이 일어나기 위해서는 몇 가지 조건이 갖추어져야 한다. 첫째, 명확하고 그래서 모순되지 않는 목표가 설정되어 있어서 무엇을 어떻게 해야 하는지 고민하지 않고 활동에 능동적으로 참여할 수 있어야 한다. 둘째, 되먹임 곧 피드백 효과가 즉각적으로 나타나야 한다. 셋째, 주어지는 과제의 난이도와 자신이 가지고 있는 실력이 조화를 이룰 수 있어야 한다. 특히 힘겨운 과제가 수준 높은 자신의 실력과 결합하면 고도의 참여와 몰입이 일어난다.

목표가 명확하고 활동결과가 바로 나타나며 과제와 실력이 균형을 이룰 때 사람들은 정신을 집중한다. 그럴진대 수업 중에 학생들이 몰입의 즐거움을 느끼게 하기 위해서는 공부를 하고 싶은 자발적 활동으로 만들어 주어야 한다(많은 부분 교사들의 몫이다). 즉 명확한 목표를 설정해 주고 학습결과를 곧바로 알려주어야 하며 그리고 학생의 실력에 부합하게 도전해 볼 수 있을 정도의 난이도 수준으로 과제를 제공해야 한다.

일견하여도 수업 중 학생들의 학습이 활발하게 일어나게 하려면 교사의 역할이 절대적으로 중요하다는 것을 알 수 있다. 학습목표를 설정하는 것도, 학습내용을 구성하는 것도, 학습방법을 활용하는 것도, 학생집단을 구성하는 것도, 그리고 수업을 운영하는 것도 교사들의 몫이기 때문이다. 따라서 현장에서 직접 수업을 하는 교사들이 학생들의 학습을 활성화하기 위하여 어떤 노력을 경주하는가가 학습결과의 성패를 좌우할지도 모른다는 결론에 도달하게 한다.

다음으로, 우리나라 초등교사들은 학생들의 학습을 활성화시키기 위하여 어떻게 수업을 준비하고 운영하는가를 알아보자. 이를 위하여 몇몇 교사들과 면담을 시도하였다. 가장 많이 나온 응답 중 하나는 학생들의 학습을 활발하게 하기 위해서는 교사가 학생들에게 학습을 위한 창조적 단서를 제공하는 수업을 해야 한다는 것이었다. 보다 구체적으로 학습을 활성화하기 위한 창조적 단서를 제공하는 수업을 하려면, 첫째, 교사가 교재연구를 충분히 하여 교수할 내용을 꿰뚫고 있어야 한다. 사전에 교사가 교수할 내용을 충분히 알고, 내용을 보다 쉽고 재미있게 구성하여 수업계획을 세우는 것이 중요하다는 이야기이다. 어떤 수업사태든 학생들의 호기심을 자극하고 의문점을 해결해 줄 수 있는 교사는 교재연구가 수업을 활발하게 하는 첫 번째 조건이라는 점에 공감할 것이다. 여기에는 교과내용의 흐름이나 수업을 원활하게 이끌어갈 발문에 대한 연구도 필수적이다.

둘째, 수업 단계마다 활발한 학습을 보조할 최적의 수업자료를 준비해야 한다. 수업 경험이 많은 교사들이 주장하듯 수업목표에 도달시킬 최적의 자료가 준비되어 있으면 학생들은 흥미진진하게 학습에 임할 수 있다. 교사는 학생들의 생활 주변에서 자료를 구하고 그래서 학생들의 호기심을 자극할 수 있는 학습자료를 준비해야 한다.

지금까지 학습방법이나 학습자료의 발달 과정에서 보는 것처럼 교과서와 교사의 설명으로 일관한 수업보다는 삽화(예컨대 코메니우스의 세계도회)나 요약된 학습지를 활용하는 것이 효과적이고, 그림보다는 학습자의 공감각에 호소하는 시청각 자료나 동영상 자료를 보여주는 매체활용 학습이 더 효과적이다. 그러나 실물을 활용한 학습보다 더 수업을 활발하게 하는 효과적인 학습자료는 직접 학생들이 해 볼 수 있는 자료를 고안하고 준비하는 것이다. 즉 '보고' '듣는' 학습자료에서 실제 학생들에게 체험케 하는 학습자료를 준비하는 것이다. 구성주의의 원조인 이탈리아의 비코(Vico)가 주장하듯 우리는 실물을 보고 아는 것보다 만들어 볼 때 더 잘 알 수 있기 때문이다. 그런 점에서 오늘날 교육 현장에서 강조되고 있는 ICT 활용 수업은 보완을 필요로 한다. '보는 것'이 주가 되거나 수동적인 클릭으로 대변되는 ICT로 끝나는 학습자료보다 학생들이 실제 실험하고 체험하는 학습자료를 보충해 주어야 하기 때문이다.

셋째, 교실상황을 구체적으로 이해한 연후 그러한 이해를 바탕으로 수업을 준비하고 운영해야 한다. 여기에는 학습자의 특성과 수업의 구체적인 맥락이 포함된다. 교실마다 상황이 각기 다르다. 학생의 수준, 학습참여 정도, 학습준비 정도, 학습시간, 학습도달 능력 등이 모두 다르기 때문에 그러한 학생의 실태를 정확하게 알지 못하는 상태에서 수업을 한다면 활발한 학습은 일어나지 않을 것이다.

그리고 교실 수업 맥락을 이해하는 수업이 이루어져야 한다. 각각의 교과에 따라, 학교와 학생의 상황, 교사의 그날 건강과 감정, 기분에 따라 교실 수업이 달라진다. 학생들의 선호 교과와 교과 학습능력에 따라 수업은 다르게 진행되는데, 어느 과목은 흥미롭고 진지하게 보다 적극적으로 참여하는 학생의 성향에 따라 수업이 이루어지는가 하면 또 다른 과목은 침착하고 차분한 상위 학생 중심의 수업 분위기로 수업이 이루어지기도 한다.

또한 수업에 참여하는 구성원들의 건강과 감정, 기분이 수업을 활발하게 하는 단서가 된다. 수업은 민감한 활동이다. 과학적이고 보다 의도적이면서도 한편으로는 예술적 활동이다. 수업은 항상 짜여진 도입-전개-정리로 끝나는 것이 아니다. 때로 도입으로, 전개로 마무리되는 수업도 있다. 수업에 참여하는 구성원들의 상황에 따라 얼마든지 변화가 일어나기 때문이다. 이러한 요소들을 파악하고 이해할 때 교사는 보다 적극적인 수업을 할 수 있을 것이고 학생들의 학습 역시 활발하게 일어날 것이다.

넷째, 학생들의 응답, 질문, 오답을 활용한 수업의 진행이 필요하다. 그것의 수준이 어느 정도건 상관없이 교사의 발문에 대한 학생들의 응답은 그들의 수준을 나타내는 것이고 그들의 눈높이에서 나온 내용들이다. 학생들과 대화

수준이 그 수업에 대한 학생들의 이해정도이며, 질문과 오답은 교사가 재지도해 주어야 할 중요한 단서이기도 하다. 따라서 오답을 잘 분석해 보면 학생과 교사의 대화 수준을 가늠해 볼 수 있다. 교사의 설명이 학생들에게는 의도하지 않는 전혀 다른 내용으로 전달될 때가 많기 때문이다. 오답을 정답으로 고쳐 가면서 수업을 할 때 활발한 수업이 전개될 수 있다. 학생들의 눈높이에서 수업이 진행되기 때문이다.

다섯째, 학생 개개인의 수준에 맞는 학습활동을 제공할 수 있어야 한다. '맞춤형'이라는 단어가 요즈음 유행이다. '맞춤형 환자 줄기세포', '맞춤형 복지사업' 등. 그러나 학교에서는 '수준별'이라는 단어가 더 잘 어울릴 듯하다. 학생 개개인의 수준에 맞는 교육과정의 운영이 수준별 학습이다. 교육목표, 교육내용, 교육방법, 학습진도, 그리고 평가에 이르기까지 개개 학생에게 적합한 수준에 맞추어 수업이 일어날 때(현실적으로 그런 수업이 존재할지 모르지만) 학생들의 학습은 보다 활성화될 수 있을 것이다.

끝으로, 학생들에게 주체적 학습활동의 기회를 충분히 부여할 수 있어야 한다. 초등학교의 경우 40분 단위시간은 결국 교사와 학생의 시간으로 이분할 수 있다. 즉 수업시간은 교사가 주도하는 시간과 학생에게 주어지는 시간으로 양분할 수 있다. '좋은 수업'을 위해 수업시간을 바람직하게 배분하는 것은 교과에 따라, 학습주제에 따라 다양하지만 분명한 것은 학생들의 활발한 수업을 위해서는 학생들에게 스스로 활동할 수 있는 시간을 충분히 주어야 한다는 점이다. 즉 학생들에게 수업시간을 더 많이 할애하자는 이야기이다. 교사의 설명, 시범, 해설 시간도 필요하겠지만 학생들이 주도적으로 활동할 시간이 많을수록 수업은 분명 학생들의 참여율이 높고 활발하게 나타난다. 따라서 교사는 학생 주도적인 학습이 나타나도록 충분히 학생 학습 시간을 확보해 주어야 한다.

결국 수업은 교사와 학생이 교육내용을 매개로 벌이는 부단한 상호작용 과정이다. 여기에는 다양한 변인이 매개된다. 교사, 학생, 학습을 구성하고 있는 환경, 교과목표, 내용, 방법, 운영 등 수업과 관계되는 변인들은 참으로 많다. 주의를 집중케 하는 변인들, 몰입케 하는 변인들, 수업 준비, 그리고 수업의 진행에 이르기까지 따라서 교사가 신경을 써야 할 것들이 너무 많다. 그러나 중요한 것은 학생들의 활발한 학습이 일어나게 하기 위해서는 분위기를 연출하든 아니면 직접 그러한 수업을 하든 교사가 해야 할 일이 절대적이라는 점이다. 교사들에게 수업기술이나 다양한 수업전략을 요구하는 이유이다.

효과적인 수업을 위한 수업설계

수업은 학교교육의 꽃이다. 실상 주변 여건이나 시설 및 제도를 개선하는 것도, 학습자료를 다양하게 구비하는 것도, 구성원 간 원활한 인간관계를 유지하기 위하여 노력하는 것도, 그리고 행정이나 장학 등의 활동에 관심을 기울이는 것도 수업을 잘하기 위해서이다. 또한 아동에 대한 심리학적 이해나 교수-학습방법의 개선, 발문 방법, 교사-학생 간 상호작용의 이해, 그리고 수업 기법 등을 연구하는 것도 결국 효과적인 수업을 하기 위해서이다. 효과적인 수업은 궁극적으로 교육의 결과와 직결되기 때문이다.

어떠한 교수-학습방법에서건 수업은 대체로 교사의 몫이다. 이는 교사가 학생들과 상호작용을 통해(주도적이든, 보조적이든) 교육활동을 전개하는 시간이기 때문이다. 학생들 또한 수업을 통하여 지적 호기심을 자극받기도 하고 탐구심과 성취감 그리고 자신감을 획득한다. 따라서 교육의 가장 기본단위는 한 시간 한 시간의 수업이라 해도 과언이 아니다.

따라서 매 단위 시간마다 효과적인 수업을 위하여 교육개혁도 여기에서 시작되어야 하고, 각종 교육행정기관의 모든 지원체제도 교실수업 개선에 초점을 맞추지 않으면 안 된다. 그리고 교사들의 학교에서 교육활동도 수업개선에 집중되지 않으면 안 된다.

수업설계는 어떻게 가르치고 어떻게 배우게 할 것인가에 대한 계획을 수립하는 것이다. 쉽게 말해서 집을 짓기 위해서 치밀한 설계도가 필요하듯, 수업설계는 그러한 계획에 해당된다. 수업설계의 목적은 교수·학습목표를 성공적으로 성취하기 위하여 교수·학습과정의 효율성과 효능성을 극대화시켜 조직하는 데 있다. 수업설계에는 교수·학습의 목표, 내용, 방법, 활동, 시간, 자료와 설비, 그리고 평가 등이 포함된다.

제한된 본문에서는 수업의 특성과 효과적인 수업을 방해하는 것들, 그리고 그러한 장애를 극복하고 효과적인 수업을 하기 위한 설계는 어떤 것인가를 개략적으로 알아보고자 한다. 효과적인 수업설계를 위해서는 기본적으로 수업의 속성과 방해요소, 그리고 효과적인 수업설계에 대한 기법들을 알아야 하기 때문이다.

1. 수업: 민감한 활동

수업은 참으로 민감한 활동이다. 다양한 변인과 조건에 의하여 분위기와 결과가 달라진다. 그만큼 수업이라는 종속변인에 영향을 미치는 독립변인이 많다는 이야기이다. 심지어는 교사 개인의 상태, 즉 전날의 숙취나 과로, 가정에서 일어났던 일조차도 수업에 영향을 미친다. 어디 그뿐이랴. 교실의 불빛, 온도, 날씨, 환경, 그리고 수업시간의 순서까지도 수업에 영향을 미친다. 따라서 동일한 학생을 대상으로 동일한 학습지도안을 가지고 수업을 해도 그날의 조건에 따라 수업분위기와 수업효과가 확연히 다르게 나타난다는 사실은 누구나 가르쳐 본 경험이 있는 사람이라면 쉽게 공감할 것이다. 여기에 교과내용, 학생, 학교 환경, 그리고 학교 구성원이나 학부모 변인까지 고려하면 수업은 더욱 복잡해진다.

특히 교사-학교장과의 상호관계 및 학교분위기는 효과적인 수업을 만드는 일에 큰 몫을 차지한다. 즉 수업에 대하여 학교에서 사사건건 간섭을 하면 교사들은 의욕을 잃는다. 이는 곧 수업으로 나타난다. 따라서 학교장은 자신에게 부여된 본래의 교육적 목적의 활동을 성실히 수행하되 가급적 교사들의 수업을 존중하는 입장에서 장학활동을 수행하여야 한다. 수업이 교사들의 심리상태에 민감한 사안인 만큼 따라서 '좋은 수업'은 교사들의 마음이 편해야 가능하다. 학교에서 교사들의 마음을 조절하는 많은 부분은 학교장의 몫이기 때문이다.

그런데 수업이 더욱 어려운 것은 복잡한 요인들이 관여됨에도 불구하고 효과적인 수업에 대한 기준이나 특정한 공식이 없다는 점이다. 이러한 점에서 "수업은 예술이다"라는 말이 설득력을 갖는다. 멋진 예술작품은 곧 예술가의 창의성과 심미적 안목에서 비롯되듯 좋은 수업도 교사의 창의성과 수업에 대한 직관에서 비롯된다.

예술적 심미안이 부단한 노력과 많은 경험을 통하여 발전하듯 좋은 수업도 이와 마찬가지이다. 많은 예술작품을 감상하고 전문가의 해설을 들으며 미적 감각을 키워가듯 수업에 대한 기술도 가능한 한 좋은 수업을 많이 벤치마킹하고 수업 전문가의 지도 조언을 열린 마음으로 수용할 때 비로소 가능해진다.

그러나 예술작품과 달리 수업은 최소한 관련 변인에 대한 설명과 예시가 제시되었다는 점에서 차이가 있다. 수업의 흐름에 따라 다양한 수업모형이 개발되었고, 언어적 상호작용과 관련된 많은 발문 방법이 제시되었으며, 주제별·교과별로 적합한 수업 형태가 제안되었다. 다만 실수업에 이를 어떻게 적용할 것인가와 교사 자신이 기존에 가지고 있던 수업에 대한 노하우를 어떻게 접목할 것인가가 문제이다. 따라서 교사가 독창적으로 개발한 수업과 기존의 수업기술을 통합하여 보다 나은 수업을 만드는 일이 중요하다.

2. 효과적인 수업을 방해하는 것들

수업 관련 변인이 많고 민감하다는 것은 그만큼 교사들이 스스로 새로운 수업을 개발할 수 있는 여지가 많다는 의미도 된다. 그런 점에서 효과적인 수업을 위한 교사들의 노력이 어느 때보다 절실히 요구되며, 수업에 영향을 미치는 민감한 변인에 대한 학교 구성원들의 세심한 배려와 관심이 더욱 필요하다. 그러나 문제는 학교에서 실제로 교사들이 수업을 개선하기가 용이하지 않다는 데 있다. 각종 제약과 수업개선에 대한 교사들의 의지가 부족하기 때문이다.

무엇보다도 과다한 행정업무가 교사들을 온전히 수업에 집중하지 못하게 한다. 교육청에서 요구하는 각종 양식에 의한 보고공문 처리가 수업시간까지 차지하는 경우도 적지 않다. 특히 촉박한 보고공문은 교사들로부터 수업시간을 온전히 빼앗아가 버린다. 그뿐이랴 학교의 각종 업무계에서 요구하는 자료제출, 많은 학교행사들에 참여하는 일 하나하나가 효과적인 수업을 어렵게 한다. 특수시책이 많은 학교일수록 학생들은 그만큼 수업시간 희생을 감수하여야 한다. 따라서 수업을 온전히 되돌려주기 위해서는 교사가 보고공문과 학교행사에 많은 시간을 빼앗기지 않도록 제도적 장치를 마련해 주어야 한다.

또한 교사들은 교재연구에 충분한 시간을 할애하지 못한다. 학습자료개발이나 수업계획을 위한 충분한 시간을 갖지 못한다. 각종 회의, 학급관리에 따른 장부정리, 생활지도 등으로 수업준비는 뒷전일 수밖에 없다. 뿐만 아니라 법정 수업 시수를 채우기도 버겁고, 초등의 경우 한 교사가 가르쳐야 할 교과목이 너무 많기 때문에 교사들은 생존전략 차원에서 수업을 대한다. 즉 수업은 준비하지 않아도 당장 가시적인 효과가 나타나지 않기 때문에 이를 소홀히 다룬다. 따라서 효과적인 수업을 위해서는 교사들에게 교재연구 시간을 충분하게 확보해 주는 게 중요하다.

그리고 교사들이 스스로 수업에 관한 한 충분한 전문성을 확보했다고 과신하는 데도 문제가 있다. 많은 수업연구를 통하여 좋은 수업에 대한 벤치마킹을 시도해도 교사들이 자신의 학급으로 되돌아오면 본래의 수업방식으로 복귀하기가 십상이다. 동료교사들의 수업장학에 관심을 두지 않는 것도 이를 전문성 신장의 계기로 이해하기보다는 수업권을 침해받았다고 생각하기 때문이다. 따라서 교사들이 수업의 전문성 신장을 위하여 열린 마음을 갖고 상호간 수업

정보를 교환하는 일이 중요하다.

그 이외에도 효과적인 수업을 방해하는 요소들은 많다. 학교, 학부모, 그리고 학생들, 교육제도, 교육환경, 그리고 여론의 압력 등등. 중요한 것은 교실수업을 개선하기 위하여 이러한 방해요소들을 하나하나 캐내는 작업이 선행되어야 한다는 점이다. 기술문화에 대한 이해를 바탕으로 규범문화가 의미를 갖듯 현상에 대한 정확한 이해가 수반될 때 규범적 대안은 의미를 갖기 때문이다.

3. 효과적인 수업을 위한 수업설계

물론 효과적인 수업설계는 수업의 속성과 효과적인 수업을 방해하는 요소들을 고려하면서 해야 한다. 그리고 중요한 것은 수업설계에 대한 이론과 실제적인 기법을 익히는 일이다. 물론 그렇다고 그러한 기법을 아는 것과 효과적인 수업을 하는 것이 동의어라는 뜻은 아니다. 사전에 충분히 계획한 수업은 그렇지 못한 수업보다 수업의 결과를 높이는 데 더 효과적일 것이라는 가정과 최소한 수업설계 기법을 알고 효과적인 수업을 하려고 부단히 노력하는 가운데 수업의 질은 조금씩 나아질 수 있을 것이라는 뜻이다. 그러면 수업설계는 무엇이고, 다양한 모형으로는 어떤 것들이 있는가?

가. 수업설계의 개념

수업설계는 영어의 'instructional design'에 해당된다. 그러나 교수와 수업의 관계가 명확히 정리되지 않는 관계로 수업설계도 지금까지 다양한 명칭으로 전개되어 왔다. 가령, 수업설계, 수업체제설계, 교수설계, 수업계획, 교수·학습계획, 학습지도계획 등이 그것들이다. 다양한 명칭에도 불구하고 이러한 개념들은 가르치고 배우는 과정을 좀더 체계적으로 계획을 세워야 한다는 점에서 일치하며 수업지도안 혹은 학습지도안의 형태로 교수자에 의해서 최종적으로 만들어진다는 점에서 공유된다. 사전에 보다 체계적이고 과학적으로 계획하고 준비해야 한다는 의미를 강조하기 위하여 수업설계라는 용어를 사용한 것이다.

수업설계의 개념과 관련하여 예컨대 메릴(Merill, 1971)은 "구체적으로 지정된 행동변화가 학습자에게 나타나도록 그의 학습행동(상호작용)을 일으키는 특정 환경적 상황을 명시하고 조성하는 과정"이라고 규정하였다. 메이거(Mager, 1974)는 수업설계를 수업계획으로 이해하고 효과적인 수업계획은 다음과 같은 3가지 필수적인 기본요소로 구성된다고 주장한다. 즉 ① 나는 어디로 향해 가려고 하는가? ② 나는 거기에 어떻게 다다를 것인가? ③ 나는 그곳에 언제 도달했는지를 어떻게 알 것인가? 등이다. 따라서 수업설계는 수업계획과 동의어로서 수업의 목표, 내용, 방법, 그리고 평가를 사전에 수립해 놓은 하나의 방략적인 수단이다. 수업설계를 교수·학습의 계획으로 인식한 게이리스(Gayles, 1974)는 수업설계를 본질적으로 효율적인 교수·학습상황을 창출하기 위하여 교과내용, 교수방법 및 활동을 조직하는 하나의 수단이라고 정의하였다.

이러한 수업설계에 대한 의견을 종합해 볼 때 진위교(1995)나 변영계(1988)가 규정하고 있는 것처럼, 수업설계는 학습자들이 수업목표를 효과적으로 달성할 수 있도록 수업전략을 개발하는 전체과정이다. 그러한 과정은 기본적으로 수업목표의 설정, 수업자료의 개발, 수업과정의 수행 및 수정, 그리고 학습성과의 평가 과정을 포함한다.

나. 효과적인 수업을 위한 수업설계 모형

수업을 효율적으로 설계하려면 무엇보다도 수업의 흐름을 분명히 이해하지 않으면 안 된다. 수업의 흐름은 대체로 수업이론 혹은 수업모형이라는 형태로 논의되어 왔다. 혹자는 수업모형을 교수이론 혹은 교수모형이라고 하기도 하고 교육과정의 전개라고 칭하기도 한다. 중요한 것은 지금까지 개발된 다양한 모형들을 수업상황과 조건에 맞추어 적용해 보는 일이다.

수업모형에 대하여 체계적이고 종합적인 모형을 제시한 사람은 타일러 (Tyler)이다. 그 후 다양한 모형들이 개발되었는데, 가령, Glaser의 수업과정모형, Bruner의 수업모형, Ausubel의 유의미학습모형, Gagné의 교수모형, Caroll의 학교학습모형, Bloom의 완전학습모형, Flanders의 언어상호작용모형, Cronbach의 적성-처치상호작용모형, Taba의 귀납적교수모형, 그리고 Dick과 Carey의 체제접근모형, Briggs의 수업체제설계모형, 그리고 Keller의 동기유발수업설계 등이 그것이다(Andrews와 Goodson은 수업설계모형에 대한 문헌개요를 통하여 60개의 수업설계모형을 발견하였다).

최근에 가네 등(Gagné, Briggs, Wager, 1992)은 기존의 수업모형들이 최소한 5개 이상 가지고 있는 공통적인 요소를 축출하여 포괄적인 수업체제설계의 14단계를 제시하였다. 즉 교육과정의 수준, 교과목의 수준, 단위 수업의 수준, 그리고 체제의 수준에서 각각에 해당하는 수업설계의 절차와 과정이 그것이다.

이들이 제시한 14단계는 첫째, 교육과정의 수준으로: ① 요구, 목적 및 우선순위의 분석, ② 자원, 제약(조건) 및 대안적 수업실행체제의 분석, ③ 교육과정과 과목의 범위와 계열의 결정: 수업실행체제의 설계, 둘째, 교과목의 수준으로: ④ 교과목의 구조와 계열을 정하는 일, ⑤ 교과목의 목표를 분석하는 일, 셋째, 단위 수업의 수준으로: ⑥ 행동목표의 정의, ⑦ 단시 수업 혹은 모듈을 계획, 입안하는 일, ⑧ 교재와 매체를 개발하거나 선정하는 일, ⑨ 학생의 학습성취를 평가하는 일, 넷째, 체제의 수준으로 ⑩ 교사의 자기개발 혹은 연수, ⑪ 형성평가, ⑫ 수업현장에서의 시행과 수정, ⑬ 총괄평가, ⑭ 현장에서의 채택과 확대적용이다.

효과적인 수업을 위해서는 이러한 모형들을 응용하여 자신의 수업에 적용해 보는 일이 필요하다. 각 단계에 해당하는 설계절차 및 적용 예(여기서는 지면관계로 제시할 수 없지만)를 검토해 보는 일이 더욱 중요하다. 특히 교사들이 각 교과의 수업을 계획하고 실행하고 평가하기 위해서는 위에 제시한 14단계 중 5단계에서 9단계까지의 작업에 집중적인 관심을 경주할 필요가 있다.

 학습효과는 학습자, 학습내용, 교사, 그리고 학습환경에 의해서 결정된다. 그러나 교수·학습 계획을 주도하고 수업설계를 실질적으로 담당하는 사람은 교사들이다. 따라서 효과적인 수업설계를 위하여 교사들의 노력은 대단히 중요하다. 수업개선을 위한 교사들의 자기반성과 부단한 노력이 수반되지 않고는 학교 현장에 효과적인 수업은 일어나지 않기 때문이다. 또한 효과적 수업은 가르치고 배우는 일에서 교사들이 전문성과 긍지와 보람을 신장시킬 수 있도록 교사들에게 실질적인 지원을 아끼지 않을 때 가능하다. 교사들이 수업을 통해서 자신의 전문성을 확인하고 교육과정을 완성해 나갈 수 있도록 다양하고 적절한 교육여건을 조성해 주어야 한다. 효과적인 수업은 결국 교사들에 의해 창출되는 것이기 때문이다.

학습의 활성화와 수업설계

학교교육은 가르치고 배우는 과정, 즉 교수과정과 학습과정으로 구성된다. 적어도 학교교육에 있어서는 대부분의 교육활동이 교사의 의도적이고 계획적인 계획에 의해서 이루어진다. 따라서 가르친다는 것과 배운다는 것은 분리해서 생각할 수 없다. 또한 가르치고 배우는 과정은 교재를 중심으로 이루어지기 때문에 교수·학습활동은 교육과정과도 분리하여 생각할 수 없다. 교사가 어떤 목표를 세운 뒤 학습자로 하여금 이에 도달하도록 작용하는 과정은 교수활동이며, 학습자가 경험을 통하여 일어나는 새로운 행동의 변화는 학습활동이다.

교수·학습활동에는 다양한 종류가 있을 수 있는데, 가령 어떤 사람에게 습관을 고치도록 도와주는 것, 사실을 기억하도록 도와주는 것, 혹은 새롭고 복잡한 기술을 가르쳐 주는 것, 아니면 아인슈타인의 원리와 같은 추상적인 어떤 사실을 가르쳐 주어야 하는 것 등 이러한 것들을 가르치고 배우게 하는 방법은 상호 다를 수밖에 없을 것이다. 어떤 것은 사실을 경험을 통하여 직접 배울 수도 있고, 다른 것은 어느 정도 지도·감독이 필요한 경우도 있고, 또다른 것은 지속적인 도움이 필요한 경우도 있을 것이기 때문이다.

교수·학습지도는 문자 그대로 학습자가 학습을 보다 효율적으로 할 수 있도록 교사가 효과적으로 지도하는 방법이다. 학습자로 하여금 학습의 효과를 극대화할 수 있도록 교사가 학습과제를 효과적으로 조직하고, 주어진 학습과제가 보다 효율적으로 성취되도록 최적인 것으로 보이는 사태를 마련하고, 올바른 교수·학습지도 방법을 결정하고, 그리고 교수·학습지도에 활용할 매체를 선정 또는 제작하여 활용하는 것들을 의미한다. 이런 면에 있어서 교수·학습지도와 수업설계는 크게 다를 바 없다.

수업설계는 어떻게 가르치고 어떻게 배우게 할 것인가에 대한 계획수립을 의미한다. 수업설계의 목적은 교수·학습목표를 성공적으로 성취하기 위하여 교수·학습과정의 효율성과 효능성을 극대화시켜 조직하는 데 있다. 수업설계에는 교수·학습의 목표, 내용, 방법, 활동, 시간, 자료와 설비, 그리고 평가 등이 포함된다. 따라서 학습의 활성화는 수업설계의 질에 달려 있다고 해도 과언이 아니다.

제한된 본문에서는 수업설계의 개념과 수업모형, 그리고 학습의 활성화를 위한 수업설계의 방향 등을 개괄적으로 논의하고자 한다.

1. 수업설계의 개념과 수업모형

수업설계는 영어의 'instructional design'에 해당된다. 그러나 교수와 수업의 관계가 명확히 정리되지 않는 관계로 수업설계도 지금까지 다양한 명칭으로 논의되어 왔다. 가령 수업설계, 수업체제설계, 교수설계, 수업계획, 교수·학습계획, 학습지도계획 등이 그것들이다. 그러나 다양한 명칭에도 불구하고 이러한 개념들은 가르치고 배우는 과정을 좀더 체계적으로 계획을 세워야 한다는 점에서 일치하며 수업지도안 혹은 학습지도안의 형태로 교수자에 의해서 최종적으로 만들어진다는 점에서 일치한다.

수업설계란 메릴(Merill, 1971)에 의하면, '구체적으로 지정된 행동변화가 학습자에게 나타나도록 그의 학습행동(상호작용)을 일으키는 특정 환경적 상황을 명시하고 조성하는 과정'이다. 메이거(Mager, 1974)는 수업을 계획하는 데 있어서 3가지의 기본요소가 필수적인데, 그것들은 ① 나는 어디로 향해 가려고 하는가? ② 나는 거기에 어떻게 다다를 것인가? ③ 나는 그곳에 언제 도달했는지를 어떻게 알 것인가? 등이다. 따라서 수업설계는 수업계획과 동의어로서 수업의 목표, 방법, 그리고 평가를 사전에 수립해 놓은 하나의 방략적인 수단이다. 이러한 수단적 정의는 게이리스(Gayles, 1974)에서도 찾아볼 수 있는데, 그는 수업설계를 본질적으로 효율적인 교수·학습상황을 창출하기 위하여 교과내용, 교수방법 및 활동을 조직하는 하나의 수단이라고 정의하였다.

랑그(Lange, 1967)는 수업설계는 명시성과 세련된 행동분석과 자극-학생반응의 면밀한 관리 등의 특징을 띠고 설정한 학습성과를 낳게 하기 위한 조직적 실험적 접근방식이라고 정의하였다. 가네와 브릭스(Gagné & Briggs, 1974)는 수업설계를 세우기 위해서는 우선 어떤 조건에서 학습이 발생하는지를 따져야 하며, 이럴 경우 학습자의 내적 조건을 밝히고 외적 조건을 마련하는 일이 수업설계의 중심이 되어야 한다고 하였다. 수업목표에 따라 학습조건이 결정되고 계획되어야 한다는 것이다.

이러한 수업설계의 의견을 종합해 볼 때 진위교가(1995)가 규정하고 있는 것처럼, 수업설계는 수업목표를 성취하기 위한 수업전략을 개발하는 전체과정이다. 이 과정은 수업목표의 설정, 수업자료의 개발, 수업과정의 수행 및 수정, 그리고 학습성과의 평가 과정을 포함하여야 한다.

수업설계는 일반적으로 수업의 흐름에 따른다. 따라서 수업을 효율적으로 설계하려면 수업의 흐름을 분명히 이해하지 않으면 안 된다. 수업의 흐름은 대체로 수업이론 혹은 수업모형이라는 형태로 논의되어 왔다. 혹자는 수업모형을 교수이론 혹은 교수모형이라고 하기도 하고, 교육과정의 전개라고 칭하기도 하였다.

수업모형에 대하여 체계적이고 종합적인 이론적 모형을 제시한 사람은 타일러(Tyler)이다. 그는 1949년에 「교육과정과 수업의 기본원리」에서 교육과정이나 수업계획을 편성할 때 우리가 반드시 고려해야 할 사항을 4가지 질문으로 표현하고 있는데, 이것들은 교육목표의 설정, 학습경험의 선정, 학습경험의 조직, 그리고 학습성과의 평가로 요약될 수 있다.

　우리나라에서는 황정규의 학교학습모형 외에도 학교 현장에서의 검증을 거쳐 완성된 KEDI의 초등학교의 수업체제 모형이 있는데, 이는 학습과제를 분석하고 수업계획 및 실천계획을 수립하는 계획단계, 진단단계, 도입, 전개, 정착으로 구성되는 지도단계, 형성평가에 기초하여 심화 또는 보충학습을 시행하는 발전단계, 그리고 총괄평가의 평가단계 등 5단계 모형이다. 각 모형별 자세한 내용은 지면 관계로 언급을 할 수 없으나 어쨌든 이러한 모형들은 학습의 활성화를 위한 수업설계에서 교사들에게 참고자료로 활용될 수 있을 것이다.

　실제로 진위교(1995)는 수업설계를 Dick(1976)의 체계적인 수업설계를 따라가면서 수업설계의 실례를 제시하고 있다. 그에 의하면 수업설계는 9단계로 이루어지는데, 이는 일반적 수업목표의 설정, 수업분석, 출발점 행동의 확인, 구체적 행동목표의 명시적 진술, 준거지향검사의 개발, 수업전략의 개발, 수업자료의 개발, 형성평가의 설계와 실시, 그리고 수업개발의 개정 등이다.

2. 학습의 활성화를 위한 수업설계 방향

　학습효과의 극대화는 학습자, 내용, 교사, 그리고 학습환경에 의해서 결정된다. 그러나 교수·학습 계획을 주도하고 수업설계를 실질적으로 담당하여 학습효과가 극대화되도록 핵심적인 역할을 담당하는 사람은 교사들이라고 해도 과언이 아니다. 따라서 학습의 활성화를 위한 수업설계를 위하여 교사들은 다음과 같은 다양한 노력을 경주하여야 할 것으로 생각된다.

　첫째, 학습의 활성화를 위하여 교사들은 다양성과 개별성을 존중하는 방향으로 수업설계가 이루어지도록 해야 할 것이다. 과거의 일률적인 수업설계나 수업목표나 학습주제에 상관없이 획일적으로 이루어지는 교수·학습지도 계획으로는 학습활동을 활성화하고 학습효과를 극대화할 수 없다. 가능한 한 학습자 수만큼 다양한 교육과정을 계획하고 다양한 교수·학습활동을 통하여 학습효과는 극대화될 수 있을 것이다. 즉 다양성과 개별성이 존중되는 수업설계가 이루어져야 할 것이다.

다양성이란 일률적이고 획일적이며 정형화된 수업모형이나 설계형식으로부터의 탈피를 말하며, 개별성은 학습자를 학습의 주체적인 개인으로서 존중해야 한다는 존중의 원리와 그 실천방법으로서 개별화 학습을 말한다. 개별화 원리를 수업설계에 적용하는 방법은 소위 그리스의 유명한 강도였던 '프로크루스테스(Procrustes)'가 잡혀온 사람을 일률적으로 철제침대에 눕혀서 재단하던 것을 탈피해 보자는 것이다. 즉 학습자를 일률적인 교육내용, 교육방법, 그리고 학습속도에 맞추기보다는 역으로 학습자의 흥미, 수준, 관심에 따라 학교교육을 맞추자는 것이다. 따라서 학습활동을 활성화시키기 위해서는 학습자의 다양성과 개별성을 중심으로 하는 수업설계가 이루어져야 할 것이다.

둘째, 교사들은 다양한 수업모형(지금까지 개발되었거나, 혹은 자신이 개발한 수업모형)을 활용하여야 함은 물론 수업의 흐름 가운데 가능한 한 다양한 수업방법 및 형태를 도입하여 학습자의 학습활동을 활성화시켜야 한다. 물론 이때 모든 수업에 일률적으로 작용될 수 있는 수업방법이나 형태는 존재하지 않는다. 왜냐하면 교수·학습의 대상과 내용이 각각 다르므로 그에 따라 학습활동도 달라지기 때문이다. 지금까지 개발된 수업방법 및 형태들(열린수업의 형태도 포함)을 필요한 주제와 학습자의 조건에 따라 적절하게 활용할 수 있도록 교사들은 융통성 있게 수업을 계획할 필요가 있다.

대체로 학습활동이 가장 소극적으로 일어나는 경우는 인쇄매체의 자료에 의한 설명이나 해설식 수업이며, 보다 진일보한 방법이 실물에 의한 직관교육이다. 그러나 가장 왕성한 학습활동이 일어나는 경우는 소위 비코(Vico)가 주장하는 것처럼 학습자가 직접 만들거나, 해봄으로써 수업을 진행하는 경우라고 한다. 수업방법을 선택하는 데 있어서 중요한 것은 어느 방법이 가장 학습효과를 극대화하면서도 학습자들이 즐겁게 학습활동을 할 것인가에 달려 있다.

셋째, 둘째와 연관하여 수업의 전개과정은 가능한 한 '끄는 수업'보다는 '미는 수업'으로 나아가야 한다는 점이다. 전통적인 학습방법은 교사 위주의 '끄는 수업'이었다고 말할 수 있다. 여기서 '끄는 수업'이란 교사가 학습자를 끌고 가면서 자기의 의도대로 틀에 맞추어 가르쳐야 할 지식이나 가치를 암기도 시키고, 주입도 시키면서, 그리고 반복적인 훈련을 하게 하는 수업을 말한다.

그러나 지금은 교사가 혼자 끌고 가기보다는 뒤에서 방향을 제시하며 학습환경을 설정해 주고 학습자로 하여금 적극적인 학습활동을 하도록 하는 '미는 수업'으로 전환이 필요한 때라고 본다. 우리가 지향해야 할 수업은 학습자 스스로 자기의 창의성과 능력을 발휘하여 자기 영역을 개척해 나가게 하는 것이다. 교사가 학생들의 학습활동에 일일이 간섭하면서 무언가를 주입시키지 않으면 수업이 이루어지지 않는다는 인식에서 탈피하여 학생들에게 자발적으로 학습활동을 하도록 자유를 부여하는 자세가 무엇보다도 중요하다고 생각된다.

물론 학습지도 시 수업흐름에 따라(가령 수업을 도입, 전개, 정리 단계로 구성하였을 경우) 도입의 단계에서는 매 교시마다의 구체적인 목표를 인식하는 일, 주의를 집중시키는 일, 선수학습 요소와 관련을 짓는 일을 어떻게 할 것이며, 전개의 단계에서는 학습내용에 관하여 설명하는 일, 발문하는 일, 시범을 보이는 일 등을, 그리고 정착의 단계에서는 일단 학습 또는 지시한 사항을 정리하는 일, 되풀이 연습하는 일, 관련되는 것끼리 통합하는 일, 그리고 비슷한 사태에 적용하는 일 및 과제부여 등을 어떻게 할 것인가에 대한 구체적인 계획도 교사는 수립하여야 한다. 또한 학습자료를 어떻게 활용할 것인가에 대한 계획도 수립하여야 한다. 그러나 요지는 천편일률적인 계획이나 적용보다는 그러한 계획이 가변적이며 융통적으로 운용되어야 한다는 것을 인식해야 한다는 점이다.

넷째, 학생들에게 풍부한 학습경험을 계획하고 제공하면서 교사들이 해야 할 또 다른 과제는 학생들이 바람직한 학습경험을 최대로 해 볼 수 있으며 가장 활발한 학습활동이 일어날 수 있도록 환경적 여건을 조성하는 일이다. 즉 수업의 계획은 턴넬(Tunnell)이 지적한 환경의 원리처럼 학습자가 왕성한 학습활동을 할 수 있도록 다양한 학습자료와 지적 호기심을 자극하고 충족시켜줄 수 있는 학습환경을 조성해 주어야 한다. 이러한 점에서 전통적인 활자매체를 벗어난 첨단매체를 활용한 교실환경의 선진화는 학습자의 학습활동을 촉진시킬 수 있을 것임에 틀림없다. 즉 수업을 설계함에 있어서 멀티미디어나 컴퓨터 등 첨단 교수매체를 통하여 어떻게 학습을 활성화시키고 이를 통하여 학습효과를 어떻게 극대화시킬 것인가를 고려하여야 한다.

또한 학습의 전이가 극대화될 수 있는 방향으로 학습환경을 구성하는 일도 중요하다. 학습의 전이효과는 학습조건이 유사하거나 학습내용에 담겨 있는 원리가 동일하거나, 아니면 학습한 내용을 실례를 가지고 응용해 볼 수 있는 기회가 많이 주어질수록 높아진다고 한다. 따라서 학습자들이 왕성한 교육활동이 가능하도록 다양한 학습자료를 마련하고, 첨단 학습기자재를 활용하여 다양한 학습경험이 일어나도록 수업설계가 이루어져야 할 것이다.

끝으로, 학습의 활성화를 위해서는 어떤 외적 조건에도 불구하고 교사들의 자기 향상 노력이 절대 중요하다. 교사들의 자기반성과 활성화를 위한 부단한 노력이 수반되지 않고는 학교 현장에서의 교수·학습활동은 활성화될 수 없기 때문이다. 또한 학습의 활성화는 가르치고 배우는 일에서 교사들이 전문성과 긍지와 보람을 신장시킬 수 있도록 교사들에게 실질적으로 지원을 아끼지 않을 때 가능하다. 교수·학습을 주도하고 수업설계를 실질적으로 담당하는 핵심적인 집단인 교사들이 신명나게 교육할 수 있는 여건을 만들어 주지 않으면 안 된다. 왜냐하면, 잭슨(Jackson)이 이야기하듯 '만족한 젖소가 양질의 우유를 생산'하기 때문이다.

결론적으로 학습의 활성화를 위한 수업설계는 이를 위한 내·외적 조건이 구비되어야 함은 물론 교수·학습의 행위주체자들의 학습을 활성화하여야겠다는 강한 의지도 수반되어야 가능할 것이다.

수업목표와 학습동기화

성적 우수 자녀를 둔 부모들에게 물어보면 공통적으로 '자기가 하려고 해서 공부를 잘 한다'는 대답을 쉽게 들을 수 있다. 이 같은 사실은 학술적으로도 증명되었는데, 미국의 월버그와 동료들(Walberg, et al. 1986)이 2575개 선행연구 분석을 통하여 내린 학업성취 관련 9개 결정적 변인 중 학습자의 학습동기가 중요하다는 결론이 그것이다. 여기서 중요한 것은 어떻게 하면 학생들이 공부를 열심히 하도록 만들 것인가이다. 물론 학생 스스로 하려고 한다면 최상이겠지만, 그렇게 자기 동기화가 되지 못한 대다수의 학생들을 수업에 적극적으로 참여시켜 공부를 하게 만드는 일이 그리 쉽지 않다는데 문제가 있다.

어떻게 하면 학생들을 학업에 동기화 시킬 수 있는가? 물론 다양한 설명이 가능하다. 그리고 지금까지 많은 이론과 실제들이 제시되었다. 제한된 본문에서는 그러한 것들을 다 다루지 못한다. 다만 미국의 심리학자 미하이 칙센트미하이(Mihaly Csikszentmihalyi, 1999)가 내세운 몰입의 조건 중 첫 번째 조건인 명확한 목표 설정을 통하여 학생들로 하여금 공부하도록 만드는 것에 대하여 알아보도록 한다. 즉 목표를 명확히 제시하여 동기화 한다는 주장에 대해서 구체적으로 알아보려고 한다.

칙센트미하이(Csikszentmihalyi)에 따르면 우리들의 일상생활은 생각하고 느끼고 행동하는 것, 즉 경험으로 이루어진다. 삶의 질을 결정하는 것은 일 그 자체라기보다는 자기가 하는 일을 스스로 어떻게 받아들이느냐, 즉 경험의 내용에 달려있다. 그런데 경험은 시간 속에서 이루어진다. 따라서 우리의 삶은 우리가 시간을 어떻게 활용하느냐에 따라 달라진다. 어떤 사람들은 비생산적으로 시간을 사용하는 사람도 있을 것이고 다른 어떤 사람들은 몰입의 즐거움으로 시간을 충만하게 활용하는 사람도 있을 것이다.

이러한 점은 초등학교 아동이나 중·고등학교 학생들에게도 예외가 아니다. 더더욱 N세대로 통칭되는 그들은 개인적 선호도가 분명하기 때문에 시간사용에 있어서도 분명한 경계를 가지고 있다. 좋아하는 것을 추구할 때는 식음을 전폐하며 몰입하면서도 싫은 것은 기성세대의 어떠한 종용이나 설득에도 아랑곳 않는다. 자신에게 의미 있는 일은 어떻게든(방법을 모른 경우라 할지라도) 목표에 도달하지만 그것이 아무리 가치로운 것일지라도 자신에게 의미가 없다고 판단되면 전혀 개의치 않는다. 기실 과거에도 그랬지만 오늘날에도 여전히 이런 세대들이 학부모들의 바람처럼 공부에 몰입하고 그 속에서 즐거움을 찾는다는 것, 그것은 단지 기성세대의 희망 사항인지도 모른다.

몰입은 자기가 하고 싶은 일을 할 때, 즉 자기가 하는 일이 자발적일 때 일어나는 개인적 체험이다. 대체로 사람들은 자기가 하는 일을 좋아하고 그 일을 하겠다는 각오가 서있을 때는 객관적 어려움이 아무리 크다 하더라도 별다른 갈등 없이 마음을 집중할 수 있다. 집중할 때 우리가 느끼는 것(감정), 바라는 것(목표), 그리고 생각하는 것(사고)이 하나로 통합된다. 즉 몰아일체의 상태가 된다.

칙센트미하이(Csikszentmihalyi)는 그러한 몰입 활동이 일어나기 위해서는 몇 가지 조건이 갖추어져야 한다고 했다. 첫째, 명확하고 그래서 모순되지 않는 목표가 설정되어 있어야 한다. 그래서 사람들이 무엇을 어떻게 해야 하는지 고민하지 않고 활동에 능동적으로 참여할 수 있어야 한다. 둘째, 되먹임, 곧 피드백의 효과가 즉각적으로 나타나야 한다. 셋째, 주어지는 과제의 난이도와 자신이 가지고 있는 능력이 조화를 이룰 수 있어야 한다. 특히 힘겨운 과제가 수준 높은 자신의 실력과 결합하면 고도의 참여와 몰입이 일어난다.

결국 학습활동에 몰입하게 만들어줌으로서 학생들로 하여금 배우는 행위를 통해 보다 질 높은 삶을 영위할 수 있게 해 주자는 것이다. 그렇게 하기 위해서 우리는 몰입의 첫 번째 조건인 목표에 대해서 보다 구체적으로 알아보아야 한다. 명확한 목표 설정을 통하여 학생들을 수업에 적극적으로 참여하게 하자는 의도에서이다.

1. 수업목표

　교사들이 학급에서 시도하는 것들은 그것이 무엇이 되었건 일종의 학습이다. 그러나 그러한 시도가 모두 바람직한 학습은 아니다. 학습이 효과적이기 위해서는 무언가 방향이 있어야 한다. 즉 뚜렷한 목표가 있어야 한다. 수업자의 수업 의도를 명확하게 기술한 것이 수업목표이다. 그러나 수업목표는 수업자가 계획하는 것에 대한 진술이 전부가 아니다. 수업을 받은 후 학생들이 할 수 있는 것 혹은 학생들에게 일어나는 변화에 대한 기술을 포함해야 하기 때문이다. 수업자의 의도뿐만 아니라 더 중요하게는 학생들의 행동결과를 포함시켜야 한다는 말이다.

　수업목표는 수업을 위한 토대를 제공한다. 수업목표는 교사들에게 학생들로 하여금 이미 설정된 의도에 도달케 하는 활동 순서와 필요한 환경을 제공하도록 한다. 만약 교사의 수업목표가 구체적인 정보에 대한 즉각적인 회상에 있다며, 수업 중 학생들이 실제로 정보를 회상하는 활동을 수업목표에 포함시켜야 한다. 그렇지 않고 수업목표가 문제 해결을 위한 정보의 활용에 있다면 문제 해결 절차에 대한 연습을 해 보도록 해야 한다. 따라서 수업목표는 진술된 수업의도에 도달하기 위한 일반적 전략과 구체적 활동을 다 포괄한다.

　수업목표는 또한 수업 결과로 학생들이 어떠한 기능과 지식을 가져야 할 것인가를 정확하게 제시 할 수 있어야 한다. 즉 평가를 위한 기준을 제시해야 한다. 뿐만 아니라 수업목표는 관계자들에게 무엇을 어떻게 해야 하는가를 알려 주는 역할을 한다. 따라서 수업목표는 학생, 교사, 학부모, 프로그램 책임자에게 무언가 보탬이 되도록 진술될 필요가 있다. 적절하게 진술된 목표를 활용하여 교사는 진술된 목표에 견주어 학생들이 어느 시점에 와 있는지 혹은 어느 정도 진전을 했는가를 끊임없이 체크하며 이끌어야 한다. 그래서 학생들에게는 기대하는 것이 무엇인지를 알게 해줌으로서 그들의 궁금증을 해소시켜 주어야 한다.

교사는 명확하게 수업목표를 진술함으로서 수업의 질을 향상시켜야 함은 물론 학생들을 진전시켜야 할 책무가 있다. 이와 관련하여 모어(Moore, 2005)는 수업을 하는 교사들은 다음과 같은 세 가지 책무가 있다고 주장한다: ①수업의도를 진술해야 할 책임, ②학생들이 진전 되도록 고안된 수업활동을 이끌어야 할 책무, ③수업의도가 성취되었는가를 판단해야 하는 책무. 즉 수업목표를 명확히 제시하여 의도된 바람직한 학습이 학생들에게 일어나도록 해야 할 책무가 있다는 것이다.

2. 수업목표 진술의 요소

수업목표 진술 방법과 관련하여 지금까지 나온 수업 관련 문헌을 살펴보면 거의 대부분 수업목표는 '명확하고' '측정가능하게' 진술되어야 한다는 주장을 빠뜨리지 않고 있다. 그도 그럴 것이 수업목표는 전체 수업 과정을 규정하기 때문에 명확하게 진술되어야 한다. 그리고 평가가 수업목표에 의하여 결정되기 때문에 수업목표는 측정 가능해야 한다.

그렇다면 수업 목표 진술에 포함시켜야 할 내용은 무엇인가. 모어(Moore, 2005)에 따르면, 수업목표는 학습자에게 기대되는 학습과 관련된 의도를 전달하는 것이기 때문에 이러한 목표를 진술하는 데에는 다음과 같은 4가지 요소가 필수적이다: 활동(performance), 결과(product), 조건(condition), 기준(criterion). 이는 메이어(Mager, 1997)가 제시한 학습의도의 세 가지 요소인 행동, 조건, 기준에 '결과'를 하나 더 추가한 것이다.

여기서 활동이란 학습의도가 성취된 증거로서 받아들여 질만한 행동을 구체화 하는 것, 즉 기대되는 최종행동을 구체화 하는 것이다. 학생들이 수업을 받고 난 후 행하리라고 기대되는 것을 구체화 하는 것이다. 따라서 수업목표는 학생들의 활동이 무엇인가를 포함한다.

둘째, 수업목표는 수업결과를 구체화 하는 것, 학생들의 행동에 의하여 산출되는 것이 무엇인가를 중심으로 구성되어야 한다. 즉 학생들이 행동의 결과로 나타내리라 여겨지는 것을 구체화 하는 것이다. 수업을 통하여 얻으려고 계획한 것의 결과를 수업목표에 포함시켜야 한다는 주장이다.

수업목표 진술에 포함되어야 하는 세 번째 요소는 학생들의 행동이 기대되어지는 조건, 즉 학생들의 행동이 일어날 조건을 기술하는 것이다. 어떤 조건 하에서 학습자들이 이미 처방된 행동을 실천할 것인가를 설정하는 일이다. 구체적으로 학생들이 이용가능하거나 혹은 불가능한 학습자료, 정보, 그리고 특수설비들이 여기에 포함되며, 시간이나 공간적인 제한, 기타 요구사항 등을 명기해야 한다.

끝으로, 수업목표 진술에는 수용 가능한 학생들의 행동수준을 포함시켜야 한다. 얼마나 학생들이 잘 행동하기를 원하는가를 기술하는 것이다. 즉 허용된 활용시간의 범위, 학생들의 수행에 대한 정답 비율, 정답의 최소치, 허용 가능한 정답과 오답의 비율, 그리고 수용 가능한 인내의 범위 등 학생의 행동 결과에 대한 평가 기준이 수업목표 진술에 포함되어야 한다.

따라서 학생들의 활동, 학습결과, 조건, 기대라는 4가지 요소가 수업목표 진술에 있어서 필수적으로 포함되어야 한다. 이러한 목표 제시가 학습자로 하여금 수업에 보다 적극적으로 동참할 수 있을 것으로 기대되기 때문이고, 이를 통하여 보다 효과적인 수업이 가능하리라 여겨지기 때문이다.

3. 수업목표와 학습동기화

앞에서 언급한 4가지 요소를 포함시켜 수업목표를 명확히 설정했다고 해서 학생들의 학습의욕이 저절로 생기는가? 진술된 수업 목표를 학생들에게 명확하게 전달했다 해서 학생들이 수업에 적극적으로 참여하려 할 것인가? 물론 반드시 그런 것은 아니다. 그러나 뚜렷한 목표를 가지고 있는 것이 집중을 해야 할 어떤 목표도 갖지 못하고 마지못해 일을 하는 상태보다는 결과를 달라지게 할 것은 분명하다.

자신의 활동에 대한 명확한 목표가 없으면 무엇을 어떻게 해야 할지 모르기 때문에 목표 없이(혹은 목표가 분명치 않고) 학습에 집중한다는 것은 그만큼 더 어려워 질 것은 뻔한 이치이다. 예컨대, 운동이나 게임 그리고 놀이 등에 몰입하는 이유는 목표와 규칙이 명확하게 설정되어 있어서 무엇을 어떻게 해야 하는지 고민하지 않고 참여할 수 있기 때문이다. 따라서 명확하고 모순 되지 않는 목표를 설정하는 일은 그렇지 않는 경우보다 사람들을 일이나 활동에 더 쉽게 몰입케 할 것은 분명해 보인다.

수업목표를 통하여 학습자의 동기를 강화하기 위하여 고려해 보아야 것은 이미 앞에서 언급한 것처럼 수업목표를 명확하게 그리고 필요한 요소를 포함시키는 것이다. 그러나 그것으로 충분한 것은 아니다. 수업목표 진술에 있어서 고려해야 할 요소가 더 있기 때문이다. 다름 아닌 학습자의 특성에 대한 파악이다. 즉 학습욕구의 형성에 있어서 중요한 것은 학생들의 학습에 대한 태도이다. 만약 학생들이 특정한 내용이 필요하다고 인식하지 못하면 그 내용에 대하여 부정적 태도를 견지할 것이고 그렇다면 수업이 재대로 진행되지도 않을 것이다. 따라서 학생들이 수업에 대해 어떤 태도를 가지고 있는가를 고려하여 학생들에게 적합한 수업목표를 진술해야 한다.

우리가 학습 대상으로 삼고 있는 학생들은 대부분 'N 세대'들이다. 이들은 인터넷을 활용하면서 인터넷이 구성하는 가상공간(cyber space)을 주무대로 디지털적 삶을 영위하는 세대이며 호기심과 상상력이 풍부하여 자유분방함을 추구하는 세대이다. 인쇄매체보다는 영상매체를 즐겨보며, 논리나 합리성보다는 감성을 중시하고, 전체 구조보다는 개별성을 선호하는 경향이 강하다. 거기에 자기중심적 사고에 터하여 행동하기 때문에 대인관계나 일에 있어서 싫고 좋음이 분명한 세대이다. 따라서 자기가 하고 싶은 일은 관심의 경지를 지나 매니아가 되면서도 하기 싫은 일은 도무지 관심조차 두려 하지 않는다(이정선, 2002).

그럴진대 이들을 학습동기화 하기 위해서는 이들의 특성을 고려하여 이들이 가지고 있는 장점을 살리는 방향으로 수업목표를 설정해야 한다. 이들이 가상세계나 자신이 하고 싶은 일에 탐닉하는 열정을 학습에 몰입하도록 하는 방법을 찾아야 한다. 자기가 하고 싶은 것에 대한 강한 에너지를 창의적인 활동을 위해 활용하도록 유도할 수 있어야 한다. 그런 방법 중 하나가 지금까지 제시된 학습조건에서 더 나아가 N세대에 적합한 조건을 찾는 일이다. 이들은 제아무리 가치있는 지식이나 정보를 제공해도, 그러한 정보를 찾는 방법(학습방법의 학습)을 제시해도 자기가 하기 싫은 것은 하지 않는다. 소위 물고기를 잡아주어도, 물고기 잡는 방법을 가르쳐 주어도 관심이 없는 경우에는 소용이 없다.

N 세대들은 자기가 하고 싶은 것을 한다. 자기가 하는 일을 좋아하고 그 일을 하겠다는 각오가 서있을 때, 그들은 심지어는 하는 방법을 몰라도 일을 성취한다. 따라서 이들에게 하고 싶도록 학습조건을 만들어 주는 일이 급선무이다. 중요한 것은 물고기를 잡아주는 것도 물고기 잡는 방법을 가르쳐 주는 것도 아닌 물고기 잡는 것을 좋아하도록 해 주어야 한다. 즉 그들로 하여금 바다를 그리워하게 해 주어야 한다.

그러기 위해서 수업목표는 학습자의 삶과 동떨어진 곳에서 찾을 것이 아니라 그들의 일상생활 주변에서 찾아야 한다. 학습자의 가슴에 와 닿는 주제를 찾아야 한다. 추상적인 목표가 아니라, 절대 절명의 직접적인 목표여야 한다. 그리고 학생들의 삶에 의미가 있는 것이라야 한다. 즉 교사중심보다는 학생 입장에서 학생들의 흥미와 관심을 고려하여 학생의 관심사를 수업목표로 설정하여야 한다.

끝으로, 암묵적으로 교사가 수업목표를 사전에 가지고 있더라도 단위 시간당 구체적인 목표를 정할 때는 학습자와 공동으로 설정하는 것이 좋다. 왜냐하면 교사가 일방적으로 정하기보다는 공동으로 설정하는 것이 학생들의 적극적인 수업 참여를 유도하는데 보다 유리하기 때문이다. 그리고 그렇게 정해진 목표는 수업의 도입 단계에서 학생들에게 제시하는 것으로 한정할 것이 아니라 수업 중간 중간에도 반복해서 제시함으로서 학생들의 주의를 환기 시켜주어야 한다. 도입, 전개, 정리정착 단계는 물론 평가 단계까지 수업 목표를 일관되게 끌고 가야 한다.

물론 이러한 방법이 학생들을 수업에 적극적으로 참여시키는 최상의 방법은 아닐지라도 하나의 방법은 될 수 있을 것이다. 따라서 수업목표를 설정하는데 고려해야 할 가능한 많은 요소들을 최대한 고려하여, 최소한 수업목표가 명확치 못하여 학생들을 학업에 동기화 하는데 실패했다는 일은 없도록 해야 할 것이다. 명확한 목표 제시가 학습동기의 전부가 아니지만, 그래도 학생들이 수업에 몰입하는 하나의 조건이 될 것은 분명하다.

효과적인 학습동기 유발전략

학습동기는 교수와 학습을 이끄는 중요한 열쇠이다. 물론 학습자들이 주의를 집중하지 않고 의도하지 않는 것도 배우는 부수적 학습 같은 것이 있기는 하지만 대체로 학습동기가 유발되어 있고 주의집중이 일어날 때 학습효과는 극대화되게 마련이다.

학습자들이 수업에 주의집중을 하게 하기 위해서는 무엇보다도 학습자들이 배우고자 하는 의욕이 있어야 한다. 그러나 문제는 그러한 의욕인 학습동기를 어떻게 향상시키고 유지시킬 것인가에 대한 방안들이 구체적으로 제시된 경우가 그렇게 많지 않다는 데 있다. 즉, 동기에 관한 많은 서술적 원리들과 처방적 원리들이 구체적 안내 지침을 제공하는 하나의 처방적 모델 가운데 통합되어 제공된 사례가 흔치 않다는 점이다(송상호, 1998).

학습동기란 동기의 하위 개념으로서 '학습관련' 동기를 말한다. 학습동기를 유발시키고 그러한 동기를 유지하는 전략들을 교사들이 알기 위해서는 학습동기의 상위 개념인 동기를 이해해야 하며 학습동기를 유발하는 방법과 관련된 이론들을 알아야 한다. 그리고 실제로 수업에서는 동기유발과 유지를 위하여 어떤 전략들이 어떻게 활용되고 있는지를 이해하고 있어야 한다. 이러한 작업에 선구적인 역할을 한 사람 중의 하나가 켈러(Keller)이기 때문에, 본문에서는 그의 동기유발 수업설계를 중심으로 학습동기 유발전략을 살펴보고자 한다.

1. 학습동기의 의미 및 관련이론

학습동기의 상위 개념인 동기는 어떤 측면을 강조했느냐에 따라 다양하게 정의될 수 있다. 가령, 안범희(1993)는 "동기란 유기체가 내부로부터 움직여서 목표 추구를 위한 행동을 하게 하는 조건 혹은 태세"라고 정의하였고, 정원식(1977)은 "유기체가 욕구를 충족시키기 위해서 유인가를 찾는 과정"으로, 그리고 황정규(1992)는 "정의적 시발행동의 총칭"으로 보았다. 켈러(Keller, 1993)는 "동기란 특정한 경험 혹은 목적을 향해 접근하고 회피하는 것에 대한 선택인 동시에 얼마만큼의 노력을 쏟아야 할지에 대한 선택으로 행동의 방향과 세기에 의하여 드러난다"고 했다. 보다 종합적인 정의는 서울대학교 교육연구소(1998)에 의해서 제시되었는데, "동기란 유기체의 행동에 활력을 불어넣고 방향을 지시하며 행동을 지속시키는 개체 내의 힘 또는 조건이다"라고 하였다.

이러한 동기의 개념에 비추어 학습동기란 "학습자로 하여금 특정 학습의 준비 또는 일련의 학습을 지속시키도록 하는 내적·외적 조건이다"(서울대학교 교육연구소, 1994). 즉 개인 또는 집단의 학습목표를 개인 혹은 집단의 목표와 결부시켜 분명한 목표의식을 가지게 하고, 적성이나 흥미에 맞는 과제의 제시와 보상, 경쟁심의 적용, 피드백 등을 활용하는 학습에 작용하는 동기를 말한다.

동기를 규정하는 입장이 다양한 것처럼 인간이 가지고 있는 동기를 설명하려는 이론도 다양하게 전개되었다. 그리고 동기이론에 기초한 학습동기 이론 역시 학자들마다 다양하게 제시되었다. 지금까지 제시된 학습동기 이론을 비교적 종합적으로 정리한 서울대학교 교육연구소 발간 교육학 대사전(1998)에 따르면, 학습이론들은 본능이론, 충동감소이론, 욕구이론, 유인가 이론, 그리고 인지이론으로 대별된다. 본능이론은 인간이 날 때부터 본능적으로 학습하고자 하는 욕구를 가지고 있기 때문에 기계적으로 학습을 하게 된다는 설명이며, 충동감소이론은 인간의 학습동기는 신체적·심리적 불균형 현상에서 비롯되었기 때문에, 따라서 학습은 이러한 불균형을 해소하기 위하여 일어난다고 보는 입장이다.

이와 다르게 욕구이론은 학습이 인간의 욕구를 충족시키기 위하여 일어난다는 이론으로 매슬로우(Maslow)의 욕구의 5단계설에서 보는 것처럼 소속감, 사랑, 인정 그리고 자아실현의 욕구를 충족시키려고 학습하게 된다는 것이다. 또한 유인가 이론은 스키너(Skinner)의 강화이론처럼 외적 자극인 유인가가 정적인 것은 수용하고 부적인 것은 회피하고자 하는 과정에서 인간 행동의 변화와 같은 학습이 일어난다는 설명이다. 끝으로 인지이론은 학습동기가 학습자의 내적 인지과정인 지각, 사고, 추론, 상상, 기대, 그리고 가치인식 등의 복잡한 기제의 작동에 의하여 나타나는 것으로 본다. 귀인이론도 이러한 인지이론의 하나라고 할 수 있다.

문제는 이러한 이론들을 이해하고 교사 나름대로 이를 실제에 응용하는 것도 중요하지만 그것 못지않게 효율적인 수업을 하기 위하여 교사들이 교육 현장에서 학습동기를 효과적으로 유발시키기 위한 전략을 인지하고 활용하는 일도 중요하다.

2. 효과적인 학습동기 유발전략

동기유발이란 학습자로 하여금 지향하는 특정 행동을 일으키게 하는 과정을 말한다. 따라서 학습동기 유발이란 학습행동의 근원이 되는 의욕을 불러일으키는 것이다. 즉 학습자가 학습하고자 하는 경향과 태도가 생기도록 하고 목적 지향적이게 하며, 그리고 적극적으로 학습행동을 하게 하는 일이다. 여기서 중요한 것은 그러한 동기유발을 위하여 체계적인 전략이 마련되어야 한다는 점이다. 교사들의 직관이나 타인이 하는 것을 보고 따라하는 것도 중요하지만 체계적인 동기유발의 전략을 습득하고 이를 실제에 적용해 봄으로써 학습효과를 증진시킬 수 있기 때문이다.

동기유발 전략과 관련하여 지금까지 몇몇 전략들이 제시되었는데, 가령 브루너(Bruner, 1963)에 따르면, 학습동기 유발전략은 여러 가지 가능성 탐색의 경향인 '학습의욕'을 극대화하는 것이었다. 그렇게 하기 위해서는 첫째, 학습자로 하여금 가능성의 탐색을 자극하는 것으로서 적정 수준의 불확실성을 지닌 문제를 학생들에게 제시함으로써 학습자들이 불확실성을 제거하기 위해 도전하도록 해야 한다. 둘째, 불확실성의 제거를 위한 활동이 계속 유지되어야 하며 실패에 대한 두려움을 지니지 않도록 해야 한다. 셋째, 밀도 있는 수업, 지향점과 방향감이 있는 수업을 통해서 가능성 탐색의 초점이 계속 유지되어야 한다.

손충기(1994)는 학습자의 학습동기를 유발시키기 위하여 교사들이 해야 할 행동과 관련하여 수업과정을 명료화하기, 학생들과 활기 있는 상호작용 하기, 내용제시 방법의 다양화, 수업절차의 개별화 등을 들고 이러한 활동을 통하여 학습자의 학습활동을 촉진시키며 궁극적으로 학습결과를 향상시킬 수 있을 것이라고 주장하였다.

사실 수업과정을 통하여 학습자들의 동기에 영향을 미치는 요소들은 다양하다. 가령 교사들이 사용하는 교재, 교사행동, 수업의 흐름, 즉 수업 시작과 수업 중, 그리고 수업 종료 시 서로 다른 행동을 요구하는 수업단원의 구조, 다양한 학습내용을 포함하고 있는 수업의 전체적인 구조 등 이러한 요소들을 고려하여 학습동기 유발 전략을 보다 포괄적이고 체계적으로 제시한 사람은 켈러(Keller)이다. 그는 ARCS라는 동기유발 수업설계(motivational design of instruction)에 입각하여 학습동기를 유발시키고 유지시키기 위한 하나의 교수전략을 제시하였다. 그에 의하면 학습동기는 주의집중(attention), 관련성(relevance), 자신감(confidence), 만족감(satisfaction)의 측면에서 설명되는 학습행동의 방향과 세기를 의미한다는 것이다. 이러한 수업설계는 실제 교수-학습 상황에서 동기를 유발시키고 유지시키기 위한 구체적이고 처방적인 전략, 즉 학습행동의 방향과 세기에 영향을 줄 것으로 예측되는 전략이나 활동으로 구성된 학습환경을 체계적으로 준비하는 과정이다.

켈러에 의하면, 효과적인 수업이 이루어지게 하기 위해서는 교사들이 첫째, 학생들의 주의집중을 유발해야 한다. 이는 학습자의 흥미를 사로잡는 일과 호기심을 유발시키는 일이 포함된다. 주의집중을 촉진시키는 전략으로서는 예상치 못한 단순한 이벤트(가령 큰 호각소리, 위아래가 바뀐 단어 제공 등)에서부터 정신적인 자극을 일으키는 문제 제공까지를 포함한다. 그리고 수업에 적절한 변화를 주어야 한다. 켈러는 이를 지각적 주의 환기, 탐구적 주의 환기, 그리고 변화성으로 표현하였다.

둘째, 관련성을 확립하는 일이다. 이는 공부를 해야 하는 이유나 개인적 필요를 지각시키는 것을 말한다. 호기심이 유발되었더라도 학습내용이 학습자 자신의 개인적 필요와 아무런 관련성이 없다면 동기는 소멸된다. 관련성은 수업내용을 학습자의 목적, 관심사, 학습 스타일 등에 연관시킬 때 확립된다. 관련성 증진을 위한 전략은 수업내용을 학습자의 취업이나 미래의 성취와 연관시키는 일이나 학습자의 관심사나 경험과 관련 있는 모의상황, 비유, 사례연구, 실례 등을 사용하는 것이다. 이러한 전략은 목적지향성, 필요나 동기와의 부합성, 그리고 경험과 수업내용과의 친밀성으로 표현될 수 있다.

동기유발의 세 번째 구성요소는 자신감이다. 이는 학습자들에게 성공기회가 있다는 것을 인식시키는 일이다. 즉 학습자들이 성공에 대한 적극적인 기대를 할 수 있도록 기대되는 목표를 분명히 하고, 가능한 성취의 사례를 제공하는 일이다. 자신감을 고취시키는 전략으로는 학습에 필요한 조건을 제시하기, 성공의 기회를 제공하기, 그리고 개인적 통제력를 증대시키기 등이 포함된다.

끝으로, 학습동기는 학습경험과 성취에 대한 긍정적 느낌인 만족감을 갖게 함으로써 유발되는데, 이는 학습자의 노력의 결과와 성취기대를 일치시키는 것을 말한다. 교사는 학생들로 하여금 새로 학습한 지식과 기능을 의미 있게 사용하도록 기회를 제공함으로써 얻어지는 내적 강화, 적절한 외재적 보상 부여, 그리고 타인과의 성취 결과의 비교에 있어서 준거의 공정성 유지 등과 같은 전략을 통하여 만족감을 얻게 할 수 있다.

이러한 학습동기의 구성요소들을 효과적으로 유발하고 유지시키기 위해서 켈러는 10단계의 동기유발 수업설계를 제시하고 있는데, 여기에는 동기를 구성하는 요소들을 알고 확인하기, 동기를 구성하는 요건을 결정하기 위해 대상자를 분석하기, 동기유발과 유지를 위한 수업자료나 과정들의 특성을 확인하기, 적합한 동기전략을 선택하기, 그리고 사용한 동기전략을 평가하기 등이 포함된다. 보다 구체적으로 교사들은 먼저 가르치는 과목에 대한 정보를 검토해야 한다(1단계: 코스정보 획득). 학습자에 대한 정보를 면밀히 검토하고(2단계: 대상자 정보획득), 이 정보들을 대상자 동기분석에 사용하여 학습자가 지니고 있는 학습동기의 유발 정도와 그 성향, 즉 구체적인 결손부분이 어떤 것인지를 결정한다(3단계: 대상자 동기).

그리고 기존의 교재들이 동기유발의 측면에서 만족스러운지, 그렇지 않다면 어떤 부족한 점을 해결해야 할지를 결정한다(4단계: 기존 교재분석). 그 후 동기목표 측정을 위한 도구에 대한 준비작업을 한다(5단계: 동기목표 설정 및 측정방법 열거). 이미 설정된 동기목표에 입각하여 동기목표 달성에 필요한 예비 전략을 열거한다(6단계: 예비 전략 열거). 이때 수업의 초기단계, 중간단계, 마무리 단계에 필요한 동기전략을 주의집중, 관련성, 자신감, 그리고 만족감이라는 동기구성 4영역으로 구분하여 자세히 열거한다.

그리고 나서 실제로 사용할 동기전략을 선택준거에 입각하여 최종적으로 선택한다(7단계: 최종전략 선택). 그 후 선택된 전략들을 교수전략들과 통합하여 주어진 수업단원에 대한 설계를 마무리한다(8단계: 교수전략과 통합). 마지막으로 설계된 내용을 실현하기 위해 기존의 교재들을 선택하거나 새로운 교재를 개발하고(9단계: 교재선택 및 개발), 그리고 선택 혹은 개발된 교재들을 시험·평가하고, 필요하다면 수정한다(10단계: 평가 및 수정). 켈러(Keller, 1999)는 이러한 10단계에 맞추어 단계별 전략과 구체적인 방법들을 제시하고 있다. 지면 관계상 구체적인 방법은 소개할 수 없지만 교사들이 참고해 보면 학생들의 동기유발을 위하여 도움이 될 것으로 생각된다.

물론 그렇다고 교사가 학생들의 학습동기를 전적으로 통제할 수 있다는 것은 아니다. 다만 영향을 줄 뿐이다. 즉, 교사가 하기에 따라 때로는 학생들의 학습동기를 자극할 수도 있고, 때로는 소멸시킬 수도 있다. 교사들의 열정과 헌신이나 학생에 대한 지극한 관심과 배려는 학생들에게 교과목에 대한 흥미를 가지게 할 수 있고, 반대로 교사들이 지나치게 엄격하고, 수업을 지루하게 하며, 교과목이나 학생들에게 흥미를 보이지 않으면 학생들의 학습동기는 심각하게 손상될 수 있다.

따라서 교사가 실제 수업에서 학습자들의 동기유발을 잘하게 하기 위해서는 왜 그리고 어떻게 동기가 유발되는가에 대한 이론이나 연구문헌을 고찰하는 일도 중요할 뿐만 아니라 성공적인 교사들이 학습자들의 동기유발을 시키는 행동을 실제로 관찰하고 모방해 보기도 해야 한다. 그리고 체계적인 동기유발 전략을 실제에 응용하여 교사 각자의 동기유발 방법을 나름대로 모색해 보는 일이 필요하다고 본다.

학생의 특성을 고려한 학습동기 유발전략

1. 들어가며

어떻게 하면 학생들로 하여금 학습동기를 유발시킬 것인가의 문제는 오랫동안 연구자뿐만 아니라 교육자들의 주요 관심사였다. 학교에서 요구하는 과제에 학생들이 흥미와 관심을 가지고 적극적으로 참여하도록 학습동기를 높이는 일은 중요한 교육적 과제였기 때문이다. 결과적으로 동기의 개념과 기능, 종류, 학습동기 및 성취동기 관련 이론들 그리고 수업 중 동기유발을 위한 다양한 방법들이 수없이 고안·제시되었다. 아마 교육학이나 심리학을 망라하여 이 분야만큼 연구가 활발하게 전개된 분야도 드물 것이다.

그럼에도 불구하고 여전히 학생들의 학습동기를 유발시키기 어려운 것은 학습상황과 조건 및 학습자를 포함한 학교구성원 간 상호관계의 복잡성 때문이라고 여겨진다. 학습동기가 무엇이고 동기유발 전략은 무엇인지를 교사들이 몰라서가 아니라 구체적인 상황에서 어떻게 이를 적용할 것인가가 더욱 관건이 되고 있다. 특히 과거와 달라진 학생특성을 고려하면서 동기유발 전략을 어떻게 적용해야 할 것인가를 고민하면서 말이다.

과거와 마찬가지로 오늘날에도 대부분의 학생들은 자발적으로 학교에 오지 않는다(Boocock, 1980). 거기에 더하여 특별히 오늘날 학생들은 디지털 기술을 자유자재로 활용하면서 인터넷이 구성하는 가상공간(cyber space)을 주무대로 자유분방함을 추구하는 세대이다. 논리나 합리성보다는 감성을 중시하고, 전체 구조보다는 개별성을 선호하는 경향이 강하다. 이들은 자기가 하고 싶은 일은 관심의 경지를 지나 마니아가 되면서도 하기 싫은 일은 도무지 관심조차 두려 하지 않는다.

종전에는 성적이 뒤진 하위권 학생들조차도 학교가 요구하는 규범에 이탈하는 행동을 하는 경우가 적었으나, 지금은 그러한 기대나 요구가 더 이상 학생들을 구속하지 못한다. 이들은 학교문화의 요구와 기대에는 관심이 거의 없고 그들이 원하는 방식으로 생활하기를 더 고집한다. 이러한 오늘날 학생들의 특성과 문화적 상황에서 여전히 우리의 관심사는 이러한 학생들을 어떻게 하면 학습에 집중할 수 있도록 만들 것인가가 문제의 핵심이다. 참으로 어려운 문제가 아닐 수 없다.

제한된 본문에서는 수업 중 학습동기 유발전략으로는 어떤 것들이 있으며 실제 수업 장면에서 어떤 전략들이 어떻게 적용되고 있는가를 살펴보고자 한다. 이를 위해서 학습동기의 원천과 학습동기 유발전략 그리고 수업 중 학습자의 특성을 고려한 학습동기 유발전략 등을 알아본다.

2. 학습동기의 원천

학습동기란 학습자로 하여금 학습에 대한 준비나 일련의 학습을 지속시키도록 하는 내적·외적 조건을 말한다. 학습자들에게 분명한 목표의식을 가지게 하고, 적성이나 흥미에 맞는 과제의 제시와 보상, 경쟁심의 적용, 피드백 등을 활용하는 학습 전체에 작용하는 동기를 말한다(교육학대백과사전, 1998). 쉽게 말하자면 학습자가 학습활동을 하고 싶다는 강한 의욕을 말한다.

그러한 학습동기는 드리스콜(Driscoll, 1994)에 따르면 세 가지 원천으로 구성된다. 호기심, 과제의 적절성, 효능감이 그것이다. 첫째, 호기심은 강한 학습동기 요인이다. 호기심을 이끄는 요인은 지각적 각성과 탐구적 각성으로 구분된다. 다양한 시청각적 매체를 활용하는 일, 수업방법을 다양화하는 일, 기상천외한 방법을 동원하는 일, 교사의 수업 스타일을 바꾸는 일 등을 통해서 학습자의 지각적 각성을 일깨우는 것이 전자에 속한다면, 지식을 탐구하는 행동에 의해서 해결될 수 있는 문제상황을 만들어 줌으로써 높은 수준의 지적 호기심을 자극하는 것은 탐구적 각성에 속한다.

둘째, 학생들은 자신의 흥미에 맞는 것을 학습할 때 동기가 더 유발된다. 따라서 배우는 과제가 적절해야 한다. 어떻게 하면 교재를 학생들에게 더 재미있게 만들어 줄 것인가. 여기에 대해 학생들이 능동적으로 목표를 설정하게 한다. 일반적 목표설정보다는 명시적 목표설정을, 장기적 목표를 설정하는 것보다는 직접적인 목표를 설정하는 것이 학습자로 하여금 자발적으로 동기를 유발하여 학습활동을 증진시킨다고 한다. 또한 수행목표보다는 학습목표가 더 도전적이고 과제를 끈질기게 수행하게 하며 학습과제가 학생들의 욕구 또는 가치와 부합될 때 동기가 더 유발된다고 한다.

셋째, 학습동기의 원천은 학습과제의 난이성과 과제 수행 결과에 대한 학습자 자신의 신념에서 비롯된다(효능감). 반두라(Bandura, 1982)는 그러한 과정(개인의 효능감)에 영향을 미치는 네 가지 원천을 다음과 같이 들고 있다.

(1) 수행 성취: 학습자가 이전에 어떤 과제를 성공적으로 완성한 경험(선수 성공 경험).
(2) 간접 경험: 어떤 과제를 성공하는 역할 모델 관찰.
(3) 언어적 설득: 학습수행 능력이 있다고 타인이 학습자를 설득하는 것.
(4) 생리적 상태: 육감으로 성공과 실패의 가능성을 확신하는 것.

그 외에도 개인적 효능감과 관련하여 학습목표를 달성하기 위하여 학습자는 어떤 활동을 해야 하는지 그리고 목표에 도달하면 어떤 결과가 오는지를 이해하는 것, 즉 결과에 대한 기대 효능감 역시 학습자의 학습동기를 결정하는 원천이 된다.

종합적으로 드리스콜(Driscoll, 1994)이 주장하고자 하는 바는 학습동기를 유발시키기 위해서는 학습동기의 여러 원천들을 충족시켜야 한다는 점이다. 즉 자신의 호기심이나 과제에 대하여 그리고 과제 성취의 가치에 대한 기대가 충족되어야 한다. 이러한 입장은 학습자 개인특성과 학습과제의 특성을 고려하여 학습동기 유발전략을 수립하여야 한다는 주장으로 이해된다.

3. 학생의 특성을 고려한 학습동기 유발전략

지금까지 우리나라에서도 수업 중 학습동기 유발전략에 대하여 다양한 견해들이 제안되었다. 예컨대, 최진승과 나귀옥(1995)은 학습과제의 특성에 따라 교사의 수업활동이 다양할 때 학생들의 학습의욕이 유발된다는 점을 강조하였으며, 황정규(1992)는 학생들의 학습동기로서 학생 반응에 대한 즉각적인 보상, 즉 강화의 중요성을 강조하였다. 손충기(1994)는 학습자의 학습동기 유발방법으로서 교사의 행동에 초점을 두고 수업과정의 명료성, 활기 있는 상호작용, 내용제시 방법의 다양성, 수업절차의 개별화 등이 학생들의 학습활동을 촉진한다고 하였다.

학생의 특성을 고려한 학습동기 유발전략과 관련해서는 정종진의 연구(1992)를 들 수 있다. 그는 학습동기에 영향을 미치는 학생의 내부적 요인들(각성, 목표, 욕구, 귀인)을 중심으로 교실수업에서 교사가 학생들의 학습동기를 유발시킬 수 있는 일반적인 전략을 다음과 같이 제시하였다. ① 방해와 구속으로부터 자유로운 교실환경 구성, 실수에 대한 관용적 태도, 도전적인 학습과제 제시, ② 자신감과 긍정적 기대감 형성, ③ 학습의 가치에 대한 이해, ④ 과제에 대한 몰두.

이들의 주장 속에는 효과적인 학습동기 유발방안들이 모두 망라되어 있다. 그러나 대체로 일반적인 방안들이기 때문에 구체적이고 실질적인 학교 장면에 어떻게 적용하여야 할 것인가는 교사들의 창의적인 노력을 더 필요로 한다. 특히 오늘날 학생들의 특성을 고려하면서 말이다.

그렇다면 N세대들의 특성을 고려하여 실제로 수업 중 학습동기를 증진시킬 수 있는 방법은 무엇인가. 신세대들로 하여금 가상세계나 자신이 하고 싶은 일에 탐닉하는 열정을 학습에 몰입하도록 승화시킬 수 있는 방법은 없는가. 자기 의견과 선호가 분명한 이들이 자기가 하고 싶은 것에 대한 강한 에너지를 창의적인 학습활동을 위해 활용하도록 유도할 수 있는 방법은 없는가. 톡톡 튀는 이들의 감수성을 활기찬 수업을 위하여 활용할 수 있는 방안은 없는가. 어려운 질문이지만 일반적이고 원론적인 대답의 일부를 다음과 같이 제시할 수 있겠다.

무엇보다도 논리나 합리성보다는 감성을 중시하는 신세대들을 위해서 가장 중요한 것은 학습활동을 위한 흥미와 호기심을 그들의 생활경험과 관련하여 유발하여 학습동기를 최적화시키는 일이다. 이를 위해 교수−학습상황에서 학습동기를 유발하고 유지하기 위한 구체적이고 처방적인 전략들을 적용하는 데 있어 실제적인 삶의 방식과 문화를 이해하는 일이 필요하다. 이와 관련 켈러(Keller, 1993)의 ARCS이론이 현재까지 개발된 것으로는 가장 체계적이고 종합적인 방법이 아닌가 여겨진다.

첫째, 주의(attention)는 어떻게 하면 학습자의 관심을 학습에 필수적인 자극에 집중시키느냐 하는 것이다. 지각적 주의환기 방법, 탐구적 주의환기 전략, 다양성의 전략이 여기에 속한다(Keller, 1993). 지각적 주의를 환기시키기 위해서는 ① 시각적 효과를 활용하는 일(삽화, 애니메이션, 도표, 그래프, 적절한 흰 공백, 다양한 글자체, 소리나 번쩍거림, 역상문자 사용), ② 비일상적인 내용이나 사건들을 제시하는 일(모순된, 기이한 내용, 학습자의 경험과 전혀 다른 사실, 믿기 어려운 통계), ③ 분산의 자극을 지양하는 일이 필수적이며, 탐구적 주의환기를 위해서는 ① 학습자의 능동적 반응을 유도하기 위한 비유나 연상, ② 문제해결을 학습자 스스로 구상하게 하는 일, ③ 신비감을 제공하는 것 등이 필요하다. 또한 다양성을 위한 전략으로 ① 간결하고 다양한 교수형태 사용, ② 다양한 교수−학습 기회 제공, ③ 교수자료의 변화 추구, ④ 목표-내용-방법의 기능적 통합이 필수적이다.

둘째, 학습자의 필요와 연관시키는 일이다. 관련성(relevance)은 어떻게 학습과제가 학습자의 개인적 흥미 및 목적과 연관되느냐 하는 것이다. 학습내용이 자신의 장래에 도움이 된다고 인지할 때 혹은 학습자의 욕구를 고려한 수업방법이 제시될 때 학습자는 높은 학습의욕을 갖게 마련이다. 이를 위해 교사는 ① 친밀성을 유지하기 위해 학습자의 경험과 관계가 되는 구체적인 용어, 예문, 인물, 사건, 그림, 배경지식 등을 활용하고, ② 목표지향성을 부각시키기 위해 실용성에 중점을 둔 목표를 제시하거나 그와 연관된 학습형태를 활용하거나 아니면 학습자에게 목표의 선택가능성을 부여하여야 한다. 또한 학습자의 필요와 동기에 부합된다는 인식을 높이기 위해 다양한 수준의 목적을 제시하고 비경쟁적 학습상황을 선택하며 협동적 상호학습상황을 제시할 수 있어야 한다.

셋째, 자신감(confidence)을 길러주는 것이다. 학습자는 동기 유발 및 유지를 위해 학습의 재미와 필요를 느끼는 것 외에도 성공의 가능성이 있다고 믿어야 한다. 학습자로 하여금 자신감을 갖게 하려면 어떻게 하여야 하는가. 켈러(Keller)는 자신감 수립 전략으로 학습자에게 학업 수행에 필요한 조건과 평가 기준을 명확히 제시해 줌으로써 학습자가 성공 가능성 여부를 짐작하도록 도와주어야 하고, 그 과정에서 의미 있는 성공경험을 할 수 있도록 적절한 도전감을 제공하여야 하며, 성공이 개인적 노력에 기인한다는 믿음을 갖게 하여 학습자 스스로 학습을 조절하는 기회를 갖게 하는 일이 중요하다고 하였다.

넷째, 학습자가 느끼는 만족감(satisfaction)은 학습동기를 계속 유지시킨다. 물론 만족감은 학습자의 노력의 결과가 자신의 기대와 일치하고 그 결과에 만족할 때 생긴다. 이를 위해 교사는 학습자로 하여금 새로 습득한 지식이나 기술을 실제에 적용해 보도록 기회를 제공하거나 성공적인 학습결과에 대하여 긍정적인 피드백을 주거나 아니면 수업목표와 내용의 일관성 및 연습과 시험내용의 일치를 보여줌으로써 공정성을 확보해 주어야 한다. 결국 켈러(Keller)는 주의환기 및 집중, 관련성 증진, 자신감 수립, 만족감 증대라는 네 가지 조건을 통해서 학습자의 학습동기를 최적으로 유발·유지하자는 입장이다.

　　또한 여기서 학생들의 흥미와 호기심을 자극해야 하는 일 못지않게 중요한 것은 학습자의 동기유발을 저해하는 요소들을 제거하는 일이다. 학생들의 학습동기를 유발시키기 위해 필요한 교수매체가 부족하지 않도록 다양한 교수매체를 지원해 주어야 하고, 수업 진도상 시간 부족이나 동기 유발을 위한 수업 준비 시간의 부족 등을 어떤 방법으로든 보전해 줄 수 있어야 교사들도 적극적인 동기유발 전략을 실천할 수 있게 된다.

4. 나오며

　　"만족한 젖소가 양질의 우유를 생산한다"는 말처럼 교사와 학생이 무언가 하고 싶은 의욕이 있어야 긍정적인 학습결과를 산출한다. 따라서 우수한 학습결과를 산출하기 위해서는 무엇보다도 학생들이 의욕적으로 학업에 임하게 해야 하고 학습활동 시 학생의 특성 변인에 대한 고려가 우선되어야 한다. 학습자의 발달정도, 성별, 학습수준, 흥미, 적성에 따라 동기유발 전략을 다양하게 하고, 기대·동기·불안·성취 수준의 차이에 따라 학습동기 유발전략은 달라질 수 있다는 점도 고려해야 한다.

　　그렇다고 학습동기 유발이 학생변인에 국한될 성질의 것은 아니다. 학습과제의 특성이나 학습 단계별 주제 및 내용에 따라 동기유발 방법은 달라질 수 있다. 또한 교사의 특성 변인 역시 고려의 대상이다. 무엇보다도 교사가 하고자 하는 의욕이 있어야 한다. 여기서 중요한 것은 학생들로 하여금 학습동기를 가질 수 있도록 하는 교사의 능력에 대한 교사의 판단력이다. 개인적 효능감이 높은 교사는 학생들의 자율성과 책임감을 북돋아 주고 도전적인 학습과제를 구성하여 학생들이 성공하도록 도와줄 수 있기 때문이다.

　　그리고 학습과제의 특성뿐만 아니라 본문에서는 다루지 못했지만 학교에서 동기화는 그 안에 그물처럼 깔린 사회적 구조와 분리될 수 없다는 와이너

(Weiner, 1990)의 주장처럼 학습동기는 사회적 가치의 맥락 내에서 고려되어야 하고 전체 문화의 목표 안에서 고려되어야 한다. 그런 점에서 학습동기는 학생들이나 학습과제 및 교사에 국한될 문제가 아니라 전체 사회 및 학교 구성원 모두가 총체적으로 접근해야 할 문제인 것이다.

학습과제를 고려한 수업전개

어떤 수업모형에서건 전개는 수업의 중심단계이다. 학습목표를 도달하기 위한 실제 활동을 하는 단계로서 학습문제에 직면하여 조사, 실험, 검증 등이 이루어진다. 수업의 형태에 따라 때로는 교사중심의 활동이 이루어지기도 하고 학습자 중심의 활동이 이루어지는 경우도 있다. 어느 경우건 효과적인 수업전개를 위해서는 교사변인과 아울러 지도법의 특성을 고려해야 하고, 학습내용의 특성 그리고 학습자의 특성을 고려해야 한다(杉山正一·香川英雄, 1994).

물론 교과영역의 특성에 따른 학습과제에 대한 고려가 효과적인 수업전개를 위하여 필수적이라는 점은 재론을 요하지 않는다. 따라서 제한된 본문에서는 학습과제를 활용한 효과적인 수업전개에 대하여 개괄적으로 살펴보고자 한다. 이를 위하여 학습과제의 일반적인 특성과 수업전개 시 고려사항 그리고 학습과제를 고려한 수업전개의 요령에 대하여 알아본다.

1. 학습과제

학습과제란 학습해야 할 요소와 항목들이 어떤 계열에 따라 배열되어 있는 것을 의미한다. 학습과제는 학습을 증진시키는 중요하고도 유용한 수단이 되며 수업시간은 대부분 이러한 목적을 위하여 할애된다. 따라서 수업을 전개할 때 교사가 먼저 해야 할 일은 학습과제를 분석하는 일이다. 이는 어떤 단원의 학습목표를 도달하기 위하여 하위의 지적 요소와 기능들이 서로 어떻게 연관되어 있는지를 추출하여 체계화하는 작업을 말한다.

이때 교사들이 해야 하는 주요한 일은 무엇이 좋은 학습과제인가를 선별하는 일(학습과제 분석도 이러한 목적으로 활용된다)과 학생들로 하여금 학습과제에 관심을 갖게 하려면 어떻게 해야 하는가이다. 물론 다양한 의견이 가능하다. 중요한 것은 학습자가 즐겁게 배우고 그럼으로써 학습결과를 진작시켜서 교육적으로 의의가 있는 학습과제라야 한다는 점이다. 그러기 위해서 교과서 내용은 물론이고 주변 현상을 관찰해서 학습과제로 삼을 수 있고, 학습자가 제기한 의문을 과제로 삼을 수 있다. 심지어는 학생의 일기나 학생들과의 대화 내용, 신문, 가정 학습과제 등도 여기에 포함될 수 있다.

가급적이면 이때 학습문제를 해결하는 데 도움이 되는 과제나 학생의 능력에 따라 개별화할 수 있는 과제 그리고 다양한 사고를 유발하고 실제 체험활동을 통해 해결할 수 있는 학습과제라면 더욱 효과적일 것이다. 따라서 정해진 정답을 요구하는 과제보다는 학습자로 하여금 다양한 방법으로 해결방법을 모색해 보게 하는 과제가 제시되어야 한다. 특히 창의성 신장과 문제 해결력의 향상을 위한 과제라면 더더욱 좋을 것이다.

또한 정작 좋은 학습과제를(교사의 판단으로는) 제시한다 해도 학습자가 관심을 갖지 않으면 어떻게 할 것인가가 문제이다. 즉 학습과제에 관심을 갖게 하려면 어떻게 하면 좋을까? 물론 왕도가 없다. 杉山正一・香川英雄(1994)에 따르면 첫째, 인상적・감동적인 자료를 제시한다. 즉 학습자로 하여금 학습하고 싶다는 의욕이 나게 한다. 이를 위해서 학습과제는 최소한 ① 학생의 마음에 호소해서 움직이게 할 것, ② 학생의 경험에 비추어 모순을 느끼게 하고 강한 의문을 일으키게 할 것, ③ 이상하다, 왜 그럴까, 조사해 보고 싶다는 강한 호기심과 의욕을 높일 가능성이 있는 조건을 구비해야 한다.

둘째, 적절한 질문과 조언을 할 수 있어야 한다. 상상력이 약한 학생이나 감동이 약한 학생들은 감동적이고 인상적인 자료를 제시해도 학습과제에 대한 관심이 높지 않다. 그럴 경우 교사는 학생들에게 제시한 자료와 관련하여 학습자 자신의 경험과 비교하게 하는 방식으로 그들의 눈높이에 맞는 적절한 질문을 하고 조언을 할 수 있어야 한다.

셋째, 문제해결을 위해 학습자로 하여금 학습과제에 관심을 갖게 한다. 이를 위해서 학습자로 하여금 무엇이 문제인지를 분명히 인식하도록 하고, 학습과제에 대하여 자유롭게 사고하도록 여유를 주어야 한다. 또한 과제에 대하여 보다 좋은 해결방법을 스스로 생각하게 하면 다양하고 창의적인 문제해결 능력도 계발된다.

2. 수업전개

전개는 대체로 전체 수업의 70% 이상을 차지하는 교실수업의 핵심적인 단계이다. 이는 학습자와 교수자가 수행하는 활동으로 구성되는데, 설명을 하거나 질의응답하는 과정, 판서, 시범 등의 활동이 여기에 포함된다(윤팔중, 1994).

조용달(1999)은 시간의 흐름에 따른 수업의 조직분석을 통하여 전개과정을 교수-학습단계로 규정하고, 중등학교 수업에서는 학습주제가 무엇인지를 소개하고 학생의 주위를 환기하는 '인도의 단계', 주제에 대한 교과서 읽기와 교사의 설명 등이 이루어지는 '집중수업행위단계', 그리고 주제를 교사가 학생에게 정리-인식하게 하고 각인시키는 '압축의 단계'로 구성된다고 보았다.

어떠한 형태나 분류가 되었건 여기서 중요한 것은 교사는 단위시간에 보다 효과적인 수업을 전개해야 한다는 점이다. 학습자에게는 보다 흥미롭고 지적 자극이 되는 그러면서도 유익한 수업이 이루어져야 한다. 교사가 교육과정을 학습자의 필요와 흥미에 적합하도록 재구성하기도 하고 교과목의 내용에 적합하도록 학생들의 집단을 조직하기도 하며 다양한 교수-학습방법을 도입하는 것은 물론 교과목의 내용에 참신성, 유머, 인간적 흥미를 가미하여 학생활동을 보다 활기차게 하려는 이유이다(Jackson, 1968). 그러나 교사들이 첫 임무가 가르치는 일이지 단순히 학생들을 재미있게 해주는 일이 아니라는 점과 가르치는 내용이 날마다 참신할 수 없다는 점에서 교사들의 노력은 대단히 제한적일 수밖에 없다.

그럼에도 불구하고 보다 효과적인 수업전개를 위해서 수업에 미치는 가능한 다양한 변인과 전개 시 고려해야 할 조건들을 교사들이 사전에 앎으로써 효과적인 전개를 저해하는 요소를 스스로 극복하도록 해야 한다(물론 안다는 것이 실천을 전제로 하는 것은 아닐 수 있다). 그런데 문제는 수업에 미치는 영향 변수가 다양하기 때문에 효과적인 전개를 위해서도 고려해야 할 것들이 너무나 많다는 점이다. 예컨대, 학습자 특성만 해도 그렇다. 성별, 가정환경, 학업 준비상태, 타고난 성격, 출신지역, 사고력, 인지발달단계, 학습 스타일 등 천차만별이다. 여기에 일반적인 학습자 집단 특성에 따라서도 학습전개는 달라질 수 있기 때문에 수업전개는 그만큼 다양해질 수밖에 없다.

오늘날 우리가 상대하는 학생들은 미국의 사회학자 돈 탭스콧이 규정한 것처럼 'N세대(network generation)'들이다. 교육내용도, 지도하는 방법도 과거 기성세대들의 그것들과 달라질 수밖에 없다. 이들은 디지털 기술, 특히 인터넷을 자유자재로 활용하면서 인터넷이 구성하는 가상공간(cyber space)을 주무대로 디지털적 삶을 영위하는 세대이다. 따라서 이러한 세대는 인쇄매체보다는 영상매체를 즐겨보며, 논리나 합리성보다는 감성을 중시하고, 전체구조보다는 개별성을 선호하는 경향이 강하다. 거기에 자기중심적 사고에 준하여 행동하기 때문에 대인관계나 일에 있어서 싫고 좋음이 분명한 세대이다. 자기가 하고 싶은 일은 관심의 경지를 지나 마니아가 되면서도 하기 싫은 일은 도무지 관심조차 두려 하지 않는다.

교사는 이들의 환경과 문화에 적합한 새로운 교육방법이나 매체활용, 수업전개 방법 등을 개발하려는 자세가 필요하다. 이들 세대만이 가지고 있는 감성적인 면을 수업에서 생산적으로 활용할 수 있는 방안을 강구하려는 노력이 요구된다. 가령, 이들이 가상세계나 자신이 하고 싶은 일에 탐닉하는 열정을 학습에 몰입하도록 승화시키는 일, 자기가 하고 싶은 것에 대한 강한 에너지를 창의적인 학습활동을 위해 활용하도록 유도하는 일, 톡톡 튀는 감수성을 학습에 활용하도록 하는 방안을 강구하는 일 등이 여기에 포함된다.

그럴진대 수업방법이나 전개뿐만 아니라 학습과제를 선정하고 제시하는 데 있어서도 학습자의 변화된 세계와 문화 등을 고려하여 이들의 장점을 최대한 살리는 방안들을 강구하여야 한다. 논리적이고 합리적인 설명과 함께 그들의 감성에 부합되는 수업전개 방안들을 찾아야 한다. 예컨대, 애국심에 대한 논리적 설명보다 생활 가운데서 체험하는 사례들(가령, 동계올림픽 사건)을 제시하는 것이 N세대들에게는 더 강한 설득력을 갖는다. 수업전개에 있어서도 이들에게는 학습내용의 전수나 학습방법의 학습에 치중하기보다 학습자의 감수성을 자극하는 내적 동기를 유발시켜 수업을 전개함이 더 효과적이다. 구체적으로 고기를 잡아주는 것보다, 그리고 고기 잡는 방법을 알게 해주는 것보다 더 효과적인 수업전개는 학습자들이 바다를 미치도록 그리워하도록 하는 일이다.

3. 학습과제를 고려한 수업전개

그러면 전개단계에서 효과적인 수업전개를 위해 학습과제를 어떻게 하면 좋을까? 이미 언급한 것처럼 무엇보다도 학습과제나 자료의 특성을 고려하여 좋은 과제를 선택하는 일이 중요하다. 콜과 찬(Cole & Chan, 1994)은 학습과제의 부과원리를 적절한 학습과제의 선정원리, 학습과제 계획의 원리 그리고 학습과제의 관리의 원리로 분류하였다. 먼저 적절한 학습과제의 선정원리는 다음과 같다. ① 학습과제에 인지적 실제적 활동이 포함되어 있는가, ② 의미 있고 수업목표와 관련이 있는가, ③ 기계적 연습이 포함된 과제는 아닌가, ④ 과제의 내용과 형식이 흥미로운가, ⑤ 새로운 내용과 이전 내용을 동시에 포함하고 있는가, ⑥ 배운 지식을 실제 문제에 전이 가능한 과제인가, ⑦ 학습과제의 형식과 내용이 다양한가, ⑧ 고정된 교재와 인쇄매체에 국한된 것은 아닌가, ⑨ 학습장애자에 상응하는 쉬운 과제를 설정했는가, ⑩ 보통이상 학생에게 적합한 도전적인 과제를 부과했는가, ⑪ 학생들이 학습에 곤란을 겪을 때 학습과제를 적절하게 변화시켰는가.

교사는 학습과제를 선정한 후 이를 효과적으로 관리하여야 한다. 물론 여기에도 왕도는 없다. 학습과제의 제시는 교수, 설명, 해설과 같은 언어적 표현방법으로도 가능하고, 실험, 관찰, 조사 등과 같은 방법, 시범, 시연, 토론이나 문제해결 방안 등도 활용 가능하다. 뿐만 아니라 과제는 학습할 문제의 해결에 도움을 줄 수 있도록 논리적이고 순서에 따라 조사, 관찰 등 목적에 따라 그리고 교육내용과 방법 등을 고려하여 제시할 수 있다. 또한 학습자가 생각이나 필요한 자료를 모을 수 있도록 제시해야 한다. 학습자가 자신의 생각을 토대로 자신의 입장에서 과제를 해결할 수 있도록 제시하고 하나의 문제에 대하여 여러 가지 다양한 해결방안을 찾아낼 수 있도록 해야 한다.

다음으로 학습의 효율성은 학습과제를 어떻게 계속적으로 계획하느냐에 따라 달라진다. 따라서 교사는 과제를 제시한 후 학생들이 관련 학습과제를 계속해서 학습할 수 있도록 해야 한다. 학습과제를 일정한 시간 간격을 두고 연습할 수 있도록 수업을 조직하여야 하고 학습지를 제시할 때는 쉬운 것에서 어려운 것으로 다양한 유형의 문제가 포함된 학습지를 활용할 수 있어야 한다.

끝으로 과제를 제시한 후 부과된 학습과제를 학생들이 자발적으로 해결할 수 있도록 교사의 지속적인 지도 감독이 필요하다. 콜과 찬(Cole & Chan, 1994)은 이를 학습과제 관리라고 지칭하고 다음과 같은 전략을 제시하였다. ① 학생들이 부과된 과제를 완성하는 방법과 절차에 대한 명확한 지침을 준다. ② 학생들이 부과된 과제에 열성적으로 참여하도록 한다. ③ 자율적인 학습과제 해결시간에 적합한 절차를 만든다. ④ 학생들에게 과제에 대한 기대수준을 알려준다. ⑤ 정해진 시간 내에 학습과제를 마칠 수 있도록 독려한다. ⑥ 학습과제 해결을 위하여 다양한 학습자료를 활용하도록 한다. ⑦ 사전에 학습과제 해결에 필요한 교재나 자료를 소개해 준다. ⑧ 학생들에게 배부할 학습자료를 충분히 준비한다. ⑨ 학습장소를 단정하게 조직·정리한다. ⑩ 과제 해결에 필요한 집단의 수를 최소화한다.

　이러한 학습과제의 선택, 계획, 관리를 통한 학습과제 전략은 오늘날 학습자의 특성에 걸맞게 운용되어야 한다. 그러한 특성이 구체적으로 수업기술, 수업방법, 매체활용 등에 반영되어야 한다. 결국 교사는 효과적인 수업전개를 위하여 좋은 과제를 선택하고 이를 효과적으로 제시하고, 활용(계획과 관리)해야 함은 물론이고 학습자의 특성을 고려해 상황에 맞게 수업을 전개할 줄 알아야 한다. 따라서 유능한 교사는 학생들의 관심과 흥미를 자아내는 학습과제를 선택하고, 학습자의 학습동기를 유발하여 단위 수업시간에 학습을 최대한 증진시킬 수 있는 학습과제를 효과적으로 활용할 줄 알아야 한다. 교사들의 노력이 필요한 이유이다.

적극적인 수업을 위한 주의집중 전략

학교교육은 크게 가르치고 배우는 과정으로 집약된다. 그리고 가르치고 배우는 과정은 보다 직접적으로 수업과 학생통제로 대별된다. 후자는 그 자체가 수업의 본질적인 측면은 아니다. 이는 전자를 효율적으로 수행하기 위한 전제조건 혹은 필요조건에 불과하다. 그러나 통제활동에 실패한다면 교육적 활동(수업)은 필연적으로 그리고 자동적으로 큰 난관에 봉착하게 마련이다. 적극적인 수업과 주의집중 전략은 곧 수업과 통제 간의 관계와 동일하다. 따라서 주의집중에 실패하면 곧 적극적인 수업은 이루어질 수가 없다. 잭슨(Jackson, 1968)이 주장하듯 학생들을 학교 일에 열중시키는 것보다 더 중요한 교육적 목적은 없기 때문이다.

학생들이 수업에 주의를 집중한다고 하는 것은 수업 중에 한눈을 팔거나 장난, 소곤대기와 같은 산만한 행동 등 소위 '딴 짓'을 하지 않고 교수-학습활동에만 열중하는 행위를 말한다. 그러나 수업에 집중하는 정도는 학생들의 학년 수준이나 개인차, 단위 시간, 학급크기, 또는 수업내용, 수업기술, 그리고 심지어는 교수자와 학습자의 개인적 특성 등에 따라 다르기 때문에 획일적인 주의집중 전략을 규정하기가 용이하지 않다. 또한 한눈을 팔지 않고 교사를 쳐다본다고 해서 반드시 주의집중을 하고 있다고 단정하기도 어렵다. 참여와 집중은 다르기 때문이다.

제한된 본문에서는 주의집중의 여러 형태를 알아봄으로써 주의집중이 무엇인지를 이해하고, 주의집중을 방해하는 요인들을 분석함으로써 이를 제거하여 보다 적극적으로 학생들을 수업에 집중시킬 수 있는 실제적인 전략이 무엇인지를 밝혀보고자 한다.

1. 주의집중

주의집중(attention)은 일반적으로 '인간이 어떤 사태의 일부나 한 측면에 선택적 혹은 다중적으로 지각하고 인식하는 과정'으로 정의된다(조주연, 1996). 이러한 주의집중에 대한 교육학적 관심은 1920~1930년대부터 비롯되었다고 한다. 잭슨(Jackson, 1968)에 따르면 초창기의 연구는 주로 학생들이 자리에 앉아 있을 때 주의를 집중하고 있는가 아닌가, 한다면 몇 %나 하는가, 그리고 어느 정도의 기간 동안(정도와 기간) 주의집중을 하는가에 연구의 초점이 주어졌는데, 이는 학생 행동의 모호성(위장된 집중)과 불안정성 때문에 학생들의 참여도를 측정하기가 용이하지 않았기 때문이라고 한다. 그 후 주의집중의 교육적 중요성에 대한 연구가 지속되었는데, 가령, 주의집중에 영향을 미치는 요인들(교사의 능력, 학급의 크기, 교수-학습방법 등)의 분석과 학업성취와의 상관성에 대한 연구들이 대표적인 것들이다.

최근에(주로 1990년대) 와서 주의집중에 대한 연구는 인지과학의 발달과 정보처리 능력에 대한 관심에 힘입어 새로운 전기를 맞이하게 된다. 인지 활동의 주체인 뇌 자체의 구조와 기능에 대한 체계적인 이해를 바탕으로 이를 교육적으로 활용해 보려는 연구들이 진행되었기 때문이다. 결과적으로 주의집중에 대한 심층적인 분석은 특히 주의집중의 개념에 대해서도 세분화된 이해를 가능하게 하였다.

인지과학적 정보를 적용하여 연구를 수행한 교육문헌을 분석한 조주연(1992)에 따르면, 주의집중은 그 과정에서 유기체의 의지나 능동성의 여부에 따라 수동적 주의집중, 능동적 주의집중으로 분류되고, 유기체가 선택하여 처리하는 주의집중 대상 자극의 수에 따라 선택적 주의집중, 다중적 주의집중, 그리고 간과적 주의집중으로 세분된다고 한다.

　여기서 수동적 주의집중이라 함은 감각적 주의집중으로서 외부로부터 감각 자극들이 여러 양식의 감각기관 및 신경들을 통해 뇌의 피질에 수동적으로 전달되는 과정을 말하며, 능동적 주의집중은 외부에서 들어오는 자극 중에서 보다 중요하다고 생각되는 자극에 대해 능동적으로 보다 깊이 있게 정보를 처리해 가는 과정을 의미한다. 선택적 주의집중은 유기체가 특정 자극만을 집중적으로 처리하는 것을, 다중주의는 두 개 혹은 그 이상의 소수 자극을 동시에 깊이 있게 처리하는 것을, 그리고 간과적 주의집중은 유기체가 한 자극에 선택적 주의를 기울이는 동안 다른 감각 정보들을 모니터하는 경우나 특정한 자극을 깊이 있게 처리하지 않으면서 전체 자극을 피상적으로 처리해 넘기는 경우의 주의집중 과정을 말한다.

2. 효과적인 주의집중 전략

　초등학교 교실에서 참여관찰을 통하여 잠재적 교육과정을 연구한 잭슨(Jackson, 1968)은 학생들을 일에 몰두하게 하기 위해서는 몇 가지 전략이 필요하다고 한다. 외부에서 오는 방해물을 제거하면서 적절한 작업조건을 유지하는 일, 그리고 학습내용이 학생들에게 잘 맞도록 적합성을 유지하는 일이 그것이다. 계속해서 그는 학생들을 집중시키기 위하여 교사들이 구사할 수 있는 전략을 다음과 같이 세 가지로 제시하고 있다. ① 교육과정을 학생들의 필요와 흥미에 적합하도록 재구성한다. ② 교과목의 내용에 적합하도록 학생들의 집단을 조직한다. ③ 교과목의 내용에 참신성과 유머와 인간적인 흥미를 가미하여 무미건조한 활동을 인위적으로 활기 있게 한다.

필자가 보기에는 교사들이 실제로 수업 중 학생들의 주의를 집중시키기 위하여 사용할 수 있는 전략을 찾는 방법으로 다음과 같은 두 가지가 있을 수 있다고 생각한다. 하나는 교사들이 다년간 현장 경험을 통하여 축적해 놓은 경험적 지식을 캐내는 방법이고, 다른 하나는 인지과학적 지식을 활용하여 주의집중에 대한 전략을 도출해 내는 작업이다. 물론 후자에 기초를 둔 전자의 주장이라면 더할 나위 없이 바람직하겠다.

첫째, 주의집중 전략과 관련하여 교사들이 현장에서 축적한 경험적 지식들을 일견해 보는 일이다. 이와 관련하여 적절한 신체활동, 짧고 흥미 있는 교훈적인 소재의 제시, 학습자의 참여를 유도하는 직접적이고 유머 있는 상호작용, 다양한 시각자료 제시, 율동에 맞추어 노래 부르기, 약속된 기호 사용, 그리고 교사들의 언어적 설득 및 효과적인 통제방식 등이 주로 논의되고 있음을 발견하게 된다.

한 예로, 학생통제 기법을 활용하여 수업에 학생들의 주의를 집중시키려고 한 초등학교 교감선생님(김청규, 1990)의 제안을 살펴보면 다음과 같다. 도입단계에서 마음을 안정시킬 때는 합창이나 시를 외우는 방법을, 학습동기 유발 시는 새로운 자료를 제시하거나 예화를 통하여 주의를 집중케 한다. 전개단계에서 수업 단위를 매듭지을 때는 약속된 신호에 따라 손뼉치기, 바르게 앉기, 교실의 물체 바라보기 등을, 학습분위기가 산만할 때는 통제어 사용하기, 혹은 개별 지적이나 경고 사용을, 그리고 학습이 다소 지루할 때는 율동이나 가벼운 신체 활동을 활용한다. 정리단계에서는 조용히 눈을 감고 정리를 하거나, 판서내용을 읽히거나, 형성평가를 활용한 보상에 의한 주의집중 방법 등을 활용한다.

물론 학년에 따라, 하루 중 수업시간에 따라, 학급 크기에 따라, 그리고 교육내용과 교사 및 학습자의 상태에 따라 주의집중 전략은 다를 수밖에 없으므로 교사들은 상황 맥락적인 전략을 개발하여 스스로 활용하려는 노력이 필요하다고 하겠다.

둘째, 인지과학의 연구결과를 활용한 보다 체계적이고 과학적인 주의집중 전략에 관한 것이다. 이는 주의집중 장애요인을 분석하여 제거하고 보다 적극적인 전략을 개발·적용하는 방안이다.

인지과학적 연구결과가 주의집중에 주는 시사점을 조주연(1992)은 다음과 같이 제시하고 있다. ① 주의에 대한 인지과학적 연구는 시각이 외부 자극을 처리하는 데 있어 가장 중요한 감각 양식임을 밝혀주었다. 따라서 청각자극에 의존하는 현행 수업은 시각 자료를 더 활용하는 수업으로 전환될 필요가 있다. ② 뚜렷한 대비 특성을 가진 자극들(high-contrast stimuli)이 우리 뇌의 정보처리 기제를 더 쉽게 자극한다. 따라서 자료의 반복보다는 대비 특성을 가진 자료를 개발, 활용하여야 한다. ③ 다중주의는 대부분의 학생들이 동시에 두 개 이상의 감각자극을 처리할 수 있으나 그 자극의 수량이나 처리 수준에는 한계가 있다는 점을 밝혀 주었다(특히 저학년은 여러 자극을 동시에 처리하는 능력이 제한적이다). ④ 하나의 자극을 오랫동안 처리하는 데 있어서도 지속성의 한계를 가지고 있다. ⑤ 선행경험과 관련 자극을 다른 자극보다 우선적으로 깊이 있게 처리한다(수동적, 선택적 주의집중). 따라서 학생들의 선행경험과 학습내용을 연관시켜야 한다.

같은 맥락에서 조주연(1995)은 주의집중을 방해하는 요인을 학습자 요인, 수업내용 요인, 그리고 수업과정 요인으로 분류하고 있다. 여기서 학습자 요인이라 함은 학습자의 지적 준비 미흡, 특정과제나 학습에 대한 부정적 태도 그리고 기질적으로 정서장애를 가진 학생의 특성을 말하는 것으로, 주의집중을 위해서는 이러한 요인들을 기술적으로 제거해 주어야만 한다는 것이다.

수업내용 요인에 포함되는 것들, 가령 학습내용이 학습자의 수준에 비해서 지나치게 높거나, 학습량이 지나치게 많거나, 아니면 학습내용이 지나치게 적은 경우 등도 주의를 산만하게 함으로 학습내용의 양과 수준을 학습자에게 맞도록 제시해 주어야 한다.

수업과정에 포함되는 요인으로는 학습에 필요한 단위 학습시간이 지나치게 긴 경우, 교사와 학생 간의 부정적인 인간관계, 교사와 학습자 간의 의사소통의 괴리, 학습에 필요한 자료가 불충분한 경우, 그리고 산만한 교실 주위 환경 등이 있다. 결국 이러한 요소들을 제거할 수 있어야 학습자로 하여금 수업에 주의를 집중하게 할 수 있다는 것이다.

물론 학생들을 수업에 효과적으로 집중시키기 위해서는 이러한 장애요인을 제거하고 한 걸음 더 나아가 보다 적극적으로 주의집중에 관한 다양한 전략을 개발할 필요가 있다. 이와 관련하여 인지과학의 연구결과들이 가져다준 주의 집중의 전략들은 크게 자료중심적 전략, 의미중심적 전략, 그리고 수업과정적 전략으로 정리될 수 있다(조주연, 1995).

(1) 자료중심적 전략은 학생들에게 제시되는 학습자료의 외적 특성에 주의를 끌만한 요소를 부가하는 전략이다. 학생들은 스스로 흥미가 있다고 여기는 학습과제에 최대한 주의를 기울이기 때문에 교사는 학생들이 흥미를 느낄 수 있는 자료, 가령, 대비적 특성을 부각시킬 수 있는 자료, 학생들의 선수경험과 연관된 학습내용, 그리고 학생들의 지적 호기심을 자극하는 자료 등을 제시할 수 있어야 한다.

또한 가능한 한 청각적 자료 제시보다는 시각적 자료를 제시해야 한다. 수업내용을 모형, 도표, 혹은 그림으로 제시하는 일이 그것이다. 그리고 그러한 경우라 할지라도 같은 성격의 자료를 반복하여 제시하기보다는 적절한 때에 따라 다양하게 제시하여야 학생들의 주의를 쉽게 집중시킬 수 있다.

(2) 의미중심적 전략은 학생들이 수업내용을 이해하게 하여 거기에서 흥미를 느끼게 하는 방법이다. ① 학생들에게 적절히 도전적인 학습내용과 과제를 제시한다. ② 학생들의 과거경험 또는 선수학습과 유관한 내용에서 인지적 갈등을 유발할 수 있는 학습자료를 준비한다. ③ 다양한 교수-학습방법의 활용을 통한 학습내용의 핵심적 개념과 원리에 대한 명확한 이해를 돕는다. 그리고 ④ 학습내용를 학생 수준에 맞게 재구성한다 등이 포함된다.

(3) 수업과정적 전략은 교사와 학생 간의 상호작용을 원활하게 하는 전략이다. 여기에는 ① 학생들에게 긍정적 격려와 기대를 갖는다. ② 학생 간 주의집중 능력의 개인차를 고려하여 수업을 진행한다(학습능력, 관심도에 따라 집단 구성, 다양한 학습과제 제시, 활동 중심의 수업). ③ 교사 스스로 탐구하는 모범적 자세를 보인다. 그리고 ④ 교실환경과 사용하는 교구가 산만하지 않도록 정리한다 등이 있다.

(4) 그 외에도 교사의 능력(수업과 학생통제 능력)과 특성(목소리, 외모,

몸동작, 표정 등)도 학생들의 주의집중에 영향을 미치는 요소들이므로 다양한 교수–학습방법의 활용, 효과적인 학생통제 방법의 개발 및 개인적 특성의 관리에도 관심을 경주하여야 한다.

물론 이러한 전략들은 논리적으로 그렇다는 것이지 효과를 검증한 연구에 바탕을 두고 주장하는 것은 아니다. 아직 특정 전략이 왜 효과적인가에 대한 검증된 연구결과는 거의 찾아보기 힘든 실정이다. 추후 연구거리가 아닐 수 없다.

지금까지 주의집중을 방해하는 요소와 주의집중에 관한 몇 가지 전략들을 살펴보았다. 주의집중의 교육적 중요성에 비추어 볼 때, "어떤 의미에서 교육의 근본적인 문제는 가치 있다고 생각되는 학습에 학생들을 몰두시키는 일이다"라는 모리슨(Morrison, 1927)의 지적은 오늘날에도 여전히 설득력이 있어 보인다. 그렇다 치더라도 주의집중은 학습자, 교사, 학습내용, 그리고 환경에 따라 다를 수밖에 없기 때문에 이를 기술적으로 관리하는 전략이 중요하지 않을 수 없다. 주의집중을 저해하는 제반 요소를 제거하고 인지과학의 연구결과를 활용하여 보다 효과적인 주의집중 전략을 고안하고, 그리고 현장 교사들의 축적한 경험적 지식을 활용함으로써 보다 적극적인 수업을 진행하여 궁극적으로 학습효과를 극대화할 수 있도록 해야 할 것이다.

주의집중의 기법과 전략은 과학이라기보다는 예술에 가깝다. 그렇기 때문에 교사들의 실질적인 경험적 지식도 인지과학적 연구결과의 활용 못지않게 중시되어야 할 것이다. 따라서 인지과학의 연구와 함께 교사들이 현장에서 실질적으로 축적한 주의집중에 대한 노하우를 캐내어 성문화하고 체계화하는 일도 병행되어야 할 것으로 보인다.

초등수업의 과학적 인본주의:
ICT활용 수업의 반성적 성찰

1. 들어가며

어떤 이론적 근거에 입각하여 말하는 것은 아니지만 IT산업이나 정보화는 우리나라의 문화적 습성 및 국민성과 많은 부분 일치한다. 미국의 심리학자 레빈(2001)이 쓴 「시간은 어떻게 인간을 지배하는가」라는 책에 보면 한국인의 삶의 페이스는 그가 조사한 세계 31개국 중 18위를 차지한다. 서유럽 국가들과 일본 등 산업화가 먼저 이룩된 국가에서 시간은 가장 빠르게 흐른다. 그러나 주관적 경험으로 보면 세계에서 시간이 가장 빠른 국가는 흔히 '빨리빨리' 신드롬으로 대변되는 한국인인 듯하고, 그중에서도 '뛰다 못해 날아다니는' 선생님의 발걸음으로 나타나는 초등학교에서 시간이 가장 빠르게 흐르는 것 같다. (인류사를 보면 스피드가 삶을 이해하는 방식으로 관심을 끌었던 것은 19세기 후반부터이다. 서두름, 움직이는 빠르기 혹은 삶의 중압감이 그 전보다 훨씬 강해진 탓이다.) 최근 들어 우리나라에서 강조되는 정보화 역시 스피드가 생명이다. 그렇다면 빠른 스피드를 무기로 하는 한국인이 정보화에 앞선 이유는 당연하지 않겠는가.

그런데 여기서 문제는 이 빠르기라는 것 자체가 좋은 것인가 그렇지 않은 것인가이다. 그리고 과연 우리가 그러한 빠르기에 값을 치를 만한 가치가 있는가이다. 스페인 속담에 "서두르는 자가 무덤에 먼저 간다"고 한다. 대체로 빠른 삶의 페이스는 개인적으로는 정신적, 신체적으로 긴장을 야기하고, 사회적으로는 체제 과부하에 걸려 타인에 대한 인간적 배려를 줄어들게 한다고 한다. 삶의 페이스가 느린 사회일수록 남에게 친절하고 기꺼이 남을 도우려 하며 인간적인 관계가 형성된다. 삶이 느렸던 과거에 비해 사회가 더 각박해져서 인간적인 정을 느끼지 못하게 하고 나아가 폭력, 마약, 섹스, 그리고 흉악한 범죄가 더 많이 늘어나는 것을 보면 빠른 삶의 페이스가 주는 악영향은 피부로 실감할 수 있는 게 아닌가 한다.

또한 오늘날 현대인의 삶을 이해하는 데 있어서 산업화 혹은 기계 물질문명이 가져다 준 양날 도끼의 역할도 간과할 수 없다. 물론 현대 물질문명의 이기 때문에 인간의 삶은 풍요로워지고 거의 모든 삶의 수준이 동반 향상되었다는 점은 주지의 사실이다. 그러나 반드시 그렇지만은 않다. 시간만 놓고 보더라도 시간을 절약해 주는 기계가 생겨나면 생겨날수록 사람들은 더더욱 시간에 쪼들린다. 그럴수록 우리의 삶은 각박해지고 비인간화된다. 기계 물질문명이 가져다 준 비인간화의 양상들을 여기서 언급하여 무엇하겠는가.

빠른 속도와 물질문명을 기초로 하는 컴퓨터 및 ICT수업은 이제 우리나라 학교 현장에서 유행을 넘어 당위성으로까지 발전했고 어떻게 하면 ICT활용 수업을 잘할 것인가에 온통 교육계의 관심이 집중되어 있는 마당에 그 시행 여부를 따질 계제는 아닌 듯하다. 그러나 한 번쯤 ICT교육의 가능성과 한계를 따져보면서 완급을 조절할 필요는 있지 않겠는가. 'ICT교육을 어떻게 하면 잘할 것인가?'에 집중된 우리들의 관심을 다시 한 번 '왜 해야 하는가?'로 되돌아가 보자는 이야기이다. ICT교육이 그 자체로서 존재이유가 있는 것은 아니다. 즉 ICT교육은 그 자체 내에 교육적 가치나 본질이 있는 게 아니라 그것을 활용하여 보다 교육다운 교육을 하는 데 그 가치가 있는 것이다. 이는 보다 나은 교육을 위한 하나의 수단에 불과하다는 뜻이다. 그러한 수단이 본질을 흐리게 하거나 본래의 의도를 왜곡한다면 올바로 잡는 것은 모든 교육자의 의무가 아니겠는가.

　제한된 본문에서는 주로 우리가 이상으로 삼아야 할 교육적 인간상에 대해서 알아보고, 그러한 인간상이 ICT교육을 포함하여 컴퓨터나 매체를 매개로 하는 교육에 의해 어떻게 왜곡되고 있는가, 그럼에도 과학과 기술성이 중시되어야 한다면 과학성과 인간성을 접목하는 과학적 인본주의는 무엇인가에 대해서 알아보고자 한다.

2. '카팍스 우니베르시'로서 인간

　우리가 교육을 통하여 추구하고자 하는 이상적인 인간상은 어떤 모습인가. 아니면 우리가 추구하고자 인간은 어떤 존재인가. 간단히 말하면 그러한 인간을 우리는 '전인(whole man)'에서 찾는다. 전인은 시대에 따라 다양한 이름으로 불리었다. 가령, 고대 그리스 시대의 '자유민', 중세의 '카팍스 우니베르시', 그리고 오늘날 '전인'이 그것이다.

　고대 그리스 시대의 자유민은 관조로서 지식을 추구한다는 점에서 유용성으로서 지식1)을 추구하던 노예의 활동과 구별되었다. 후자는 인간의 신체적 물질적 삶을 유지하기 위하여 노동과 생산 및 소비하는 활동에 필요한 지식을 추구하였다. 반면 자유민은 그것을 넘어서서 전체로서 사물과 세계를 볼 수 있는 정신활동을 추구하였다. 사물을 있는 그대로 받아들이려는 정신상태, 즉 여가 혹은 관조로서의 지식을 추구하였다. 이는 유용성을 목적으로 삼는 지적 탐구행위 및 지식과 이해, 인간의 노동과 생산을 통하여 충족하려고 하는 즉각적인 필요와 욕구에 한정된 이해와는 분명 구별되는 것이었다.

　중세 시대 '카팍스 우니베르시' 역시 유용성으로서 지식이 아니라 관조로서의 지식을 추구했던 사람들이다. 유용성을 목적으로 삼는 일체의 지적 탐구행

---

1) 로마의 철학자들은 지식을 두 가지, 즉 라티오(ratio)와 일텔렉투스(intellectus)로 구분하였다. 전자는 유용성으로서 지식을 의미하는 반면 후자는 관조로서 지식을 의미한다.

위는 대상을 검사하고, 분석하고, 비교하고, 관련짓고, 구분하고, 추상하고, 그 결과를 추론하거나 종합하는 등 우리의 정신이 수행하는 노동을 의미한다. 이는 신체적 노동이 그렇듯 대상을 있는 그대로 가만히 두고 보는 것이 아니라 우리의 마음이 가지고 있는 모종의 척도에 따라 대상을 평가한다. 더 나아가 존재자 자체의 고유한 존재를 무시하고 존재자 전체를 인간이 원하는 것을 제공하도록 닦달2) 한다.

그러나 카팍스 우니베르시에게 있어서 마음의 작용은 대상을 있는 그대로 보는 것이다. 마치 눈앞의 자연경관이 있는 그대로 우리의 시야 속으로 들어오듯이 모든 대상이나 사물이 우리의 의지나 의도와 상관없이 우리 마음속으로 들어오는 대로 받아들이는 것이다. 이러한 의미의 전인은 이 세상의 대상이나 사물을 있는 그대로 받아들일 수 있다는, 즉 자신의 생존을 위해 필요한 유용성이라는 제한된 시야를 넘어서서 세상을 볼 수 있는 존재이다.

이러한 전인의 개념이 변질된 것은 르네상스와 함께 발달한 과학과 산업화의 촉진으로 시작된 근대화 이후부터이다. 그 후부터 인간의 사고는 지식의 가치를 생산과 그에 필요한 노동에서의 유용성과 동일시하는 쪽으로 기울게 되었다. 전체로서가 아니라 부분으로서 전문성을 강조하게 되었다(김안중, 1995). 따라서 오늘날 지식인이란 곧 유용성으로서 지식을 가진 전문가를 지칭한다. 그래서 이상적인 인간, 즉 우리들이 일상적으로 알고 있는 '지덕체의 조화로운 인간'으로서 전인이 탄생한 것이다. 부분이 아닌 전체로서 세상을 볼 수 있는 인간으로서 전인은 이것저것 무엇이든지 각 영역에서 조금씩 할 줄 아는 사람을 뜻하는 곧 유용성의 시각에서 규정된 전인으로 바뀐 것이다.

물론 현세적인 삶에 따라다니는 즉각적인 필요와 본능적인 욕구들을 넘어서서 전체로서 세계와 그 속의 사물들에 대한 이해를 갖는 일은 결코 쉬운 일이 아니다. 그러나 조화와 균형 잡힌 교육을 위해서는 오늘날 기능적이고 유용성

---

2) 가령, 토지경작은 키우고 돌보는 것이다. 농부의 일은 토지를 닦달하는 것이 아니라 씨앗을 자신의 생장력에 맡기고 그것들이 잘 자라도록 보호하는 것이다. 그러나 유용성으로서 지식을 강조한 오늘날 경작은 기계화된 식품공업일 뿐이다. 풍차의 날개는 바람의 힘으로 돌아가지만 바람에 전적으로 자신을 내맡기고 있다. 풍차는 오늘날 시각에서 이해하듯 기류의 에너지를 저장하기 위하여 개발된 것이 아니다(박찬국, 2001).

의 측면으로 경도된 전인의 의미를 본래적 시각에서 반추해 보는 일이 중요하다. 지금까지 유용성, 부분, 물질에 대한 강조를 관조, 전체, 정신으로 강조점을 옮겨줌으로써 전인의 의미를 새롭게 되찾을 필요가 있다.

3. 인간 소외와 컴퓨터

마르크스에 있어서 인간이란 본질적으로 자유롭고 의식적인 활동을 하는 유적 존재(이상적 인간상이다)이다. 유적 본질은 삶의 활동성으로서 노동을 통하여 실현된다. 이때 '노동'이란 단순히 경제적 활동이 아니라 인간적인 생명활동, 즉 인간의 자아실현을 위한 활동이다. 인간의 실존적 활동이요, 자유로운 자기 의식적 활동이다. 그것은 인간의 생계를 유지시켜 주는 수단적 활동이 아니라 인간의 보편적 본성을 발전시키는 수단이다. 따라서 노동은 자기창조의 행위라 할 수 있다.

소외란 인간이 세계를 소유함에 있어서 자신을 창조자로 경험하지 못하고 오히려 세계가 인간에게 낯선 것으로 존재한다는 뜻이다. 주관과 객관이 분리된 상태에서 세계와 자기자신을 수동적으로 경험하는 것을 말한다. 주객이 전도된 결과 소외된 인간은 자유롭고 의식적인 창조활동을 못 한다.

대체로 본질은 기능이나 행동을 통하여 나타난다. 기능과 본질이 상호 일치하지 않을 경우 우리는 그것을 소외된 상태라 할 수 있다. 여기서 기능이란 어떤 사물이나 인간행위가 수행하는 일 또는 작용을 기술하는 말이다. 사물이 사람들에 의해서 사용되는 다양한 용도 및 유용성을 가리키는 말이다. 따라서 특정 사물은 사람에 따라 상황에 따라 필요에 따라 얼마든지 다양하게 사용된다. 예컨대 의자는 앉는 기능도, 땔감으로서의 기능도, 그리고 높은 곳에 있는 물건을 내리는 데 보조도구로서의 기능도 수행한다. 그러나 본질은 다르다. 본질은 그 사물의 근본 존재이유와 같은 것이다. 여기서 앉는 용도 이외의 기능은 의자의 본질에서 제외된다.

이러한 소외 현상은 본인의 의도와는 다르게 외적 조건이나 제도로 인하여 나타난다. 마르크스는 그러한 요인을 경제생산양식, 즉 사유재산제도와 전면적이고 창조적인 인간의 노동활동을 저해하는 분업에 의한 인간의 기형화 그리고 화폐의 물신화에서 찾고 현실적인 인간의 소외의 모습을 생산물로부터의 소외, 생산활동으로부터 소외, 유적 존재로부터의 소외, 그리고 인간 자체로부터의 소외로 구분하였다.

물론 마르크스의 이러한 주장은 오늘날에도 많은 부분 설득력을 얻고 있는 것도 사실이다. 특히 현대의 기술문명은 인간에 의해 창조되었으면서도 역으로 인간을 구속한다는 점에서 생산물로부터의 인간 소외현상이 설명될 수 있다. 그러나 마르크스가 상정한 것처럼 경제구조나 생산양식이 소외의 원인이라기보다는 이제 불합리한 사회적 제도나 현대의 기술문명이나 이기가 그러한 역할을 대신하고 있다고 할 수 있다. 위에서 언급한 전인이나 마르크스가 설정한 유적 존재로서의 인간상은 그 본질상 변한 것이 없지만 그러나 그들의 삶을 구속하거나 소외시키는 조건은 오늘날 확연히 달라진 것이다.

그런데 문제는 현대의 기술문명이 인간 소외의 주범[3]일 뿐만 아니라 도구적인 이성만을 발달시킨다는 데 있다(박찬국, 2001). 여기서 도구적 이성이란 도구가 되는 이성, 현대에서는 과학 기술적 이성을 말한다. 이는 어떤 목적을 실현하기 위하여 사태를 분석하고 그 목적을 실현시키기 위한 다양한 방안은 제시할 수 있으나 그러한 목적 자체를 제시할 수는 없는 이성이다. 오늘날 도구적 이성을 지나치게 강조한 나머지 도구가 사용되어야 할 목적을 제시하는 이성은 제대로 발달하지 않거나 무시되는 기형적인 현상이 나타나고 있다. 즉 인간이 주체가 되지 못하고 과학 기술의 도구가 되어버린 것이다. 따라서 역으로 과학과 기술을 인간 삶의 도구로 삼기 위해서는 인간이 더 이성적이 되어야 한다. 그리고 이성적 인간이 설정한 목표하에 과학과 기술을 복속시킬 수 있어야 한다(박찬국, 2001).

---

3) 인간이 과학과 기술의 주인이 되지 못하고 오히려 이들에 의해 지배받고 있는 현상을 말한다.

　　컴퓨터는 정보화 시대에 있어서 없어서는 안 될 가장 중요하고 핵심적인 현대 기술문명의 이기이다. 인간의 모든 삶의 양식을 바꿀 정도로 영향력이 중대했던 TV가 처음 등장했을 때보다도 컴퓨터의 영향력은 더 막강하다. 가히 혁명적이라 할 만하다. 정보의 획득, 세계를 순식간에 하나로 묶는 사이버세상, 인터넷의 위력, 그리고 제반 경제활동까지 우리는 실로 매일 매일을 컴퓨터와 더불어 살아간다.

　　특히 학교교육에 있어서 컴퓨터의 영향력은 두말할 나위도 없을 정도로 강력하다. 정보의 검색과 수집, 정보사회의 빠른 템포를 수용하며 정보시대의 특징인 동시적 사고, 그리고 학교의 벽을 넘어서 사회 각 영역과 연결된 교육을 할 수 있는 잠재력 때문에 많은 기대를 받아오고 있다. 학습자료의 활용뿐만 아니라 보다 효과적인 교수-학습방법으로서, 학교교육의 몰개성에 머무르지 않고 개인의 인성과 특성을 존중하는 개별화 수업 도구로서, 지식의 주입에서 벗어나 네트워크를 통한 현장감 넘치는 교육의 수단으로서, 학생들을 수업에 능동적으로 참여시킬 수 있는 컴퓨터는 이제 수업에서 없어서는 안 될 필수적인 요소로 각광을 받고 있다.

　　또한 비판적 사고능력, 문제 해결능력, 협동심 등 아동기에 습득해야 할 중요한 자질을 향상시키는 데 매우 긍정적인 역할을 수행할 것으로 기대되고 있다. 즉 문제해결력의 향상, 분석력과 종합력이 요구되는 고차원적 사고력의 함양, 제반 학습활동을 보조할 수 있는 도구로서 바람직한 학습결과를 낳게 하는 컴퓨터는 이제 학교현장에서 없어서는 안 될 중요한 위치를 차지하게 된 것이다(곽은순, 2002). 결과적으로 이러한 컴퓨터를 활용한 교육방법의 개선에 관심이 모아지고 있으며 ICT교육은 수업의 중심을 차지하게 되었다.

　　그러나 현실적으로 얼마나 많은 청소년들이 교육적 목적과 무관한 컴퓨터 게임에 탐닉하고 있으며, 채팅을 비롯한 성인들이 보기에 중요하지도 않는 대화에 많은 시간을 소비하고 있는가. 아니면 컴퓨터로 말미암아 또래 친구들과의 놀이나 체험학습과 같은 직접 경험의 기회를 얼마나 많이 상실하고 있는가. 우리는 이러한 의문들에 대하여 대답을 줄 수 있어야 한다.

　　최근 미국에서 컴퓨터 및 컴퓨터를 활용한 교육은 어린이들에게 스트레스,

시력저하, 비만 등 신체적 악영향을 주는 것은 물론 창의성을 떨어뜨리고 인간관계(사회적 고립)를 악화시키는 등 정신적 발달 장애를 유발하기 쉽다는 보고서가 발간되었다. 이미자(2003)는 이 점을 다음과 같이 확인해 주고 있다. 컴퓨터를 활용한 ICT교육은 아동의 인지적·정서적 발달에 다음과 같은 악영향을 미친다.

인지적 발달에 미치는 부정적 영향: ① 아동의 직접적인 체험과 경험을 할 수 있는 교육 기회를 감소시킨다. ② 아동들의 학습동기를 마비시킨다. ③ 아동의 학습능력의 발달을 저해할 수 있다. ④ 아동의 창의성 발달을 저해한다.

정서적 발달에 미치는 악영향: 아동들의 집중력 장애를 일으킬 수 있다. ② 아동들의 공격성을 유발할 수 있다. ③ 아동들의 컴퓨터 중독을 악화시킬 수 있다. ④ 아동들의 사회성 발달을 저해할 수 있다.

아무튼 컴퓨터 활용 수업의 과정은 차치하고라도 그것이 가져오는 학습 결과만 놓고 본다면 마치 TV가 처음 등장했을 때 그 교육적 효과를 두고 찬반양론4)이 엇갈렸던 시절을 생각나게 한다. 여기서 우리는 컴퓨터나 그것을 활용한 교육이 많은 부분 장점을 지니고 있더라고 그것이 안고 있는 한계 역시 고려하지 않으면 안 된다. 1특히 앞에서 언급한 본질적이거나 기능적인 면에서 컴퓨터 및 컴퓨터 활용 교육이 안고 있는 문제들에 대한 고려는 필수적이다.

물론 컴퓨터나 컴퓨터를 활용한 교육이 유용성의 측면을 강조한 지식을 획득하게 하거나 인간 소외를 초래하거나 아니면 도구적 이성만을 중시한다고 전적으로 이야기할 수는 없다. 또 그런 자료도 없다. 그러나 우리들의 희망과는 다르게 컴퓨터가 교사와 학생 간 인간관계를 파괴하고 도구적 이성의 기형적 발달을 가져오거나 그것을 활용한 교육이 오히려 창의적이지 못한 수동적 인간을 양성한다면 인간 소외의 주범이 될 수도 있다는 생각을 낳게 한다.5)

---

4) 사회학자들이 밝힌 인지발달에 매체가 미치는 긍정적 영향은 지적 관심을 자극한다(interest stimulation), 학교의 학습내용을 보충해 준다(learning of school-equipment content), 새로운 인지적 기능을 습득케 한다(learning of new cognitive skill), 도구적 정보를 얻게 한다(learning of instrumental information)이며, 부정적 영향은 학습시간을 뺏는다(displacement), 학습에 필요한 인내력이나 지구력 그리고 집중력을 약화시킨다(development of the intolerance for the pace of schooling)는 것이다.

컴퓨터가 가지고 있는 부작용이 어느 정도 있다손 치더라도 우리의 딜레마는 오늘날 정보나 기술과 기능이 강조되는 시대에 초등학교에서조차도 컴퓨터를 전적으로 배제할 수는 없다는 데 있다. 마치 교통사고로 인명 피해가 난다고 해서 자동차를 용도폐기하지 못하는 것과 같다. 마찬가지로 과학성과 기술성을 버리고 과거로 회귀하여 인간성만을 강조할 수는 없다. 중요한 것은 기술문명 시대에 과학성이나 기술성과 인간성을 어떻게 하면 잘 조화할 수 있느냐이다. 우리는 그런 해답의 일단을 과학적 인본주의에서 찾을 수 있을 것이다.

4. 과학적 인본주의(Scientific Humanism)

인본주의(Humanism)[6]는 좁게 이야기하면 14세기 이후 중세 봉건적 예속화에서 인간성을 되찾기 위하여 발생한 사상이다. 이는 모든 인간적인 것을 의미하는 동시에 인간으로서 당연히 갖추어야 할 자태 또는 인간을 인간답게 하려는 본성을 존중하고 옹호하며 실현하려는 입장이다. 즉 현실사회 내부에서 조성하고 있는 여러 제도상의 모순과 싸우고 인간성이 극도로 퇴폐해 버린 현실 속에서 인간성의 존중을 고수하고 사회적 압력에서 인간을 해방하려는 노력이다.

---

5) 반드시 그런 이유 때문만은 아니겠지만 프랑스를 비롯한 유럽 국가들이 초등학교에서 컴퓨터 교육을 환영하지 않는 이유도 기실 기계나 기술문명이 가져올 수 있는 폐단에 대한 경계와 인간화 교육을 더 중시하기 때문이 아닌가 생각된다. 컴퓨터 기능이나 기술에 대한 습득은 정서 발달이 어느 정도 이루어진 학년 수준에 부과해도 늦지 않다는 것이다. 그리고 직접적 체험을 통한 창조적 활동에 치중하기 때문에 컴퓨터를 활용한 학습이 우리보다 늦게 시작되는 것이 아니가 하는 추측을 낳게 한다.

6) 인간이 생활의 초점이요 중심이라는 인본주의는 시기별로 희랍시대의 고전적 인본주의(Classical Humanism), 중세의 종교적 인본주의(Religious Humanism), 문예부흥 이후의 세속적 인본주의(Renaissance Humanism) 그리고 산업화 이후의 과학적 인본주의(Scientific Humanism)로 구분된다(임한영, 1969).

고전적 휴머니스트들은 인간 존재의 고귀성을 자각하고 인간의 교양과 지성, 인간이 지닌 독자적인 가치와 특질, 즉 인간의 이성과 의지와 감성의 조화로운 발달을 도모하였다. 희랍의 높은 학예를 추구함으로써 그렇게 할 수 있다고 생각한 것이다. 종교적 인본주의 역시 인간의 고귀한 존재의 자각과 높은 교양과 지성, 인간의 독자적인 가치와 특징을 강조하였다. 다만 그러한 인간은 신에 의해 창조된 피조물이며 따라서 신의 가호 속에서 이성, 자유, 행복을 추구할 수 있다고 보았다.

르네상스 시기의 인본주의는 중세의 낡은 내세주의 세계관의 질곡으로부터 인류의 해방을 부르짖고 개인의 권리와 존엄을 옹호하였으며 사회도덕을 기독교의 금욕주의적 교리의 규범으로부터 해방하려고 하였다. 그리스 로마의 고전문화를 매개로 그러한 노력을 성취해 보려고 하였다. 이들은 인간이 인간을 억압하는 위선적인 행위에 도전하고 자유와 인간성의 존중 및 현실생활을 강조하였다.

17~18세기 비약적인 과학적 지식의 발전 결과는 새로운 인본주의를 낳게 한다. 즉, 기계와 기술의 진전은 인간의 삶에 놀라운 진보를 가져다주었으나 기계문명의 발달로 인하여 개성이 좌절되고 인간성까지도 말살되는, 그래서 인간의 존엄성과 자주성이 말살당하는 결과를 초래한다. 따라서 기술성과 과학적 폭력으로부터 인간성을 옹호하고 인류를 수호하자는 주장이 대두하게 되었다.

이러한 과학적 인본주의는 삶이나 학문에 관한 하나의 과학적 태도를 중시하자는 입장이다. 이들은 인간 문제 해결이나 진보는 맹목적인 신앙이나 실증되지 못한 추리보다는 이성과 실험을 기초로 한 과학적 방법에 의하여 가능하다고 주장하였다. 인간의 가치를 최대한 중시하면서도 인간 사회의 문제를 과학적 방법으로 해결하려는 입장이다. 여기서 과학적이란 주로 사실을 문제삼는 것이고, 인본주의는 인간에 관한 가치를 문제삼는 것이다. 즉 과학적 인본주의는 과학적 태도나 방법과 인간 중심의 가치를 종합하자는 입장이다. 따라서 이들은 인간의 이성을 중시하는 동시에 과학적 방법을 중시한다. 인간성을 중시한 윤리와 기술을 중시하는 방법이 서로 상반되는 것이 아니라 양자가 조화를 이루는 상보적인 관계일 때 비로소 인간성이 중시되고 인간적 가치가 재평가된다는 것이다(임한영, 1984).

이러한 주장이 기술 시대에 나온 것이지만 이를 정보화 시대에 적용해 보면 결국 과학성에 대한 맹신도 아니요, 그렇다고 과학적 성과를 전혀 배척하자는 것도 아니다. 물질문명의 가치는 문명의 이기를 어떻게 활용하느냐에 달려 있다. 즉 인간이 주체적으로 그러한 것들을 통제할 수 있느냐 아니면 주객이 전도되어 그러한 이기로부터 인간이 오히려 소외당하는가에 따라 인간의 삶은 달라진다. 과학과 기술은 인간의 삶을 위하여 존재하는 하나의 중립적인 도구일 뿐이다. 따라서 과학과 기술은 선한 목적에도 악한 목적에도, 선인에 의해서도 악인에 의해서도 똑같이 사용될 수 있다. 과학적 인본주의는 인간성을 존중하되 과학적 방법이나 기술문명을 인간성을 신장하는 방향으로 사용하자는 것이다.

이를 ICT교육에 적용해 보면 결국 교육목적이 인간의 자아실현 혹은 전인에 있다고 한다면 ICT교육은 인간성을 비교적 덜 존중하는 교육방법이기 때문에 이를 전적으로 배척하자는 이야기도 아니다. 그렇다고 ICT교육이 독자적인 교육적 가치를 지닌 것도 아니기 때문에 학습활동을 보다 원활히 하고 학생들이 학교생활을 통해서 만족을 얻고 창조적인 활동을 할 수 있도록, 그래서 교수—학습의 효과를 진작시킬 수 있도록 하는 하나의 방법으로 이해하자는 것이다. 결국 ICT활용 교육은 다양한 교수—학습 방법의 하나에 불과할 뿐이다.

5. 나오며

교육목적은 실생활에 요구되는 현실적인 기능과 기술을 습득하는 것뿐만 아니라 그 이면의 인간 본성을 결정짓는 이성의 기능을 높이는 것, 즉 이성적 능력(도구적 이성을 넘어선 종합적 이성)을 개발하는 것이다. 그러나 오늘날 현실적이고 실용적인 지식이 강조된 나머지 이성의 도야는 그다지 중요하게 여겨지지 않는다. 특히 실용적인 지식과 연관된 도구교과인 영어와 컴퓨터 관련 교과목이 그 어느 때보다 중시되고 있다.

그러한 교육의 수혜자는 소위 'N세대'라고 불리는 사람들이다. 이들은 사유와 인간 이성의 계발과 관련된 내용에는 익숙하지 않으며 따라서 논리나 합리성보다는 감성을 중시하고 전체 구조보다는 개별성을 더 선호한다. 앞에서 설명한 관조로서의 지식보다는 유용성으로서 지식을 더 중시하는 세대들이다. 그러면서도 문제 상황에 봉착하면 문제를 합리적으로 해결하려는 논리나 능력이 부족하다.

왜 그런가? 사유나 이성적 성찰보다 감성을 너무 중시했기 때문에 빚어진 당연한 결과이다. 근본적인 것보다는 도구적인 것을 중시했기 때문이다. 이제 과잉으로 감성화된 세대들에게 이성적 삶의 방법을 일깨워줌으로써 이성과 감성이 조화를 이룬 균형 잡힌 사람으로 만들어 주어야 하지 않겠는가. 감성과 이성의 조화를 이룬 그래서 사물이나 대상을 종합적으로 판단할 수 있는 전인을 만들어 주어야 하지 않겠는가.

그러한 인간을 양성하기 위해서 우리는 결국 너무 기계적인 것도, 너무 인간적인 것으로 치우친 것도 아닌 과학성과 인간성을 조화롭게 접목할 줄 알아야 한다. 이러한 존재가 되기 위해서 학생들은 수동적으로 주어지는 것(내용이나 매체 자료나 영상 자료 등)을 보기만 해서는 안 된다. 자신의 입장에서 현상을 새롭게 해석하고 재구조화할 줄 아는 능력과 창의적인 자기 사고를 할 줄 알아야 한다(읽을 줄 알아야 한다). 더 나아가서 읽는 것보다는 직접 창의적으로 해보는 것을, 해보는 것보다는 만들어 볼 줄 알아야 한다. 14세기 나폴리의 철학자 비코(Vico)의 주장처럼 '우리는 대상이나 개념을 알 수 있다. 왜냐하면 그것을 만들었기 때문이다.' 따라서 학생들이 땀흘려가며 직접 체험하고 만들어 보는 것이 학교교육에서 더욱 강조되어야 한다. 도구적 이성에 대한 강조는 이제 조금 경감시켜도 된다. 그래서 창조적 자기 행위를 할 줄 아는 존재를 만들어 주어야 한다.

또한 교육은 학생이 기계를 조정하여 정보를 얻음으로써 이루어지는 것만도 아니다. 인간과 인간과의 만남을 통하여 이루어지기 때문이다. 즉 교사와 학생 간의 관계를 통하여 이루어진다. 따라서 진정한 교육이 이루어지기 위해서는 과학 물질문명의 영향으로 형성된 형식적이고 기계적인 교사-학생 간 인간관계가 진정한 스승-제자 간 인간관계로 바뀌어야 한다. 가까이에서 '스승의 기침 소리를 들으며 배우는' 스승과 제자 간의 직접적인 대면을 통한 배움이 중시되어야 한다. 소크라테스와 제자들의 관계나 공자와 제자들 간의 관계가 그랬고 예수는 공동생활을 하면서 체험학습을 통하여 제자들을 교육하였다. 인격적 감화를 도구적 지식의 전달보다 더욱 중시했기 때문이다.

그런데 안타까운 것은 오늘날 지식 정보화 시대의 도래와 함께 스승과 제자 간의 면대면 관계가 점점 더 소원해 가고 있다는 점이다. 컴퓨터와 사이버 매체에 의하여 지식이 전달되는 고도의 정보화 사회는 그러나 그 편리함이나 물질적 풍요로움에도 불구하고 인간관계를 더욱 황량하게 만들고 있다. 사제지간을 더욱 형식화하게 한다. 만남 또한 간접화되어 결과적으로 스승은 제자로부터 소외되고, 제자들 역시 스승으로부터 인격적 감화를 받을 기회를 상실해 가고 있다.

시대가 아무리 교환적 이해 속에서 상호간 관계를 형성하게 하고, 계량화되고 물질화된 인간관계를 중시한다 할지라도 그럼에도 끝까지 우리가 중요하게 가치를 두어야 할 것은 인간과 인간의 만남이라 할 수 있다. 나의 인격 됨됨이의 형성에 없어서는 안 될 사제지간의 만남이랴 더더욱 말이다. 실존주의 철학자 부버가 이야기하듯 스승과 제자 간 인간적인 만남이 선행되지 않고는 진정한 의미의 교육이 이루어질 수 없기 때문이다.

베드로는 예수를 만남으로 고기를 잡던 어부에서 사람을 구원하는 전도자로 변하지 않았던가. 계량화되고 물질이 우선시되는 이 시대에 돈독한 정으로 맺어졌던 스승과 제자 간 관계를 되살릴 수는 없는 걸까. 간접화된 만남에 익숙해져 있는 사이버 시대의 청소년들에게 삶의 진지한 국면으로서 스승과의 직접적인 대면 시간을 가져보게 하면 어떨까. 학생에 대한 교사의 사랑과 교사에 대한 학생의 존경은 곧 컴퓨터나 그것을 활용한 교육의 한계와 현대의 기술문명의 이기가 안고 있는 폐해를 어느 정도 커버해 줄 수 있지 않을까 하는 조심스런 전망을 해본다.

제3부:

창의적인 학습지도의 조건

창의력의 개념과 창의력 신장을 위한 학습지도

21세기는 새로운 지식과 기술 및 무한한 정보와 세계화로 특징지어지는 시대로서 제5세대 컴퓨터가 개발되고 광통신의 대중화가 이루어지는 가운데 전자광학, 전파상업, 신소재, 인공지능, 생명공학 등 새로운 지식과 첨단기술이 주도하는 사회가 될 것이라는 예측이다. 이러한 지식과 정보, 그리고 세계화 시대에서는 교육이 국가 경쟁력의 바탕이 되기 때문에 세계 각국은 이러한 무한경쟁의 시대를 교육을 통하여 대비하고자 한다.

입시위주의 교육, 단일 정답의 강조, 획일적 사고방식의 강화, 기억 재생위주의 평가방식 및 주입식 수업과 같은 기존의 단편적이고 획일적인 교육체제, 내용, 방법으로는 개인의 특성을 존중하고, 개인의 무한한 잠재능력을 극대화하기가 사실상 불가능하다. 또한 변화하는 시대적 요구에 능동적으로 대처할 수 없다. 이러한 시대에서 살아남기 위해서는 창의적인 두뇌와 성격적 특성을 가진 창의적이고 능동적인 인간교육이 절실히 요구된다.

창의력은 당면하는 과제를 해결하기 위하여 기존 정보나 경험을 끌어내어 이를 새롭게 조립함으로써 사태해결의 어떤 아이디어를 만들어내는 능력이라고 할 수 있다. 그리고 창의력 신장을 위한 학습지도는 학습자가 창의력을 어떻게 신장할 것인가에 대한 지도방법이다. 물론 창의력을 어떻게 정의하느냐에 따라 그 개발 방법도 달라질 수밖에 없다. 그러나 창의력에 대한 학술적인 정의나 이에 기초한 창의력의 신장방법은 그렇게 간단한 문제가 아니다. 왜냐하면 학자마다 정의가 다양하고 그 신장방법도 다양하게 제시되었기 때문이다.

제한된 본문에서는 창의력이란 무엇이며 창의력 신장을 위해서 학교에서 교사들은 주로 어떤 방법으로 학습자를 지도해야 할 것인가를 개괄적으로 살펴보고자 한다.

1. 창의력의 개념

창의력과 창의력 교육에 대한 관심과 연구는 1950년 길포드(Guilford)가 미국 심리학회장의 취임 연설에서 창의력을 강조한 이래 심리학에서 주로 수행되었다. 그 후 주요관심은 창의력 신장의 선행조건, 인지능력, 성격적 특성, 내적 동기 부여, 그리고 지식 등에 주어졌다(Woodman, Sawyer & Griffin, 1993). 이명조(1988)에 의하면 창의력과 학교교육과의 관련 연구는 창의력과 교실풍토, 강화, 교수방법과의 관계를 중심으로 수행되었다고 한다. 그 결과 자극적인 학급환경, 정적 강화, 그리고 개방적이고 다양한 교수방법은 창의력 신장에 도움이 된다는 사실을 발견할 수 있었다.

우리나라에서는 1960년 후반부터 창의력에 대한 관심을 보이기 시작하였고 주로 교육심리학자들을 중심으로 이를 학습에 응용하였다. 예컨대, 1960년대 후반 이영덕과 정원식에 의하여 개발된 창의성 검사, 신세호(1977)의 창의학습의 이론모형(1977), 그리고 김춘일(1976~1977)의 아동용 창의성 프로그램 등이 대표적인 것들이다.

창의력은 창의성, 창조성, 독창성, 창의적 사고력 혹은 확산적 사고력 등을 지칭하는 말로서 영어의 'creativity'에 해당된다. 사전적인 정의를 보면 "창의력은 새로운 관계를 지각하거나 비범한 아이디어를 창출하거나 전통적인 사고유형을 벗어나 새로운 유형으로 사고하는 능력"을 말한다. 길포드(Guilford)는 "새롭고 신기한 것을 낳는 힘"이라고 했고, 테일러(Taylor)는 "생산적 사고와 창조적 사고를 표현하는 복잡한 심리적 과정으로서 인내성과 성취, 변화, 개선을 구하는 태도, 그리고 아주 큰 소신을 낳게 하는 정열 같은 것"이라고 정의하였다.

그러나 창의력에 대한 정의는 연구자의 수만큼이나 다양하고 이에 대한 합의도 이루어지지 않고 있다. 이는 근본적으로 창의력의 개념 자체가 매우 복잡하고 다양하기 때문이 아닌가 생각된다. 사실 창의력의 본질을 규명하려는 시도는 여러 학자들에 의해서 수없이 수행되었고 이를 어떤 유형으로 나누려는 노력도 다양하게 시도되었다. 예컨대, 신세호(1977)는 지금까지 밝혀진 창의력의 본질을 창의적 사고요인설, 과정론, 문제해결로 정리하였고, 김종석(1998)은 창의력을 지적 능력으로 보는 시각, 문제해결과정으로 보는 시각, 결과에 중점을 두는 입장, 그리고 성격의 특성으로 보는 입장으로 구분하였으며, 김종순(1996)은 지금까지 개진된 학자들의 개념을 인지적 능력으로 보는 관점, 정의적 특성으로 보는 관점, 문제해결력으로 보는 관점, 지적·정의적 과정으로 보는 관점, 그리고 종합적 관점으로 유형화하여 설명하였다.

이상의 분류들을 종합하여 보면, 창의력은 다음과 같이 정의될 수 있을 것이다. 첫째, 창의력은 창의적인 지적 능력을 말한다. 길포드(Guilford, 1978)의 SOI모델(Structure of Intellect Model)에 의하면 인간의 지능은 5개의 내용영역, 6개의 조작영역, 그리고 6개의 산출영역이 상호작용하여 총 180개(5×6×6=180)의 요인으로 구성되어 있다. 이러한 제 영역 중에서 창의력은 조작차원의 확산적 생산(확산적 사고)에 해당된다. 길포드는 창의력을 가진 사람들은 문제의 민감성, 사고의 유창성(어휘의 유창성, 관념의 유창성, 연상의 유창성, 표현의 유창성), 사고의 융통성(자발적 융통성, 적응적 융통성), 사고의 독창성(비범성, 원격융합성, 기교성), 사고의 주도면밀성, 재구성력, 그리고 집요성과 같은 지적 특성을 공통적으로 지니고 있다고 한다. 윌리암스(Williams, 1980), 창의성 검사도구를 개발한 토렌스(Torrance, 1974), 그리고 아리티(Areiti, 1976) 등도 창의력을 특정 인간이 가지고 있는 지적 특성으로 규정하였다.

둘째, 창의력을 지닌 사람은 그렇지 못한 사람과 정의적인 특성에서 차이가 난다는 입장이다. 주로 인본주의 심리학자나 정신분석학자들(예를 들면, Maslow,

Rogers, Terrman, Torrance, Barron, Taylor, Mackinnon, Treffinger 등)은 창의력을 욕구나 동기, 성격의 일부 또는 태도로 설명하려고 하였다. 이들에 의하면 창의적인 사람은 대체로 변화에 대하여 개방적이고, 판단에 있어서 독창적이며, 자신이 하고 있는 일에 대하여 집념을 가지고 몰두하며, 사물을 단정지어 받아들이지 않고, 낙관적인 태도와 모험심을 가지고 있으며(Torrance, 1962), 용기, 호기심, 자발심, 그리고 직관적인 태도와 민감성을 가지고 있다고 한다(Williams, 1980).

셋째, 창의력은 창의적인 문제해결력을 의미한다. Wallas의 창의적 산출단계설, Rossman의 발명적 사고단계설, Dewey의 문제해결 단계설, Dewey의 모형에 기초한 Osborn의 창의적 문제해결 단계설, 그리고 Wallas의 모형에 기초한 Anderson의 창의력의 수준에 관한 모형 등이 여기에 속한다. Stein과 Torrance 등도 창의적인 문제해결 과정을 강조한 학자들이다. 월라스(Walls)에 의하면, 당면하는 문제 사태는 사고의 4단계인 준비기, 부화기, 조명기, 그리고 검증기를 거쳐서 창의적인 산출이 이루어진다고 하였다.

2. 창의력 신장을 위한 학습지도

결국 창의적 지능을 신장시키고, 창의적 성격을 길러주며, 그리고 창의적 문제해결력을 신장시키는 방법이 창의력 신장을 위한 학습지도 방법이 된다. 문제는 이러한 창의력을 어떻게 신장시킬 것인가의 방법이다. 스미스(Smith, 1966)에 따르면 "창의력이란 역사나 야구처럼 배우거나 시범을 보이는 교과나 기술이 아니다. 사람처럼 자라면서 개발될 뿐이다"라고 하였다. 즉 창의력은 객관적인 지식으로서 전달되어야 할 특정한 내용이 존재하는 것이 아니다. 따라서 학습자의 창의력 신장을 위하여 교사가 전달해야 할 무언가를 가지고 있는 것은 아니다. 교사가 할 수 있는 일은 창의적인 활동이 촉진될 수 있는 분위기와 자극적인 기회를 제공해 주는 일이며, 창의력 신장을 위하여 지금까지 개발된 기법을 활용하는 일, 혹은 더 나아가 새롭게 창의력 신장 방안을 강구하는 일이다.

창의력을 기르기 위하여 교사가 할 수 있는 수업전략과 관련하여 홍기칠(1996)은 첫째, 학습자 수준에서 적절한 문제 사태를 빈번히 제공하여 그 해결 절차와 해결책을 학습자 스스로 발견하도록 한다. 둘째, 학습자에게 문제해결을 위한 기본적인 기법을 제공한다. 셋째, 다양한 영역에 걸쳐 많은 지적 기능과 지식을 학습하도록 한다. 넷째, 창안한 독특한 해결책에 대해서는 적절한 강화를 제공한다. 다섯째, 확산적 사고를 유도하는 발문을 많이 하고 수용하는 분위기를 조성하여야 한다고 주장하였다.

창의력을 최대로 신장시키기 위해서는 이를 저해하는 요인들을 최소화하고 반대로 창의력을 촉진시키는 요인들을 최대로 활용하여야 함은 재론을 요하지 않는다. 전자와 관련하여 송희준(1994)은 교직사회의 창의력을 저해하는 요인들로서 왜곡된 경쟁의식과 성급한 결과의 기대, 획일적 기준과 암기 위주의 단편적 사고방식, 교육기관의 과도한 규제를 들고, 이러한 요소들이 개선되지 않고는 창의력의 증진이 어렵다고 하였다.

안젤로〔Angelo, 박성호(1996) 재인용〕에 의하면 창의력을 신장하기 위하여 수업은 지적 호기심을 유발하여야 한다. 객관성이 중시되어야 한다. 허용적 분위기를 제공하여야 한다. 개인의 신념은 변경될 수 있다는 융통성이 존중되어야 한다. 기존의 지식에 대하여 지적 회의성을 갖도록 한다. 결론에 도달하기 위한 논리적 체계성과 일관성을 유지하도록 한다. 끈질기게 탐색하는 인내력을 갖도록 한다. 그리고 타인의 입장을 존중하는 풍토가 이루어져야 한다고 하였다.

결국 창의력 신장을 위하여 학교에서 교사가 할 수 있는 현실적인 방안은 환경을 조성하거나 창의력 신장을 위한 여러 모형을 직접 활용하는 일일 것이다. 이를 좀더 자세히 살펴보면 다음과 같다.

첫째, 현실적으로 학교에서 교사는 수용적인 분위기와 탐색을 자극하는 환경을 조성함으로써 창의력 신장에 기여할 수 있을 것이다. 이러한 조건의 형성과 관련하여, 예컨대 토렌스는 창의성 개발에 있어서 고려해야 할 중요한 요소들로서 창의적 사고와 창의적 성취에 가치를 두는 환경, 창의성 개발에 있어서 교사의 평가 행동, 학생의 창의적 사고와 직결되는 평가 및 행동의 습득을 들고, 이를 실현시키기 위해서 교실 내에서 교사들은 학생들의 질문을 존중해 주고, 상상이나 색다른 아이디어를 존중해 주며, 학생들에게 그들의 아이디어의 가치를 인정해 주어야 한다.

윤종건(1996)은 창의력 신장을 위한 적절한 환경 여건의 조성을 위해서는 개방적이고 허용적 풍토를 조성하고, 적극적인 환경을 조성하며, 유인체제를 강화하고, 그리고 적절한 수업환경을 조성하여야 한다고 하였다. 김현재(1995)도 창의적인 사고를 촉진시키기 위해서 교사는 다양한 노력을 경주하여야 한다고 강조하였다. 여기에 포함되는 것으로서는 (1) 학생들의 아이디어나 반응을 지지하고 강화한다. (2) 실패의 경험을 긍정적으로 활용한다. (3) 학생들의 아이디어를 수업에 가능한 한 많이 활용한다. (4) 학생들이 창의적인 아이디어를 생각하고 발전시킬 수 있는 시간을 많이 준다. (5) 상호존중하고 수용하는 분위기를 조성한다. (6) 확산적인 학습활동을 격려한다. (7) 학생의 의견을 경청한다. (8) 학생들에게 선택의 기회를 준다. (9) 학생들의 아이디어나 프로젝트를 지지하고 모두 함께 참여하는 것의 중요성을 인식시킨다. 결국 창의력의 신장은 창의력을 자극하는 분위기의 형성을 통하여 어느 정도 개발이 가능하다는 것이다.

둘째, 현실적으로 교사가 할 수 있는 또 다른 일은 창의적인 조건이나 환경을 조성하는 일 이외에도 지금까지 개발된 창의력 신장 학습지도 방법을 수업 실제에 적용해 보거나, 창의력 신장을 위한 새로운 방법을 강구해서 실천해 보는 방법이 있을 것이다.

지금까지 창의성을 계발하기 위한 교수학습 방법은 많은 학자들에 의하여 제안되었다. 예컨대 우리나라에서는 신세호의 창의력 학습모형, 김춘일의 아동용 창의성 프로그램 등이 그것이고, 외국의 경우는 Amabile의 창의성 모형, Banks의 창의적 사고모형, Willimas의 모형, 탐구훈련모형(Shuman), 비유적 모형(Gordon), 집단 탐구학습모형(Thelen), 귀납적 모형(Taba), Bransford와 Stein의 창의적인 교수-학습방법인 IDEAL 5단계, 그리고 발견학습, 브레인스토밍, 유추법, 열거법 등이 그 대표적인 것들이다.

토렌스(Torrance)는 창의력 신장 교육 방안과 관련된 142편의 선행연구를 개괄하여 창의력 증진의 직접적인 5가지 방안과 간접적인 4가지 방안을 추출하였는데, 직접적인 교수활동은 창의적 문제해결력 프로그램을 직접 실시하는 방안, 교과화된 절차를 중시하는 방안, 패키지화된 수업자료를 활용하는 방안, 창의적인 예술활동을 장려하는 방안, 그리고 매체 및 독서 프로그램을 활용하는 방안 등으로 구성된다.

이러한 각 방법들이 설명되어야 창의성 학습지도 방안이 보다 명확해질 것이나 제한적인 지면 관계로 이러한 모형들과 방안들을 일일이 설명할 수는 없다. 중요한 것은 수업 현장에서 교사들이 이상의 여러 기법들을 익혀서 각각의 수업에 따라 이를 얼마나 활용하느냐에 학생들의 창의력 신장이 의존한다는 점이다.

결론적으로 창의력 신장은 개인의 발전뿐만 아니라 21세기의 무한경쟁 시대를 대비하기 위해서도 긴요 불급한 교육적 과제이다. 창의력을 기르는 교육을 위해서는 창의적 사고의 요인을 찾아 학생에 내재한 창의적 특성을 계발해 주고, 창의적 사고를 하도록 환경여건을 만들어 주고 방법들을 익히게 하는 일이 필요하다. 즉 허용적인 분위기와 개방적인 환경과 함께 아동의 탐색활동이 효율적으로 이루어질 수 있도록 하는 통합적인 환경이 조성되어야 한다. 또한 창의적 학생을 기르려면 학교의 교육적 풍토가 바뀌어야 하고, 교육체제나 내용, 방법, 평가, 행정적 지원체제도 바뀌지 않으면 안 된다. 그러나 무엇보다도 교육을 담당하는 교사들 스스로도 창의적인 교사가 되지 않으면 안 된다. 교사의 역할이 특별히 중요한 것은 교사들이 창의력이 없을 때 학생들의 창의력이 계발될 수 없기 때문이다. 이런 점에서 창의력과 창의력 신장을 위하여 지금까지 개발된 창의력 신장 기법에 대한 관심과 창의적인 교수-학습 방법 개발에 대한 교사들의 적극적인 노력이 그 어느 때보다 절실히 요구된다.

창조적인 발문 전략 및 효율적인 반응 방법

발문은 교수학습 활동에 사용되는 질문으로서 언어적 교수학습 전략의 중요한 요소이다. 발문은 학습자로부터 관련된 것을 끄집어내고 관계를 알도록 도와주고 추리과정을 용이하게 할 뿐 아니라 기존의 지식을 검사하고 새로운 사고에 도전하게 하는 교수학습의 전략이다. 발문은 학습자가 의식하지 않았던 것에 대하여 문제의식을 갖게 한다든가, 사고활동을 유발시킨다든가, 표현활동을 촉구하는 데 그 본질이 있다(박병학, 1986).

이러한 발문은 학생의 사고를 자극하고 학업성취와도 밀접하게 연관된다. 예컨대, 애쉬너(Aschner, 1961)는 발문을 통하여 교사는 학생들의 기억, 추론, 평가 및 창의력을 자극할 수 있다고 주장한다. 산더스(Sanders, 1966) 역시 교사의 특정 발문은 학생의 특정 사고를 자극할 수 있다고 주장하여 효율적인 발문의 중요성을 강조하고 있다. 교사가 높은 수준의 발문을 하면 학생 역시 높은 수준의 사고력이 개발된다는 것이다. 따라서 교수학습 효과를 증진시키고 학습자의 창의력을 신장시키기 위해서 교사는 다양한 형태의 발문으로 학습자의 사고를 자극하여야 하고, 학습자의 응답에 대해 적절한 반응을 해주어야 한다.

제한된 본문에서는 창조적 발문이 무엇이며 창조적 발문 전략은 어떤 것이 있는가, 그리고 학생들의 사고력을 증진시키기 위하여 학생의 대답에 교사가 어떻게 효율적으로 반응할 것인가를 살펴보도록 한다.

1. 창조적인 발문

발문이란 교사가 학생들의 학습활동을 조성해 나가기 위해 던지는 문제제기이다(박병학, 1986). 특히 학습자의 사고를 자극 유발하여 새로운 추구나 발견 또는 상상의 확대를 가져오게 하기 위한 문제제기이다. 보다 구체적으로 발문은 학생들이 배운 내용을 검토하는 것을 도와주고 그들이 이해하고 있는 것을 점검하며 비판적인 사고를 자극하고 창의력을 촉진시킨다. 바람직하지 못한 행동을 억제하여 교실의 분위기를 통제하고 토의를 독려하며 부주의한 행동을 억제하는 등 수업과정에서 긍정적 기능을 수행한다(Blosser, 1991).

발문은 학자에 따라 다양하게 분류되었다. 특히 박병학(1997)은 발문을 지식을 단순히 기억 재생함으로써 끝나는 저차원적 사고기능을 요구하는 발문과 사고활동을 유발 촉구하는, 즉 도전적인 성격을 지니는 고차원적 사고기능을 요구하는 발문으로 나누었다. 전자를 기억·재생적 발문이라 하고 후자를 사고발문 혹은 창조적 발문이라 하였다. 따라서 창조적 발문이란 사고활동을 중심으로 분류된 발문으로 기억·재생적 발문에 대칭이 되는 말이다.

본문에서 규정하고자 하는 창조적 발문이란 교사가 학습자의 확산적 반응을 유발시켜 줌으로써 학습자의 탐구적 사고활동을 창조해 나가기 위한 문제제기이다(박병학, 1997). 특히 사고과정을 유발 촉구하여 사고력을 신장시키는 발문이라는 점에서 넓은 의미의 사고발문이라고 할 수 있다. 여기서 사고란 개별적이고 독특한 지적 조장 과정으로 비판적 사고 및 창의적 사고의 두 측면을 포함하고 궁극적으로는 문제 해결에 귀결된다(Worsham & Stockton, 1989). 비판적 사고는 어떤 것의 확실성, 가치, 정확성을 판단하는 일을 필수적으로 하는 사고이다. 이는 사람들이 논증, 추론, 증거, 가치 등에 대해 수용 혹은 거부의 결정을 내릴 때 일어나는 일련의 지적 절차이다(곽병선, 1980). 창의적 사고는 확산적 산출(divergent production)을 통하여 지식의 변환을 일으키는 과정이다(Guilford, 1968). 확산적 산출 과정은 여러 가지 답이 가능한 경우에 그 가능한 답을 찾아내기 위해 기억을 넓게 탐색하는 과정이다. 따라서 창조적 발문이란 학습자의 사고력을 신장시키기 위하여 교사에 의해 제시되는 문제제기라고 할 수 있다.

2. 창조적인 발문 전략

사고력(비판력과 창의력)을 신장시켜 주는 발문을 창조적 발문이라고 할 때, 먼저 비판적 사고력을 신장시키기 위해서 교사는 학습자로 하여금 비판적 기술을 획득하고 실행할 수 있는 학습상황을 제공해 주어야 한다. 또한 창의적 사고력을 신장시키기 위해서 교사는 학생들에게 문제해결 과정에 여유 있는 시간을 주어야 한다. 새롭고 획기적인 아이디어를 수용하고 기발한 방법으로 아이디어를 생성할 수 있도록 과제를 제시해야 하며 수평적 사고를 할 수 있어야 한다(Neuman, 1993).

보다 구체적으로 교사는 단위 시간마다 다양한 변수를 고려하여 학습자의 사고력을 신장시킬 수 있는 다양한 발문 전략을 수립해야 한다. 첫째, 가능한 한 자주 그리고 여러 학생에게 연속적으로 발문을 해야 한다. 이용숙(1988)은 서울시 8개 초등학교 77개 학급을 대상으로 수업방법, 학습시간, 수업계획, 수업과정 분석을 통하여 발문 및 교사 반응 횟수가 잦을수록 학생들의 집중도 및 발표력이 높다는 사실을 밝혔다. 따라서 교사는 창조적이고 효과적인 발문의 양과 빈도를 높여야 한다(물론 교사의 습관적이고 맹목적인 발문의 남발은 오히려 학생의 학습을 방해한다). 특히 학생들에게 응답할 기회를 주고 다른 학생의 생각과 자신의 생각을 비교해 보는 기회를 제공함으로써 사고가 피상적이 되지 않도록 해야 한다.

둘째, 발문 내용이나 기술상 학습효과를 경감시키는 비효율적인 발문은 피하고 수업효과를 증진시킬 수 있는 발문을 해야 한다. 여기에는 학생들을 생각하게 만드는 질문, 학생들의 흥미를 유발시키는 질문, 학생들이 답을 쉽게 하도록 하는 질문, 수업의 구조화에 도움을 주는 질문 등이 포함된다(이용숙, 1988). 특히 학생들의 심층적인 사고를 유도하는 발문이 창조적인 발문과 직결된바 여기에는 다음과 같은 유형의 질문이 포함된다. 근거나 이유를 묻는 질문과 사고의 과정을 묻는 질문의 조합, 학생들이 배운 내용을 비교하도록 하는 질문, 정답이 없는 질문을 하고 학생들로 하여금 질문이 성립하는가 않는가를 찾게 하는 질문, 학생들이 가능한 모든 경우의 수를 다 따지다 보면 답을 발견하는 질문, 학생들에게 종합을 하도록 하거나 결론을 내리도록 요구하는 질문, 2~3명의 학생에게 답을 하도록 하고 다른 학생들로 하여금 정답을 찾도록 하는 질문, 학생들 각자에게 문제해결 또는 표현방법을 여러 개씩 찾도록 하는 질문, 당연한 사실을 답변하거나 고식적인 것을 답하지 못하도록 하는 질문, 그리고 그냥 넘어가기 쉬운 문제에 대해서 의문을 갖도록 해주는 질문 등이 그것이다.

셋째, 학생의 수준을 고려하여 수준별 발문을 해야 한다. 학생의 학습 수준이 모두 동일한 것은 아니다. 더군다나 다인수 학급의 특성상 현실적으로 개개 학습자의 수준에 적합한 개별화된 발문을 할 수는 없다. 그럼에도 학습자의 개인차 때문에 개개 학생의 사고수준과 발문의 수준은 일치하여야 한다. 가령, 재생적 수준의 발문에만 익숙해져 있는 학생에게 갑자기 추론적 혹은 적용적 발문을 하면 고등정신능력의 촉진은 고사하고 오히려 학습의 혼란만 빚는다. 즉 교사의 높은 수준 발문과 그에 따르지 못하는 학생의 응답 수준의 괴리가 수업의 실패를 야기할 수 있다(Taba, 1967). 따라서 학습자의 수준을 몇 개의 군으로(가령, 상·중·하) 묶어서 교과와 수업의 단계, 수업 내용에 따라 적절한 예비적 발문을 2~3개 정도 준비함으로써 수업을 보다 효율적으로 운영할 수 있을 뿐만 아니라 학습자의 주의를 집중시킬 수 있어야 한다.

넷째, 수업단계에 따라 적합한 발문을 준비해야 한다. 즉 동기화를 위한 발문, 제시를 위한 발문, 발전을 위한 발문, 요약을 위한 발문, 그리고 적용을 위한 발문(Jarolimek & Foster, 1979)을 수업 단계별로 적절하게 활용할 줄 알아야 한다. 수업이 전개됨에 따라 배울 것에 대한 관심을 불러일으키고 학습준비를 시키며 학습이 일어나도록 유도하는 발문으로 시작하여 정보의 정확한 전달을 위한 발문, 교사—학생 간 논의를 위한 발문, 학습내용의 요약 및 요점정리를 위한 발문, 그리고 배운 내용을 다른 상황에 적용하게 하는 발문으로 수업을 진행할 수 있어야 한다.

다섯째, 다양한 형태의 발문을 적절히 활용할 줄 알아야 한다. 특히 사실 기억을 확인하는 발문보다는 사고력을 자극하는 발문을 상대적으로 더 많이 활용하여야 한다. 실제로 교사 발문의 60%가 학생에게 단순한 사실의 기억을 요구하고 있다고 한다(길양숙, 1995). 조연순 외 연구(1998)도 한국의 초등학교 과학과 수업에서 사고력 신장과 직결되는 평가적 사고 발문과 확산적 사고 발문은 각각 2% 미만으로 인지·기억적 발문 65.4%, 수렴적 사고 발문 31.1%에 비해 거의 활용되지 못한다는 사실을 밝혀 주었다. 따라서 학습자의 창의적이고 비판적인 사고력을 신장시키기 위해서는 기억·재생적 발문보다는 확산적 발문과 평가적 사고 발문을 더 많이 활용하여야 한다(Blosser, 1991). 폐쇄적 발문보다는 개방적 발문이 지식의 적용, 문제 영역의 연구, 비판적 사고가 강조되는 수업에서 높은 수준의 사고를 상대적으로 더 많이 자극하기 때문이다.

3. 효율적인 반응방법

교수학습의 효과를 증진시키고 학습자의 창의력을 신장시키기 위해서 교사는 다양한 형태의 발문을 구사하는 일 못지않게 학습자의 응답에 대해 적절한 반응을 제공해 주어야 한다. 성급하게 답을 구하려 하거나 학생의 답변을 얻는 것에 지나치게 집착하는 것은 오히려 학생들의 사고력 신장을 저해한다. 따라서 학생들의 응답이 나오도록 충분한 시간을 주면서 사고할 수 있는 기회를 제공해야 한다.

조연순 외 연구(1998)에 따르면 우리나라 초등학교 과학수업에서 발문 후 학습자의 응답을 기다리는 시간은 1초 미만인 경우가 가장 많았다고 한다. 또한 발문의 대상으로는 주로 학급 전체 집단을 선택하여 다른 학생의 생각과 자신의 생각을 비교해 볼 수 있는 기회를 거의 제공해 주지 않음으로써 교사들의 발문 행동이 사고력 신장에 거의 도움을 주지 못한다고 밝히고 있다. 특히 응답에 대한 교사의 반응이 대부분 수용적으로 나타나 학습자의 사고력을 신장시키기 위해서는 명료화 요구, 증거 요구 또는 다른 학습자에게 발문(한 학생의 대답에 대해 다른 학생이 반응하고 평가하거나 다른 의견이 있는지를 듣는 행위)하는 교사의 반응 유형이 더 필요하다고 하였다.

보다 구체적으로 창의력 신장을 위한 교사의 응답 전력을 살펴보면 첫째, 발문 후 학생이 반응을 하기까지 충분한 시간을 기다려 주어야 한다. 기다리는 시간을 3~5초로 하면 가장 효과적이다. 기다리는 시간을 보다 길게 한 교사는 창의적 사고를 자극하는 발문과 평가적 발문을 더 많이 한다고 한다(Rowe, 1974). 따라서 발문에 답할 시간을 너무 짧게 주면 학생의 사고를 피상적으로 만든다는 점을 감안하여 교사의 기다리는 시간이 더 늘어나야 한다. 특히 인지·기억적 발문과 같은 단순한 발문보다는 확산적 사고나 평가적 사고를 유발시키는 발문에서 기다리는 시간을 더 늘려야 한다.

둘째, 학생의 답변이 잘 나오지 않을 경우 교사는 다양한 반응을 통하여 적절한 반응을 유도하여야 한다. 예컨대, 학생 수준에 비하여 질문이 어렵다고 판단될 경우 전체적인 학습 분위기를 바꾸거나 학생들의 자존심을 자극하여 답변할 용기를 부추겨 준다. 학생들이 답을 알고 있으나 미처 기억해 내지 못하는 경우 기억을 상기할 수 있는 적절한 단서를 제공해 준다. 그리고 깊은 생각을 해야 답이 나올 수 있는 질문에는 다음 시간에 물어보겠다고 충분히 생각할 기회를 부여하거나 답변을 쉽게 풀어서 해준다.

셋째, 틀린 답변의 경우 교사는 학생의 자존심이 상하지 않도록 하면서 답이 틀렸다는 것을 알려주거나 맞는 답의 경우만 맞았다고 표시하는 방법을 사용한다. 아니면 틀릴 수도 있음을 이해해 주는 발언을 하거나 틀린 답 중에도 좋은 점이 있음을 인정해 주는 발언을 한다. 그 외 틀린 이유를 밝혀주는 방법, 틀린 이유를 스스로 깨닫게 만드는 질문 등도 한 방법이다.

넷째, 부적절하거나 모호하거나 불충분한 답이 나온 경우 교사가 질문요지를 분명히 해주거나 보충적인 질문을 해야 한다. 또는 반어적으로 질문을 다시 해보는 방법도 있다. 학생의 답이 너무 복잡하거나 모호해서 지나치게 어려운 표현일 경우, 교사가 직접 학생에게 좀더 명확하고 쉬운 표현으로 답할 것을 요구해야 한다(이용숙, 1988). 교사가 창조적인 발문을 잘하려면 예상되는 응답을 사전에 검토해 보아야 한다. 그래야 응답에 기초한 새로운 발문이 가능하기 때문이다.

결국 학습자의 사고력을 신장시키기 위해서 교사는 효과적인 발문을 통해 사고력을 자극할 수 있는 학습상황을 제공하여야 한다. 학습자의 아이디어에 대해 수용하는 자세, 명료화나 증거를 요구하는 자세가 필요하다. 또한 학생이 충분히 사고할 수 있는 시간을 제공해 주고 학습자의 응답에 적절한 반응을 할 줄 알아야 한다. 그렇기 위해서 교사는 발문과 응답기법에 대한 부단한 연구를 통해 발문 수준을 높이지 않으면 안 된다. 교사의 높은 수준의 발문과 응답이 학생의 비판적 사고력과 창의적 사고력을 신장시킨다는 점에서 더욱 말이다.

효과적인 개별화 학습의 사회·문화적 조건

학교에서 하는 수업은 장차 사회구성원이 될 학생들에게 성숙한 사회구성원으로서 갖추어야 할 다양한 지식, 기능, 가치와 태도를 준비시키기 위해 수행하는 가장 구체적인 활동이다. 수업은 학습목표와 내용, 과정, 방법, 평가를 포함한 교수-학습 활동으로 구성된다. 이러한 목표를 기준으로 분류해 보면 수업구조는 세 가지밖에 없다. 경쟁, 협동, 개별학습구조가 그것이다(정문성, 2000). 경쟁학습구조는 아동 간 경쟁을 통하여 수업목표를 도달하려 하고 협동학습구조는 협동을 통해서, 그리고 개별학습구조는 수업의 개별화를 통해서 수업목표를 도달하려 한다.

지금까지 이러한 각각의 수업구조와 관련하여 그것들이 누구에 의하여 개발되었으며 그 본질은 무엇인가, 어떤 과정을 거쳐 변천해 왔는가, 수업목표가 어떻게 설정되는가, 교수-학습과정은 어떻게 설계되는가, 효과적인 동기유발과 주의집중은 어떻게 하는가, 발문이나 상호작용의 방법은 무엇인가 등 무수히 많은 수업 기술과 세부 실천방안들이 고안되었다.

같은 맥락에서 개별화 학습을 보다 심층적으로 이해하고 효과적으로 실천하기 위한 노력들(가령 본질, 역사, 방법, 수업체제 등) 역시 다양하게 전개되었다(서울특별시교육연구원, 1989). 그리고 개별화 학습원리를 구체화하기 위한 제도적 장치(예컨대, 수준별 교육과정)도 고안되었고 우수 실천 사례 역시 적잖게 보고 되었다. 그럼에도 여전히 성공적인 개별화 학습 방안들이 논의되고

있는 것은 개별화 학습의 본질을 잘못 파악했거나 아니면 우리의 사회·문화
적 맥락이 개별화 학습에 적합하지 못한 것은 아닌가 하는 의구심을 갖게 한
다. 하여 이하 본문에서는 개별화 학습의 원리와 성공적인 개별화 학습을 위
한 사회·문화적 조건이 무엇인가를 알아보고자 한다.

1. 개별화 학습의 원리: 프로크루스테스의 침대

　개별화 학습의 근본 원리는 개별성의 추구이다. 이는 '프로크루스테스의 침
대(Procrustean Bed)'를 통하여 가장 잘 표현될 수 있을 것이다. 악명을
날렸던 그리스의 강도 프로크루스테스는 집에 철제 침대를 만들어 놓고 잡혀
온 사람을 거기에 눕혀서 사람의 크기를 재단했던 인물이다. 즉 침대의 크기
에 따라 침대보다 키가 큰 사람은 남는 부분을 잘라버리고 키가 작은 사람은
키를 늘려서 침대에 맞추었다는 것이다.

　이를 학교교육에 비유해 보면 아마 획일성으로 표현할 수 있을 것이다. 즉
학교라는 철제 침대에 따라 학생들을 일률적으로 규격화시킨다는 것이다. 학
생들의 흥미나 관심은 고려하지 않은 채 교육의 내용, 방법, 속도 및 평가를
모든 학생들에게 똑같이 부과하는 것이다. 이러한 상태에서는 결코 개별성과
다양성을 찾아볼 수 없다.

　개별학습 구조는 역 프로크루스테스 침대의 원리를 의미한다. 이는 수업에
있어서 개별성을 기하자는 것이다. 즉 학교에 학생을 맞추려는 시도에서 탈피
하여 역으로 학생에 맞추어 학교라는 침대의 크기를 조절하자는 것이다. 다시
말하면, 학습자를 일률적인 교육내용, 방법, 그리고 학습속도에 맞추기보다는
역으로 학습자의 흥미, 수준, 관심에 따라 이러한 것들을 조절하자는 것이다.

　각 개개인의 개인차를 인정하고 각기 다른 흥미와 관심을 존중해서 교육과
정을 다양하게 편성 운영함으로써 결국 모든 학생의 잠재능력을 최대한 실현

시켜 주자는 것이다. 미리 규정된 정형화된 틀을 지양하고 상황과 조건에 따라 가변적으로 교육과정을 운용하자는 의미이다. 또한 천편일률적이고 다른 사람과 같아야 한다는 획일적 평등에서 벗어나자는 시도이다.

2. 성공적 개별화 학습의 문화적 조건

그런데 이러한 개별화 학습의 원리가 수업 실제에 적용되기 위해서는 그러한 학습이 나오게 된 사회·문화적 조건을 이해하는 일이 필수적이다. 모든 제도나 구조는 사회·문화적 맥락에 따라 달라지기 때문이다.

사람의 생각, 느낌, 행동(소위 정신적 프로그램)은 그가 성장하고 생활경험을 축적한 사회환경 속에 뿌리를 두고 있다. 그러한 프로그램은 가정에서 시작되고 이어서 이웃, 학교, 직장, 지역사회 속에서 습득된다. 그런데 유사한 문화 속에서 사는 사람들은 유사한 정신적 프로그램을 가지고 있다. 문화라는 현상은 언제나 집합적인 현상이기 때문이다. 적어도 부분적으로라도 같은 사회 속에서 살고 있거나 산 적이 있는 사람들이 상호 공유하는 것이 문화이다. 따라서 문화는 한 집단 또는 한 범주를 구성하는 사람들을 다른 집단 혹은 범주의 성원들과 달라지게 만드는 집합적 정신 프로그램이다(Hofstdte, 1996).

문화는 제도, 체제, 상징, 의식, 가치, 개인적 습성과 같은 것으로 표출된다. 수업의 구조 역시 하나의 문화적 산물이다. 따라서 어떤 학습구조를 제대로 이해하고 해석한다는 것은 그러한 구조가 생겨난 사회적 상황이나 배경, 그리고 그 안에 살아가는 사람들의 특수한 경험을 그 맥락 속에서 이해한다는 것을 의미한다. 개별학습 구조 역시 그러한 구조가 나오게 된 사회·문화적 맥락을 이해하는 일은 필수적이다.

개별화 학습구조는 소위 독립적 문화성향(Hess & Azuma, 1987)을 가진 개인주의1) 사회의 산물이라 해도 과언이 아니다. 독립성향은 학생들로 하

126 효과적인 학교교육론

여금 자기주장과 개인적 독립성을 강조한다. 따라서 독립성향은 사회화의 대행자로서 권위적 존재보다는 개인의 욕구와 목적을 우선시한다. 이러한 문화적 성향이 학교교육에도 그대로 반영된다. 예컨대, 개인적 성향을 강조하는 미국교사는 학생의 내적 동기를 자극하여 학습을 촉진시키고자 학생들의 독립적 성향을 활용한다. 즉 조건과 환경을 개선함으로써 학생들을 동기화하고, 학생의 개별성, 독립성을 존중하면서 지적 자극을 최대한 제공하기 위한 학습의 사회적 환경을 조정한다.

독립적 성향이 강한 사회의 학교교사가 학교생활을 통하여 가장 많이 쓰는 단어는 '독립성'이거나 이와 연관된 어휘들이라고 한다(Hess & Azuma, 1987). 학교에서 교수의 초점은 자기 주도적 학생을 양성하는 데 있으며, 교육목적은 교사와 독립하여 학생 스스로 과제를 해결하도록 하는 것이다. 학교생활을 통하여 교사는 책임감, 자기 주도성, 성숙, 책무, 그리고 자기 활동에 대한 맡은 임무를 완성하기와 같은 독립성과 연관된 단어를 가장 빈번하게 사용한다. 따라서 책임을 다하지 못한 학생은 교사로부터 자주 제재를 받는다.

개별화 학습은 이러한 독립성향에 익숙하지 못한 학생이나 혹은 집단적 문화성향(cultural orientation) 속에서 성장한 학생들이나 학급 상황에 적용하는 데 용이하지 않은 학습구조인지도 모른다. 예컨대, 어얼리(Earley, Hofstede, 1996 재인용)의 집단목표와 개인목표 간 실험 결과에서 보는 것처럼 집단주의 국가는 집단목표가 주어졌을 때, 그리고 무기명으로 과제를 해결하도록 했을 때 과제를 잘 수행한 반면 개인적으로 작업을 할 때, 그리고 실명으로 과제를 제출하도록 했을 때 수행수준이 가장 낮게 나타났다. 반면 개인주의 사회에서는 개인적으로 일할 때, 그리고 실명으로 과제를 제출하도록 했을 때 수행수준이 가장 높았으며 그 역일 때 수행수준이 가장 낮았다.

---

1) 휘이와 트리안디스(Hui & Triandis, 1986)는 개인주의와 집단주의를 구분하는 7가지 기준으로 ① 자신의 결정이나 행동이 타인에게 주는 이익이나 부담에 대한 고려 정도, ② 타인과 물질적 자원의 공여 정도, ③ 타인과 비물질적 자원의 공여 정도, ④ 사회적 영향력에 노출 정도, ⑤ 자기과시나 체면유지 정도, ⑥ 결과의 공유 정도, ⑦ 타인의 삶에 대한 개입 정도를 제시하고 그러한 지수가 낮은 사회일수록 개인주의 사회로 분류한다.

홉스테드(Hofstede, 1996)의 분류에서 보는 것처럼 우리나라는 개인주의보다는 집단주의의 문화적 성향이 강한 사회라는 점에 견주어 볼 때, 개별화 학습구조는 개인주의적 독립성향에 기초하고 있기 때문에 우리의 문화적 토양에 적합하지 않다2)는 문제를 안고 있다. 따라서 이러한 문화적 장애를 극복하고 개별화 학습이 성공을 거두기 위해서는 먼저 개별화 학습에 필수적인 자기 주도적인 학습능력을 길러주는 것이 선행되지 않으면 안 된다.

3. 성공적 개별화 학습의 사회적 조건

오늘날 우리나라에서 규격화, 획일화를 탈피하려는 다양한 노력들(가령, 열린교육이나 학습자 중심의 교육, 개별화 학습, 그리고 수준별 교육과정의 운영 등)에도 불구하고 여전히 학교에 학생을 일률적으로 맞추려는 교육적 관행은 사라지지 않고 있다. 개별화 학습의 기본적인 원리나 추구하는 방향은 바람직한데 실제적으로 학교 현장에 잘 적용되고 있는 것 같지 않다. 위에서 언급한 개별화 학습이 나오게 된 문화적 배경이 우리와 다른 점도 있지만 또 다른 이유는 그러한 개별화 학습이 실천될 수 있는 우리나라 학교사회의 조건들이 거기에 부합되지 않기 때문이다.

수업은 교수자가 교육내용을 가지고 특정의 학습방법을 통하여 학습자와 더불어 상호작용하는 과정이다. 따라서 수업을 좌우하는 조건들은 다양하다. 예컨대, 수업과 직접적으로 연관되는 요소들로서 크게 교수자의 특성과 학습내용의 선정과 조직, 학습방법, 그리고 학습자의 특성을 들 수 있다. 또한 외적으로 학교의 건축구조, 학생 수, 책상배열, 공간구성과 같은 교실환경, 학교의 사회·문화적 환경 및 지역사회의 특성, 학교 행정가의 영향, 그리고 학교의

---

2) 물론 소위 'N세대'로 불리는 학생들은 상대적으로 그 이전 세대에 비하여 개인주의가 더욱 강화됨으로써 개별화 학습이 더 적합할지 모른다.

1차·2차적 환경변인들과 관련 속에서 수업은 일어난다. 이러한 조건들은 교사가 수업을 전개하는 데 지대한 영향을 미치며 개별화 학습과도 직·간접적으로 연관되는 학교의 환경이다.

우리나라 교실 수업에서 개별화 학습을 성공적으로 수행하기 위해서는 최소한의 기본적인 사회적 조건이 갖추어지지 않으면 안 된다. 무엇보다도 다양한 특성을 가진 학생들이 학교에 자발적으로 등교하는 경우가 많지 않다는 점을 고려하여야 한다(Boocock, 1980). 학생들의 자율적이면서 자기 주도적인 활동을 전제로 하는 개별화 학습에서 학습자의 비자발성은 효과적인 수업을 방해하는 가장 중요한 요인이다. 따라서 학생들을 자발적으로 수업에 참여시키는 전략(가령 동기유발, 주의집중, 학생통제, 흥미로운 학습활동 설계 등)이 개별화 학습의 성패를 좌우한다고 하겠다.

둘째, 다인수 과밀학급이 교사들에게 주는 의미이다. 단위당 학생수가 많다 보면 교사는 각 학생에 대하여 개별적으로 관심을 갖기 어렵다. 대체로 학생 개개인을 상대하기보다는 전체로 상대하게 되고 그렇다 보면 학생의 개인적 특성을 고려한 학습활동을 보장해 줄 수 없다. 전체를 관리하기 위하여 교사가 택하는 전략은 개인적인 친밀감보다는 소원성이기 때문이다(이정선, 2002). 그럴 경우 개별화 학습은 더욱 어려워진다.

셋째, 과도한 교사의 업무는 효과적인 개별화 학습을 저해하는 중요한 학교의 또 다른 사회적 조건이다. 잡무란 교사들이 그들의 고유한 일이라고 생각하는 교수-학습활동이나 학생지도 외에 해야 하는 행정적인 일을 말한다. 교사들이 잡무로 인식하여 기피하는 일로는 대외학생 지도업무, 공문처리업무, 상급기관 조사보고업무 등을 들 수 있으며, 이러한 것들은 교사들의 업무부담을 가중시키고 심리적으로 불편하게 만든다. 학생 개개인의 특성과 발달 정도를 고려한 사전 교재연구나 수업준비를 철저히 하지 못하게 하여 결과적으로 수업을 부실하게 한다. 교사와 학생 간 1 : 1의 개별화 학습은 물론 학습 부진아나 자기 주도적인 학습능력이 결여된 학생에게 교사가 직접 지도하는 개별화된 시간을 할애하지 못함으로 인하여 더욱 불리한 학습결과를 초래한다.

그 외 실제적으로 개별화 학습을 위한 다양한 학습자료가 부족하다는 점과 현행 교육과정하에서 학습량이 과다하다는 점도 효과적인 개별화 학습을 저해하는 요소들이다. 특히 과다한 학습량은 교사들로 하여금 전체 학생을 상대로 진도 나가기에 급급하게 함으로써 진정한 의미의 개별화 학습을 불가능하게 한다 해도 과언이 아니다. 따라서 이러한 상황에서 교사들은 학생의 교육성을 우선으로 하기보다는 외적 결과에 치중한 효율성을 먼저 고려하지 않을 수 없게 된다.

결론적으로 지금까지 교육개혁과 관련하여 많은 제안들이나 해결책들이 실효를 거두지 못하고 실천에 옮겨지지 못한 이유 중의 하나는 우리나라의 문화적 성향이나 사회·문화적인 맥락 그리고 실제 교실 수업의 미시적인 조건과 상황을 고려하지 않았기 때문이다. 그러한 차이를 이해하는 일은 기술적인 문제를 이해하는 일 못지않게 필수적인 것임에도 말이다. 이 점은 효과적인 개별화 학습을 실천하는 데도 마찬가지로 적용된다. 따라서 성공적인 개별화 학습을 위해서는 수업방법이나 기능을 익히는 일 못지않게 그러한 문화적·사회적 조건들을 구비하는 일이 급선무이다.

성공적 토의학습 조건으로서 소집단 구성

토의학습은 오늘날 우리나라 학교에서도 널리 사용되고 있는 교수—학습방법이다. 미국의 어느 교수는 1954년 한 심포지엄에서 "토의방법은 몇 년 후면 미국 전 대륙에 걸쳐 신속하고 강력하게 확산될 것이다"라고 예측했다고 한다. 그의 예측처럼 미국은 물론 전 세계적으로도 토의학습에 대한 관심이 증대되고 있다. 여기에는 토의학습의 효과가 한몫을 했다 해도 과언이 아니다. 즉 토의학습은 교과내용의 숙달뿐만 아니라 의사소통능력, 문제해결능력, 도덕적 추리력, 사회적 관계능력, 그리고 긍정적 태도를 발달시킨다는 것이다.

토의학습이 무엇인가는 다음과 같은 몇 가지 질문에 대한 답을 통해서 온전히 이해될 수 있을 것이다. 즉 토의란 무엇인가? 어떤 기능을 수행하며 어떤 절차로 이루어지는가? 토의는 어떤 형식과 단계로 운영되는가? 그리고 토의 주제는 어떻게 결정되고, 토의 참가자는 누구이며 어떤 역할을 수행해야 하는가? 특히 학급에서 교사참가자에게 요구되는 기능과 학생참가자에게 요구되는 기능은 무엇인가? 그러나 지면의 제약으로 인하여 본문에서는 토의학습의 정의, 올바른 토의학습이 이루어지기 위해서 갖추어야 할 기본요소가 무엇인가를 알아보고, 그중에서 성공적인 토의학습을 위해서는 왜 소집단을 구성해야 하는지 그 이유를 문화적 맥락에서 살펴보고자 한다.

1. 토의학습

토의 혹은 토론의 연원을 소크라테스의 대화법에서 찾는다면 그 전통은 매우 오래된 것이다. 그러나 토의가 언어를 매개로 한 집단적 상호작용이라는 의미로 사용된다면 그 역사는 언어를 사용하기 시작한 때까지 거슬러 올라가야 할지 모른다. 오랜 역사에도 불구하고 토의(discussion)와 토론(debate)에 대한 개념 규정이나 진정한 의미의 토의학습을 위하여 필요한 것이 무엇인가에 대한 논의는 아직도 현재진행형이다.

토의 및 토론의 개념과 관련하여 그 학술적 규정은 차치하고라도 민속적으로 우리나라 학교현장에서 교사들은 토의가 특정문제에 대하여 참가자들이 아는 바, 생각하는 바, 느낀 바를 논의하는 사고과정으로 이해되는 반면, 토론은 찬성, 반대의 의견을 가진 사람이 자기주장의 정당함과 합리성을 내세워 논리적으로 상대방을 설득하는 과정이라고 이해되고 있다. 즉, 전자가 공통의 관심사에 대하여 논의에 참가한 사람들이 적절한 해답을 얻기 위하여 각자가 가지고 있는 의견, 사실, 정보, 지식 등을 교환하여 문제해결 방안을 모색하는 방편인 반면, 후자는 해결방안을 결정하는 방편으로 이해되고 있다. 따라서 토론은 자신이 가지고 있는 해답을 상대편에게 설득하여 납득시키는 일종의 논리 경기인 셈이다.

딜론(Dillon, 김정효 역, 1997)에 따르면 토의(discussion)는 집단적 상호작용의 한 특정 형태로서 공통 관심사에 대해 구성원들이 함께 의문을 제기하고 답을 얻기 위해 서로 다른 관점들을 교환, 검토함으로써 논점이 되는 문제들에 대한 지식이나 이해, 평가와 판단, 그리고 결정, 결의, 혹은 행동 등을 조장하는 것이다.

따라서 토의학습은 간단히 말해서 토의를 통한 학습이다(Learning Through Discussion: LTD). 여기서 'LCD'는 Hill의 토의학습모형을 지칭하는데 이는 다음과 같은 8개 요소로 구성된다. 학습 분위기 조성, 어휘 이해, 내용의 일반 진술, 주요주제와 하위주제의 확인과 토의, 토의내용의 적용, 자료내용의 자기 적용, 자료내용의 평가, 집단 및 개인의 수행평가.

변홍규(1997)는 헌킨스(Hunkins)의 정의에 입각하여 토의학습은 여러 사람이 지정된 장소에 모여서 공동으로 언어적, 비언어적 청취 과정을 통해 상호 의사소통하면서 다양한 교수목표의 달성을 꾀하는 사회적, 협동적, 그리고 창조적 과정이라고 하였다. 즉, 토의학습은 한 학생 이상이 참가하는 사회 활동이며, 협동 활동이자 체계적이고 창의적인 활동이라는 것이다.

이렇게 볼 때 토의학습은 토의를 하나의 학습방법으로 활용한다는 점에서 토의가 하나의 도구가 되긴 하지만 토의활동 그 자체가 학습이 될 수도 있다. 즉, 학생들이 토의활동에 참가함으로써 학습이 일어날 수 있다. 주제를 중심으로 참가자들이 다양한 관점을 도출하여 명료화하는 과정에서 자기 학습이 일어나기 때문이다. 그러나 진정한 의미의 토의학습은 교사에 의해서 체계적이고 논리적으로 계획되고 운영될 때 비로소 가능하다.

2. 토의학습의 구성요소

토의학습을 토의학습이 되게 하는 요소는 무엇인가? 토의학습을 올바로 실천하기 위해서 필요한 것은 무엇인가? 딜론(Dillon, 김정효 역, 1997)은 그 대답으로 토의의 이론적 근거, 토의의 주제, 토의 참가자, 토의 시 행동과 방법(언어사용), 그리고 토의의 필요성을 제시한다. 이러한 요소를 구비할 때 비로소 토의학습이 가능해진다는 이야기이다.

그러나 토의학습의 구성요소를 비교적 구체적으로 제시한 사람은 Bridges 이다. 그는(1990) 토의를 토의되게 하는 조건, 즉 토의가 성립하기 위해서는 ① 논리적 조건, ② 도덕적 성향, ③ 지적 특성, ④ 개방성의 차원, 그리고 ⑤ 현상학적 요소가 충족되어야 한다고 주장한다(Dillon 재인용). 먼저 논리적 조건이란 토론에 참가한 사람들은 무언가를 서로에게 말해야 하고, 들어야 하고, 그리고 서로에게 반응을 해야 한다. 각자 문제에 대해 특정 관점을 개별적으로 제안해야 하고, 토론하는 문제에 관한 이해, 지식, 혹은 판단을 발전시켜야 한다는 것을 의미한다.

둘째, 도덕적 조건이란 토의 행동과 관련된 규범을 말한다. 합리성, 화목과 질서, 진실, 자유, 평등, 타인에 대한 존중 등의 덕목이 여기에 속한다. 셋째, 지적인 조건이란 토의를 심화하기 위하여 참가자들이 갖추어야 할 지적인 면을 지칭하는 것으로서 다양성, 반응성, 분별력, 자성력, 증거, 명료성, 간결성, 일관성을 말한다.

넷째, 개방성의 조건은 토의 주제의 개방성, 참가자 마음의 개방성, 논쟁·증거·관점·비판에 대한 개방성, 참여자의 개방성, 시간의 개방성, 결과의 개방성, 목적과 실행의 개방성, 정리의 개방성을 말한다. 끝으로 토의학습의 현상학적 요소는 의사표현의 자유, 의미추구의 자유로 구성된다.

이러한 요소들이 성공적인 토의학습에 필수적인 것임에 틀림없다. 그러나 지금까지 우리나라 교수−학습 과정에서 주도적인 역할을 한 사람이 교사이고 보면 교사변인을 강조하지 않을 수 없다. 즉 성공적인 토의학습 역시 교사가 어떻게 계획하고 진행하느냐에 따라 그 성패가 달라진다. 교사가 계획 수립자, 토의 학습 분위기 조정자, 토의 학습의 안내자, 토의 유지 및 조정자, 사고의 유도 및 질문자, 그리고 관찰 평가자로서 역할을 적절하게 수행할 때 성공적인 토의학습은 가능한 것이다. 그렇다고 학생들의 토의과정에 교사가 일일이 간섭을 하라는 뜻은 아니다. 교사가 직접적으로 간섭을 하면 오히려 토의는 잘 일어나지 않는다. 어디까지나 토의의 주체는 학생들이기 때문에 교사는 조건을 형성하고 학습 분위기를 연출하여 학습이 일어나도록 해야 한다.

3. 성공적 토의학습 조건으로서 소집단 구성

앞에서 언급한 것처럼 성공적인 토의학습을 위해서 구비해야 할 조건들이 많지만 집단을 구성하는 일 역시 이에 못지않게 중요하다. 토의학습 자체가 집단을 형성하고 집단 성원끼리 주어진 집단목표를 달성하기 위하여 서로 자신의 의견을 개진하고 이에 적절히 반응해 가는 학습방법이기 때문이다. 따라서 집단을 어떻게 구성하는가가 토의학습의 성패를 좌우한다고 해도 과언이 아니다.

집단 구성은 비단 성공적인 토의학습을 위해서만 필요한 것은 아니다. 잭슨 (Jackson, 1968)이 일찍이 아동의 교실 생활에 대한 질적 연구를 통하여 밝힌 것처럼 학생들을 수업에 참여시키기 위해서도 집단 조직은 필수적이다. 그는 교과목의 내용에 적합하도록 학생집단을 조직할 것을 주장하였다. 논리적으로 집단 조직은 동일 학급에서 학생들의 흥미를 쫓아서 하는 경우도 있고 능력에 따라서 아예 학급 자체를 구분하여 편성하는 방법도 가능하다. 물론 진정한 의미의 토의학습을 위해서는 학급 내에서 집단을 효과적으로 조직하는 방법이 중요하지만 말이다.

그러면 효과적인 토의학습을 위해서는 어느 정도 크기의 집단을 구성해야 하는가? 토의주제와 수업의 목표, 토의학습의 유형 그리고 참가자의 특성에 따라 달라질 것이다. 학술적으로 토의집단의 크기는 교사가 관리하기에 적절한 인원이어야 한다는 주장이 설득력을 얻고 있다. 프란시스(Francis, 1986)의 실험에 의하면 큰 학급의 경우 소집단으로 분단하여 구성하되 6명 이상 15명 이하라야 한다고 제안하였다. 그의 경험에 의하면 8~10명일 때 토의학습에서 학습 결과를 평가하기에 가장 적합했다고 한다(변홍규, 1997 재인용). 물론 아래에서 이야기하겠지만 개인주의라는 미국의 문화적 상황에서 하는 말이다.

그러나 우리나라에서 토의학습을 진행시켰던 교사의 경험에 의하면(김성장, 1999), 버즈(Buzz) 학습처럼 여섯 명씩 모둠을 만들어 교실 전체가 토의를 진행할 경우 모둠 내 학생들이 상호 공간적으로 멀리 있다 보니 목소리를 듣지 못하여 구성원 간 거리가 생기기 시작하더라는 것이다. 또한 한두 명이 토의를 주도하고 나머지는 떠들거나 딴 짓을 하는 현상이 생긴다는 것이다. 그래서 자신의 주관적 체험에 입각하여 4명이 가장 적정한 인원이라고 주장하였다. 4명을 수준별로 구성할 경우 상위 학생 1명, 중위 학생 2명 그리고 하위 학생 1명이 토의학습을 진행하는 게 가장 적합하다고 했다.

모둠구성과 관련하여 학생 간 미묘한 감수성으로 인하여 누구와 모둠이 되는가도 학생들의 관심사이다. 서로 좋아하는 사람끼리 모둠을 구성할 것인가 아니면 번호 순이나 무작위 추첨을 해야 하는가. 교과에 따라 학생들의 흥미가 유사한 학생을 집단으로 모을 수도 있고, 선호도에 따라 친밀한 사람끼리 집단을 형성할 수도 있다. 학생들의 학습수준에 따라 구성할 수도 있다. 모둠을 정하는 것은 교사와 학생 간 상호작용을 통하여 결정할 일이다.

그런데 앞에서 언급한 것처럼 미국의 경우 비교적 중간집단 정도의 크기(8~10명)에서 토의학습이 최적으로 일어난 반면 우리나라는 4명의 소집단에서 최적의 토의학습이 일어난다. 그렇다면 왜 우리나라에서는 토의학습을 위하여 대집단이나 중간집단보다 소집단 구성을 해야 하는가?

홉스테드(Hofstede, 1996)는 이를 개인주의 문화와 집단주의 문화 간 차이를 들어서 설명한다. 그에 따르면 개인주의 문화는 자기의 생각을 분명히 표명하는 것을 미덕으로 삼는다. 자기 스스로 의견을 갖도록 장려하고 자기가 느끼는 것들을 사실 그대로 말하는 것이 진지하고 정직한 사람이다. 그 과정에서 상대방과 빈발하는 의견충돌은 한 차원 높은 진실에 도달하는 과정에 불과하다. 오히려 갈등에 대처하는 방법은 일상적인 삶의 한 부분에 지나지 않는다. 반면, 집단주의 가정에서는 아이가 어떤 의견을 말할 때 다른 사람들의 눈치를 보는 법부터 배우게 한다. 집단에 대한 조화와 체면이 중시되기 때문이다. 이런 사회에서는 개인의 의견 자체가 집단에 의해 미리 결정되기 때문에 개인의 독립적 의견은 존재하지 않는다. 또한 내집단과 외집단 간 구분이 명확하여 외집단에는 배타적이지만 내집단에 대해서는 충성과 의무를 대가로 안전과 후원을 보장해 준다.

어린 시절 가정에서 심어진 개인과 집단 간 관계는 학교교육을 통해 더한층 강화된다. 집단주의 사회에서 학생들은 대체로 큰 집단 안에서 말하기를 꺼려한다. 집단 안에 외집단 성원들이 섞여 있다고 생각하기 때문이다. 그래서 학생들은 수업시간에 기꺼이 발표를 하지 않으려 한다. 심지어는 교사가 전체 학급을 대상으로 질문을 던졌을 때도 입을 열려 하지 않는다. 자신은 단지 집단의 일부이고 따라서 집단의 허락 없이 일어서서 말한다는 것은 이치에 맞지 않는다고 느끼기 때문이다. 반면, 개인주의 사회에서는 집단주의 사회에서 암묵적으로 인정되는 것조차도 명시적으로 표현을 해야 자신의 능력으로 인정받는다. 따라서 자신의 의견을 명확히 표현하는 것은 학교교육을 통해서 적극 권장된다.

이러한 준거에 비추어 보면 개인주의를 강조하는 미국과 달리 우리의 학교 상황은 대체로 개인주의적인 것과 집단주의적인 요소가 혼합되어 있음을 알 수 있다. 그러나 수업에 대한 학생의 참여에 관한 한 아직도 집단주의적 요소가 더 강하게 작동한다. 따라서 학생들의 자발적 참여보다는 교사의 지시에 의한 소극적인 참여가 더 일반적이다.

그럴진대, 이런 상황에서 교사가 학생을 수업에 참여시키기 위해서는 특정 학생을 지목하여 시키거나 아니면 순번제를 적극 활용해야 한다. 그러나 학생들도 체면 손상에 대단히 민감하기 때문에 그러한 위험을 극소화시키는 가장 효과적인 방법은 집단을 최소화하는 일이다. 학생들이 상호구성원을 내집단으로 간주할 수 있도록 해주는 것이다. 즉, 학생들이 언제든지 집단의 허락을 암묵적으로 받았다고 인식할 수 있도록 집단을 최소화해 주는 것이다. 집단주의 사회에서 수업을 활성화시키기 위해서 소집단 토의학습 활동을 권장하는 이유이다.

따라서 우리나라 학교에서는 토의학습을 성공적으로 수행하기 위해서는 집단 구성과 관련하여 집단의 규모를 최소화하는 일이 필수적이다. 토의활동 시 학생들은 끼리끼리가 되었을 때 가장 활발하게 자신의 의견을 개진한다. 누군가 낯선 사람이나 외부인이 있으면 외집단 구성원에 대한 경계심이 발동하여 자발적인 참여를 꺼리게 된다. 성공에서 오는 자긍심과 인정보다는 실패에서 오는 암묵적인 비난과 체면 손상을 더 먼저 고려하기 때문이다. 따라서 토의학습이 성공적으로 학급에서 이루어지려면 토의학습의 성공조건(참가자, 토의주제, 토의과정, 토의단계, 교사와 학생의 역할 등)에 관련된 사항들이 적절히 구비되어야 하겠지만 집단 규모를 최소화하는 일도 그에 못지않게 중요하다고 하겠다.

교사의 질과 교수의 질: 비판적 고찰

"교육의 질은 교사의 질을 능가할 수 없다"는 미국의 교육자 아담부룩스(Adam Brooks)의 선언적 주장은 교육관계자들 사이에서 상식처럼 간주되고 있다. 그러한 주장의 진위에 대한 검증은 차치하고 이제는 어떻게 하면 교사의 질을 증진할 것인가에 온통 교육개혁의 초점이 맞추어지고 있다. 교육학 문헌을 일견하여도 어떤 형태로건 교사 변인이 교육의 결과에 영향을 미친다는 점은 쉽게 발견된다. 이러한 당위론에 누가 시비를 걸겠는가.

교사 변인이 교육결과에 영향을 미친다는 주장은 1968년 로젠탈과 제이콥슨(Rosenthal & Jacobson)의 기대효과에 대한 실험 결과를 통해서 보다 구체적으로 제기되었다. 물론 실험방법과 과정 그리고 결과에 대한 해석상 논란의 여지에도 불구하고 이후 수행된 대부분의 유사 연구결과들은 공통적으로 교사의 기대가 학생들의 학습결과로 현실화된다고 주장함으로써 교사를 교육의 중심에 서게 한 계기를 만들었다.

미국의 경우 교육개혁의 초기에는 교사 변인이 독립적으로 주목을 받지 못했다. 학교 변인과 더불어 강조되다가 시간이 흐를수록 모든 교육개혁의 중앙에 교사를 세우고 있는 것을 본다. 다른 경쟁국가의 우수한 학업성취는 학교에 투자하지 않고 교사들에게 직접 투자한 결과라고 생각하고 미국도 교사에 집중적으로 투자하게 되었다. 가령, 부시정부의 교육정책이나 1996년 '교수와 미국의 미래위원회(The National Commission on Teaching and America's Future)'가 발간한 보고서 〈What Matters Most: Teaching for America's Future〉만 일견해도 교사의 질은 단위 수업시간의 질뿐만 아니라 국가의 미래와도 직결된다는 점을 쉽게 알 수 있다.

그러한 실천적 정책의 이면에는 물론 교사가 교육결과를 좌우한다(혹은 가장 강력하게 영향을 미치는 요인이라)는 논리가 내재되어 있다. 그리고 교사의 질 속에는 교사의 교과에 대한 기술과 지식뿐만 아니라 수업에 대한 실천적 지식과 기술이 내재되어 있는 것이 분명해 보인다. 따라서 학술적인 검증을 떠나서 이러한 실천적 노력들만으로도 교수의 질은 교사의 질에 의해 좌우된다는 논리가 설득력을 갖는다고 할 수 있다.

학술적으로도 1980년대에 이르러 효과적인 교수(넓게는 효과적인 학교)에 대한 연구를 통하여 교수의 질은 교사의 교수 기술과 지식에 의해 달라진다는 점이 제기되었다. 가령, 1987년 ERIC Clearinghouse에서 교수 질의 증진에 대한 11개 선행연구들을 개괄한 내용만 보아도 이 점을 쉽게 알 수 있다. 구체적으로 효과적인 교수는 교사들이 수행하는 수업의 명료성, 수업 중 설명과 열성, 과제지향성, 발문의 수준에 의해 규정된다. 교수의 질은 교수 계획 단계, 교수관련 맥락에 대한 평가, 그리고 교과내용 제시, 학급통제, 교사─학생관계 관련 변인과 교수를 방해하는 요인에 대한 확인 등과 연관이 있다. 또한 교수의 효율성에 가장 크게 영향을 미치는 변인은 교사의 행동과 특성(학급 시간의 활용, 가르치는 것과 평가하는 것, 학생의 성취에 대한 교사의 기대, 그리고 교사의 학급통제)이다. 그러한 학교가 교수 면에서 효과적인 학교(Instructionally Effective School)이다. 모두 교사의 질이 교수의 질을 좌우한다는 주장들이다.

그러나 문제를 좀더 깊이 들여다보면 그렇게 간단하지만은 않다. 교사와 교수의 질이란 무엇인가. 그것들은 측정 가능한가. 우수한 교사와 질 높은 교수는 조건과 상황에 관계없이 동일하게 규정될 수 있는가. 학생들은 어떻게 배우는가. 교수의 질이 학업성취를 설명하는 필요충분조건인가 등등을 따져 보아야 한다. 물론 교수의 질을 고려함에 있어서 교사 변인의 중요성을 간과하자는 것이 아니다. 다만 결과를 전적으로 교사 변인으로 귀속시킴으로써 모든 교육개혁의 초점에 교사를 두는 것이 바람직한가를 되새겨 보자는 이야기이다.

무엇보다도 그것이 선언적이건 경험적으로 검증된 주장이건 간에 교사 변인이 교육결과에 영향을 미친다는 점은 아무도 부정하지 못할 것이다. 그러나 질 높은 교사는 질 높은 수업을 할 수 있고 결과적으로 학생들의 학업성취가 높아진다(물론 반드시 옳은 것은 아니다)고 주장할 때, 문제는 교사와 교수의 질이 무엇이고 그것들을 어떻게 측정할 수 있는가이다. 민속적 개념(folk term)으로서 교육현장에서 '질 높은 교사', '좋은 수업'이라는 말은 구성원들에 의해 부여된 의미대로 받아들일 수 있다 하더라도 과학적 개념(scientific term)으로서 이러한 용어들에 대한 규정은 쉽지 않기 때문이다.

물론 일부 학자들에 의해서 효과적인 학교에 대한 과학적 개념을 정립하려는 노력이 없었던 것은 아니다. 교사의 질에 대한 특정 기준을 정해 놓고 거기에 합당한 경우 우수한 혹은 질 높은 교사라는 시각이 그것이다. 가령, 질 높은 교사는 3대 능력의 준거(Three Ability Framework: 수업에 대한 기술적 기능, 전문적 능력(교과 지식), 그리고 전문적 태도)를 가진 교사라는 주장(Bastick, 1999)이나 1980년대 유행한 효과적인 학교(effective school)와 효과적인 교수(effective teaching)에 대한 연구들이 제시한 기준들은 그러한 예라고 하겠다.

그러나 모든 인간 행위는 그 자체로서 의미를 갖는다는 문화상대주의 시각에서 보면 효율성 모델은 적합하지 않다. 즉 인간 행동은 내부자들이 사회적 활동에 참가하면서 특정 현상을 그렇게 인식하고 의미를 부여하여 행동한 결과라는 설명과 부합하지 않는다. 즉 의미 자체가 상황 맥락적이라는 점에서 보면 교사와 교수의 질을 규정하는 기준 역시 모든 상황에 일률적으로 적용될 수 있는 것이 아니다. 효율성 역시 마찬가지이다. 조건과 상황에 따라 때로는 질 높은 교사가 그렇지 못한 교사가 될 수 있고 수준 높은 수업이 정반대의 경우로 해석될 수 있다. 하여 '교사의 질과 교수의 질은 상호 연관적이다'라는 말은 어떤 맥락에서 무엇을 의미하는지를 분명히 하고 사용해야 할 주장임에 틀림없다.

둘째, 첫째와 연관하여 교수라는 행위는 그 속성 자체가 사전에 계획한 대로 주어진 틀에 의하여 진행되는 객관적이고 과학적인 활동이라기보다는 예술에 가깝거나 아니면 부정확한 과학(inexact science)에 불과하다. 따라서 교수의 효율성이나 질은 객관적으로 평가되거나 검증되기 어렵다. 예술가의 감식안이 그렇듯 즉시적인 판단과 통찰, 과정의 예측 불가능성, 그리고 직관적 접근을 활용하는 교수에 대한 평가 역시 특정한 양적 기준에 의하여 이루어지기보다는 질적일 수밖에 없다. 결과적으로 보편적인 개념이나 측정방법을 도출하는 것이 불가능하며 성공적인 교수도 일반화될 수 있는 성질이 아니다 (Orstein, 1986). 따라서 동일한 교사가 동일한 방법으로 가르치지만 학생에 따라, 교실에 따라, 그리고 교과에 따라 결과는 달라질 수 있다.

셋째, 교사의 질과 수업의 질은 시대와 상황에 따라 다르게 규정된다. 뮐러 (Mueller, 1991)는 시대에 따라 교수모델을 다음과 같은 3가지로 구분하고 있다: 교과중심 교수모델, 특성요소(trait-factor) 모델, 수업설계 모델. 먼저 19세기에서 1930년대까지 유행한 교과중심 교수모델에 있어서 훌륭한 교사는 미성숙자로 하여금 학습에 대한 관심을 불러일으키게 하기 위하여 자신의 생애를 가르치는 일에 헌신하는 학자 혹은 교양 있는 스승(mentor)으로 인식되었다. 초기에는 학문과 교수에 대한 사랑이, 차츰 박학한 지식과 교수학습원리에 대한 지식을 소유하게 되고, 객관적 의사결정 과정과 실제에 익숙해지면서 학생들에게 가치로운 것이 무엇인가를 분별할 줄 아는 교사가 훌륭한 교사로 간주되었다. 따라서 질 높은 교수는 학습자의 관심과 반응에 상관없이 그러한 교사에 의하여 수행되는 가르침으로 간주되었다.

그러나 1950~1960년대에 유행한 특성요소 모델에 따르면 훌륭한 교사는 지식교육뿐 아니라 학생들의 개인적 사회적 성장을 촉진할 수 있는 사람으로 규정되었다. 이들은 학생들의 전인적 발달을 도모할 수 있는 사람이었다. 따라서 교실에서 교사는 교과내용을 가르치는 일 못지않게 학생들의 사회적인 일까지 해야 했다. 교과에 대한 전문지식을 소유하는 것보다는 학생들을 성공적으로 동기화하고 학생들로부터 호감을 받을 수 있는 교사의 개인적인 특성이 더 중시되었다. 이때 효과적인 교사의 특성과 비효과적인 교사의 특성에 대한 기준(가령 Tuckman의 창의성, 역동성, 조직성, 온정)은 학생들의 반응에 따라 결정되었다. 이때 우수한 교수는 학생들의 관심과 자기 주도적이고 적극적인 탐구를 통하여 이루어졌다. 교수가 학생중심적이었기 때문에 학생의 준비성과 개인적 의미가 중시되었다. 반면 교사가 가지고 있는 특정 교수전략이나 기술은 그렇게 중시되지 않았다.

끝으로 교수설계 모델은 1980년대 학습심리에서 교수심리로 강조점이 전환되면서 등장하였다. 특히 학생들의 학습결과를 어떻게 하면 증진시킬 것인가에 초점이 주어졌는데 그러한 일은 교사가 인간적이면서도 동시에 기술적인 자원을 조합함으로써 가능하다고 생각하였다. 즉 효과적인 교수를 위하여 인간적, 기술적 모든 자원을 동원하자는 것이다. 체계적으로 설계하기, 주변 조건 고려하기, 실행하기 그리고 구체적인 목적에 견주어 전체 교수－학습과정을 평가하기로 구성되는 교수설계의 주목적은 개개 학생의 우수한 학업성취에 있었고 우수교사는 시스템 조정자이자 의사 결정자로 규정되었다. 그들은 설계와 평가의 전 과정에 걸쳐 진단적, 처방적, 그리고 규범적 의사 결정을 할 수 있는 사람들이었다.

넷째, 교수의 질과 우수 교사의 역할 역시 오늘날 부각되고 있는 맥락적 교수이론에서도 새롭게 규정된다. 이러한 입장은 학습자로서 개인으로부터 사회세계에 대한 참여로서의 학습, 그리고 인지 과정으로부터 사회적 실제에 대한 광범한 관점으로 교수에 대한 분석의 틀을 전환할 것을 주장하면서 등장하였다. 이들이(가령, 1980년 중반 이후 Bruner, Lave 등) 강조하고자 하는 것은 교수란 개인의 두뇌에 관한 것이 아니라 사회적 행위에 관한 것이라는 점이다. 인지과학과 교육심리학에서 강조하는 것처럼 지금껏 교수는 정보과정 혹은 컴퓨터 과학으로 인식되어 왔다. 지식은 정보와 같은 것이고 교수는 개인 두뇌에 대한 것, 즉 정보과정, 회상, 정보의 검색, 스키마, 기호화, 암호의 해독 등과 같은 것으로 인식되어 왔다. 이때 보다 질 높은 교수를 위해서 과학적이고 체계적으로 수업설계를 하는 것이 중요하다고 인식하고 우수한 교사는 수업설계체계의 시스템 조정자로 인식되어 왔다.

그러나 맥락적 교수이론은 인지과정과 개념적 구조보다 인간의 마음은 사회적 맥락에서 형성된다는 점과 교수는 인간의 머릿속에서가 아니라 사회적 행위에 공동으로 참여하는 과정을 통하여 일어난다는 점에 주목한다. 이들에 따르면 자연적 학습과정에서 교수는 실제로 참가자들이 보는 것과 같다. 행위는 사회적으로 조직되고 교수는 어떤 것들이 그렇게 되도록 하는 것이다. 교수의 과제는 교수자와 학습자의 사회적 조직, 즉 강의하고 소집단 활동을 하고 예시와 실험과 시행착오와 같은 행위를 보여주는 것이다.

또한 이들은 사회적 의미가 사회적 조직과 사회적 행위로서 어떻게 작동하는가에 주목한다. 이때 의미하는 것은 행위하는 것과 같다. 교수는 의미를 전제로 하기 때문에 교수의 첫 과제는 따라서 의미를 이해하는 일이다. 새로운 것을 가르치려면 행동(설명, 예시, 비교, 표현 등)을 해야 한다. 가령, 읽기를 가르친다고 할 때 우리는 읽기가 무엇을 의미하는지를 가르치지 않으면 읽기가 무엇인지를 모른다. 교사가 가르친 것을 이해하지 못한다는 것은 무엇을 해야 할지를 모른다는 말과 같다. 따라서 교수는 의미를 이해하지 않고는 수행될 수 없는 활동이다.

지식이나 행위 그리고 인지적 구조 역시 사회적 맥락에 따라 다르다. 따라서 학습자는 추상적 지식체를 얻고 그것을 추후 다른 맥락에 전이시키고 응용하는 것이 아니라 사회적 과정에 참여함으로써 그것들을 얻는다. 따라서 교수의 즉시성, 상호작용의 실제성, 즉각적인 과정은 수업설계 모델에서 주장하듯 일반화된 구조로 환원될 수 없다. 따라서 교수는 그런 일반화된 구조와 연관해서가 아니라 행위적 맥락과 연관하여 이해되어야 한다.

이러한 입장에서 주장하는 질 높은 교사인 '장인(master)'은 사회적 참여를 통해서 사회적 기능과 지식을 획득한 사람이지만 동시에 그들 도제인 학생들과 마찬가지로 사회적 조직 속에 전개되는 사회적 행위를 통하여 의미 만들기의 기초적 과제에 봉착한다. 따라서 교수가 어떻게 조직되고, 어떤 맥락에서 의미를 갖고, 교사가 말한 것을 학생들은 어떻게 보게 되는가를 이해하기 위해서는 모든 사회적 장면을 연구하듯 이들도 부단히 학습과정을 연구해야 한다. 다른 사람을 어떻게 가르치는가를 이해하기 전에 자신은 어떻게 배우는가를 먼저 고려해야 한다는 말이다.

결론적으로 보다 나은 교수가 무엇인가를 찾는 일은 교수가 무엇인가를 아는 일에서부터 시작하여야 한다. 즉 교수의 질을 증진하기 위하여 무엇을 해야 할 것인가를 생각하기에 앞서 교수의 질이 무엇이고, 교사들이 해야 할 것과 할 수 있는 것에 대해 이들이 어떻게 생각하는가를 아는 일이 중요하다. 그리고 추구해야 할 교수의 질이 어떤 모습인가를 고려한 다음 추구해야 할 방법을 고안하는 것이 순서이다. 이때 고려할 점은 해야 할 내용 못지않게 할 수 있도록 조건을 만드는 일이다(Darling-Hammond, 1997).

그리고 교수가 지식과 사회적 조직과 학습자를 통하여 이루어지는 행위라는 점에서 가르치는 내용인 지식의 성격과 가르치는 행위 그리고 가르치는 사람의 관점 못지않게 배우는 사람들이 어떻게 배우는가를 고려하는 일이 중요하다. 이런 점에서 미국의 발달심리학자 밀러(Miller, G)의 "어린이들이 배우는 것은 성인이 가르치는 것을 훨씬 능가한다"는 말은 되새겨 볼 만하다.

소규모 학교에서의 효과적인 학습지도 방안

교육의 본질은 사실 가르치고 배우는 행위에 있다고 해도 과언이 아니다. 어떻게 하면 가장 쉽고 흥미 있는 방법으로 가장 잘 가르칠 수 있으며 가장 잘 배워서 배운 내용을 오래도록 간직할 수 있고 실제로 이를 활용할 수 있는가가 오늘날 교육의 가장 중요한 관심사이다.

이에 대한 구체적인 노력이 시작된 코메니우스 이래 오늘날까지 가르치고 배우는 방법에 대한 다양한 이론과 모형이 개발되었는데, 요지는 전통적인 서적 중심의 주입식 방법에서 탈피하여 가능한 한 학습자 수만큼 다양한 교육과정을 개발하고 첨단 학습매체를 통하여 즐겁게 배우게 하는 것이다. 즉 가장 고전적인 방법은 인쇄매체의 학습자료에 의한 설명이나 해설식 수업이며, 보다 진일보한 학습방법이 실물에 의한 직관교육이다. 보다 효과적인 방법은 비코(Vico)가 주장하는 것처럼 소위 실제로 만들어 보는 방법일 것이다. 비코는 그의 인식론에서 인간은 사물이나 개념을 만들었기 때문에 알 수 있다는 논리를 전개하여 학습자가 직접 사물이나 개념을 구성해 봄으로써 그 개념이나 사물을 학습할 수 있다고 하였다.

가르치고 배우는 방법은 시대적 변천과 지식관과 학습관의 변화에 따라 바뀌게 마련이다. 오늘날 포스트모더니즘(post-modernism) 철학이 대두함에 따라 과거의 산업사회의 소품종 대량생산 체제에 적합했던 명제적 지식 혹은 결과로서의 지식은 21세기 정보지식사회의 다품종 소량생산 체제에 적합한 방법적 지식 혹은 과정적 지식으로 바뀌고 있다. 전자가 앎으로서의 지식(knowing)이었다면 후자는 아는 것을 얼마만큼 활용할 수 있느냐, 즉 하는 것(doing)으로서의 지식이다. 다시 말하면 아는 지식을 활용하여 얼마만큼 고부가가치를 산출하느냐이다. 따라서 과거에는 절대적 객관적 지식이 존재할 수 있었으나 오늘날에는 그러한 지식 대신에 상대적 혹은 상황맥락적 지식이 강조되고 있다. 이러한 지식관의 변화는 과거의 지식전수모형의 교육관을 지식구성모형으로 바뀌게 하였다. 열린교육은 후자의 대표적인 예라고 할 수 있다.

소규모 학교 혹은 소인수 학교교육은 우리 교육이 나아갈 방향이어야 한다고 생각된다. 왜냐하면 소인수 학교에서는 지식구성모형의 교육을 실시할 수 있을 뿐만 아니라 후술할 학습자 중심의 열린교육을 가장 잘 실천할 수 있기 때문이다. 이런 점에 비추어 본다면 경제적 효율성의 문제가 도시의 과밀학교 문제와 맞물려 소인수 학교를 통폐합하는 방향으로 교육부의 정책을 삼고 있는 점이 안타까울 뿐이다.

교육부의 기준에 따르면 180명 이하의 학교를 소규모 학교라 한다. 농어촌, 도서·벽지 지역이 많은 경북, 강원, 전남, 그리고 충북 지역은 분교 수를 제외하고도 소규모 학교가 과반수를 넘는다. 예를 들면 경북이 전체학교의 61.4%, 강원 59.9%, 전남 53.8%, 그리고 충북의 51.2% 등이다(김용우 외, 1992 재인용). 교육부 통계에 따르면 전국 6,245개 초등학교 중 42.4%인 2,635개교가 소규모 학교이며, 1,285개 분교장이 포함된 7,530개 학교 중 52%인 3,920개 초등학교가 소규모 학교이다. 1982년부터 시작된 통폐합이 가속화될 것이고 보면 소규모 학교의 수는 더욱 증가할 것이다.

선진국과는 달리 지금까지 우리나라에서는 소규모 학교교육의 장점에 대하여는 최근까지도 새롭게 인식되고 있지 않다. 따라서 소규모 학교의 문제는 소규모 학교를 그대로 존속시키면서 다양한 교수·학습방법을 도입, 소규모 학교교육을 개선하려는 노력 대신 소규모 학교의 통폐합으로 문제를 해결하려고 하고 있다. 실제로 교육부는 국민의 정부 100대 국정과제로 농어촌 소규모 학교의 통폐합을 선정하고 2002년까지 학생수 100명 이하인 소규모 학교 2,071개를 연차적으로 통폐합하도록 지시하였다. 교육부가 밝힌 소규모 학교 통폐합의 논리는 정상적인 교육과정 운영을 도모하고, 교육투자의 효율성을 제고하기 위해서는 소규모 학교는 폐지되거나 대규모 학교에 통합되어야 한다는 것이다.

그러나 이러한 교육부의 방침에 대하여 경제성과 효율성을 내세워 소규모 학교의 지역 여건을 무시한 채 획일적 기준에 따라 통폐합을 실시하는 것은 농어촌 교육을 악화시키고 결과적으로 이농현상을 부채질하여 농어촌의 황폐화를 초래할 것이라고 비판하고 있다. 또한 농촌의 문화전당인 학교를 농민들로부터 박탈함으로써 농촌의 교육문화시설을 말살하는 공동화 현상을 초래한다는 것이다. 단지 출생지가 농어촌의 벽지라는 이유로 인하여 문화적 결핍은 두말할 것도 없고 학습자가 장거리를 통학해야 한다는 것은 교육평등의 시각에 비추어 보아서도 불합리하다는 것이다. 따라서 이제는 우리나라에서도 단순히 통폐합만이 소규모 학교교육의 문제를 해결하는 능사가 아니라 농·어촌 소규모 학교교육의 가치를 인정하면서도 동시에 소규모 학교교육의 장점을 최대한 살리고 나아가서는 교육의 질을 높일 수 있는 방안이 강구되어야 한다고 본다.

그러나 교육의 문제는 사회적인 문제이고 정치·경제와도 직접적으로 연결이 되는 문제이다. 따라서 소규모 학교교육의 일부 문제들은 거시적으로 사회 전체가 정치적으로나 경제적인 협조를 통하여, 그리고 제도적 개선을 통하여 해결할 부분도 있고, 승진, 보수 그리고 근무여건의 개선이나 학교 환경의 개선 등과 같은 문제는 교육부나 시·도 교육청의 노력으로 해결해야 할 부분도 있다. 반면, 일부 문제는 주어진 여건 속에서 교육을 담당하고 있는 교사 및 학교의 노력으로 개선되어질 부분도 있다. 후자와 관련하여 대표적인 예가 소인수 학교에서의 교수—학습방법의 개선방법이 아닌가 생각된다. 이러한 점에서 오늘 세지북초등학교의 '교수 협력체제 운용을 통한 소인수 학급 학생 개개인의 학습력 신장' 노력은 아동의 학습력 신장을 위하여 학교에서 할 수 있는 노력의 일환으로 생각되고, 전남교육 발전을 위해서도 대단히 고무적인 일이라 생각된다.

제한된 본문에서는 오늘날 우리나라 소규모 학교교육이 안고 있는 문제들을 선진국에서는 어떻게 해결하려고 노력하였으며, 지금의 관심 동향은 어떠한가를 개략적으로 살펴보고, 소인수 학교에서의 효과적인 학습지도 방안에 대하여 알아보고자 한다. 이를 통하여 수강자들이 비록 소인수 학교에서의 교수—학습방법에 대한 구체적인 내용과 사실로서의 지식은 얻지 못하더라도 이에 대한 전반적인 인식의 폭을 넓혀줄 수 있기를 기대하기 때문이다.

1. 선진국에서의 소규모 학교교육에 대한 관심 동향

대부분의 OECD 국가에서처럼 미국이나 영국에서도 농·어촌의 소규모 학교교육은 1980년대까지만 해도 언론의 관심으로부터 뿐만 아니라 학문적 관심으로부터도 사각지대에 있었던 듯하다(Cole, 1989; Sher, 1981). 미국의 경우 1980년 초 교육개혁과 함께 교육의 질을 개선하기 위한 일련의 조치의 하나로 농·어촌 소규모 학교교육이 연구의 대상이 되기 시작하였는데, 초기의 관심들은 주로 소규모 학교교육의 실태분석과 문제점 규명에 모아졌으며 그러한 문제를 소규모 학교의 통폐합으로 해결하려고 하였다(Arends, 1987; Cole, 1989; Muse, 1987).

아렌드(Arends, 1987)는 소규모 벽지학교의 교사가 인식하는 문제점을 저소득 학생의 실력향상 문제, 학생들의 사고력과 추리력 증진 문제, 우수교사의 확보 및 우대 문제, 그리고 학생들의 자신감과 교육적 기대 수준의 증진 문제를 들고, 이러한 문제들은 소규모 학교교육에 대한 부정적 인식형성에 이바지하였으며, 이러한 부정적 인식은 곧 정책적으로 학교 통폐합을 촉진하게 하였다는 것이다.

영국의 경우도 미국과 마찬가지로 소규모 학교에 대한 부정적인 인식이 먼저 부각되었고 이로 인하여 소규모 학교의 문제를 통폐합으로 해결하려고 하였다. 벨과 시그스워쓰(Bell & Sigsworth, 1987)는 소규모 벽지 학교의 문제를 또래집단 문제(사회성, 협동심 발달 저해), 교사의 고립 문제(전문적 성장 저해), 교육과정 운영 문제, 소규모 학교의 경제성 문제라고 지적하고 있다.

결과적으로 미국에서는 뮤스와 동료들(Muse & Others, 1987)이 지적한 바대로 소규모 학교의 통폐합이 2차 세계대전 후까지 계속되었는데, 1차 세계대전 후까지는 이농현상으로 인한 학생 수의 급감으로 인하여, 그 후 2차 세계대전 전후해서는 소규모 학교에 대한 부정적 인식 때문에 그런 결과가 초래되었다.

이러한 통폐합에 대한 이론적 배경을 제시한 사람이 보이드(Boyd, 1987)이다. 그는 통폐합에 관련된 패러다임을 다음과 같이 4가지로 설명하고 있다. ① 전통고수형의 낭만적·전통적 모델(Romantic-Traditional), ② 도시화가 곧 진보와 선진화이며 소규모 학교는 장애라는 인식의 도시적·이상적 관점(Urban-Idealistic), ③ 투자비용과 산출결과의 효율성을 강조하는 합리적·기술적 관점(Rational-Technocratic), 그리고 ④ 거주지에 상관없이 누구에게나 개별화 학습기회와 가족적인 교육환경을 제공해야 한다는 민주적·지역화 관점(Democratic-Localist)이 그것이다. 지금까지는 도시적·이상적 관점과 합리적·기술적 관점이 지배적이어서 경제성의 논리가 통폐합을 정당화하였다는 것이다.

그러나 80년 이후부터 사회적인 변화와 더불어 소규모 학교교육에 대한 새로운 인식이 선진국에서 일기 시작하였다. 세어(Sher, 1981)는 이러한 변화를 다음과 같이 5가지로 요약하고 있다. ① 인구이동의 변화 및 경제력의 이동변화(이촌향도에서 이도향촌 현상, 농촌의 산업인구의 증가). ② 지방분권화 추세. ③ 전통적인 소규모 학교문제 해결 정책에 대한 지역 주민들의 불만(학교 통폐합이 능사가 아니라는 인식 확산). ④ 소규모 학교교육의 가치에 대한 재인식. ⑤ 동등한 교육권의 보장에 대한 사회적 압력. 특히 소규모 학교교육의 가치와 관련하여 세어(Sher)는 농·어촌 소규모 학교는 지역사회의 자긍심과 프라이드로서 역할을 수행하며, 학교와 가정의 비형식적 긴밀한 유대감을 형성하게 하고, 기초교과의 학습에 충실하게 한다고 하였다. 또한 소규모 학교는 개별화 학습, 다연령 집단구성, 도제제도 활용, 지역사회 가용자원의 학습원 활용, 경미한 특수아의 공동활동 등과 같은 새로운 교육개혁을 쉽게 추진하게 할 수도 있게 한다는 것이다.

그 후 경제적 효율성을 바탕으로 한 소규모 학교의 통폐합에 대한 논의는 소규모 학교교육의 가치를 새롭게 인식하고 소규모 학교의 장점을 살리는 방향으로 나아가고 있다(Barnhardt et al, 1979; Muse & Others, 1987). 반하르트와 동료들(Barnhardt et al)은 1979년 이전까지 소규모 학교교육과 관련하여 수행된 연구를 요약한 연구에서 소규모 벽지교육의 장점을 다음과 같이 잘 요약하고 있다.

> 소규모 학교는 학생들로 하여금 깊이 있는 학습경험을 하게 하며, 개개 학생이 상대적으로 많은 학교활동에 참가할 수 있게 되고, 학교는 도시학교 재학생에 비하여 정서적으로 더 큰 의미를 가져다준다. 동료학생들에게 더욱 관대할 수 있으며, 상호간 밀접하고 지속적인 우정 관계를 유지한다. 집단 활동에서도 효과적이며, 보다 생산적인 활동에 참가하고 자신들의 활동 결과에 대하여 의미를 더 갖는다. 지역사회와의 통합적인 관계를 유지할 수 있는데, 이는 자아개념의 형성에도 도움을 준다.

뮤스와 동료들(Muse & Others, 1989)도 1960년에 수행된 소규모 학교에 대한 연구와 자신들이 80년대에 수행한 소규모 벽지학교의 특성을 비교하면서, 소규모 학교는 그 자체의 장점 때문에 그 가치가 재인식되어야 한다고 주장하고 있다. 이들은 소규모 학교를 도시학교의 기준에서 판단하지 말아야 한다는 것이데, 즉 도시의 학교가 우수한 학교와 동의어라는, 그리고 도시의 학교가 양질의 교육을 제공한다는 기준에서 벗어나야 한다는 것이다. 왜냐하면 80년 후반부터 교사의 자질향상, 교사의 현대화, 교육자료 개발, 그리고 새로운 과학기술의 도입으로 과거 소규모 학교의 단점으로 간주되던 요인들이 대부분 제거되었기 때문이다. 그들은 다른 연구에서도(Muse & Others, 1987) 소규모 학교는 오히려 도시학교의 단점, 즉 과밀학급, 빈약한 교수, 세심하지 못한 학생통제, 너무 많은 교과목 이수 등과 같은 단점이 극복되고 가족적인 학습 분위기를 조성할 수 있는 이점이 있다는 것이다. 개별화 수업이 가능하여 학습자의 수준에 맞추어 진도를 나아갈 수 있기 때문에 경제적 효율성의 기준에서 소규모 학교의 교육적 중요성을 더 이상 희생시키지 말고, 오히려 도시의 과밀학급도 소규모 학급으로 나아가야 한다는 것이다.

벨과 시그스위쓰(Bell & Sigsworth, 1987)도 소규모 학교는 특별히 저학년에게 안전감을 보장해 주는 가족적인 학교 분위기, 교사의 개개 학생에 대한 세심한 배려, 가정과 학교와의 긴밀한 유대망의 구축, 그리고 지역사회 자원을 활용할 수 있다는 장점이 있다고 하였다.

그 결과 1980년 후반에 이르러 소규모 학교교육의 장점은 새롭게 인식되기 시작하였고 선진국에서는 결과적으로 학교의 통폐합이 아닌 소규모 학교교육의 장점인 개별화 수업 및 가족적 학습 분위기를 유지하면서 동시에 소규모 학교교육의 질을 향상시키려는 방향으로 개선 노력이 이루어지게 되었다. 여러 다양한 노력의 결과 소규모 학교 간 협력방안, 부분적 통합방안, 지역사회와의 협력방안, 원격교육 등 과학기술을 이용한 수업개선 방안 등이 개발되었다(Cole, 1989; Muse, 1987; Muse and Others, 1987).

2. 소인수 학급에서의 효과적인 학습지도 방안

학습지도란 학습자가 학습을 보다 효율적으로 할 수 있도록 교사가 지도하는 방법을 말한다. 학습자로 하여금 학습의 효과를 극대화할 수 있도록 교사가 학습과제를 효과적으로 조직하고, 주어진 학습과제가 보다 효율적으로 성취되도록 최적인 것으로 보이는 사태를 마련하고, 올바른 교수—학습지도 방법을 결정하고, 그리고 교수—학습지도에 활용할 학습자료를 선정 또는 제작하여 활용하는 것을 의미한다. 따라서 이러한 방법은 과학이 아니라 예술이기 때문에 특별히 모든 상황과 모든 교과에 적용되는 교수—학습방법의 왕도는 존재하지 않는다. 이 점은 소규모 학교 상황에도 마찬가지라고 생각된다.

  그러나 발표자가 사변적으로 생각하기에 소규모 학교에서의 효과적인 학습 지도 방법 중의 하나는 열린교육의 교수–학습방법이 아닐까 생각된다. 다인수 학교에서 열린교육의 실천상의 여러 가지 문제점들이 소규모 학교에서는 얼마간 해결될 수 있을 것이기 때문이다. 가령, 교사 학생 비율의 과다 문제나 개별화 학습의 문제 그리고 학생주도적인 통제 등.

  열린교육에 대한 다양한 정의에도 불구하고 열린교육은 모이어(Moyer)에 따르면 개별성과 융통성이 존중되는 교수–학습방법이라 할 수 있다. 여기서 개별성이란 학습자들에게 개별적으로 알맞은 수업조건을 제공하여 그들이 가지고 있는 적성과 능력을 극대화시키자는 것이다. 마치 그리스의 악명 높은 강도 프로크루스테스(Procrustes)가 붙잡아 온 사람들을 그의 침대에 맞추어 사람을 절단하거나 늘리던 것을 이제 침대 자체를 사람에 맞추자는 것이다. 보다 쉽게 이야기하여 학생들의 능력 수준에 따라 교육의 내용과 방법을 다르게 결정하자는 이야기이다. 지금까지는 신체 치수가 다른 아동들에게 동일한 사이즈의 옷을 제공해 주는 식으로 학생을 학교에 맞추었다면 이제는 학교를 학생에 맞추려는 인식의 전환이라고 할 수 있다. 학습자의 흥미, 수준, 관심, 적성에 적합한 교육내용, 교육방법, 학습속도를 맞춤으로써 학생 수만큼 교육과정을 개발하여 학습효과를 극대화하자는 것이다.

  융통성이란 기존 교육에서의 경직성과 획일성으로부터 탈피해 보자는 시도이다. 이는 시간, 공간, 활동, 교육방법, 그리고 교육과정의 구성과 운영에 있어서 정형화된 틀을 지양하고 학습자의 적성, 능력, 관심, 흥미, 그리고 필요에 따라 이를 가변적으로 운용하자는 것이다.

  그러면 소규모 학교교육의 학습효과를 극대화하기 위하여 열린교육의 개별성과 융통성이 어떻게 활용되어야 할 것인가.

  1) 먼저 개별성의 신장은 결국 개별화 학습으로 귀결될 수밖에 없다고 본다. 소인수 학교에서 할 수 있는 학년 내에서의 개별성 신장 방안은 학년별 학급이 1개 학급에 불과하기 때문에 학급 내에서의 개별화 학습 방안이 곧 학년 내에서의 개별성 신장 방안이 될 것이다. 이 경우 소규모 학교는 소인수로

인하여 학년 내에서 교과목별 개별화 수업이 다인수 학급에 비하여 훨씬 용이하게 실시될 수 있을 것이다.

그러나 다인수가 필요로 하는 예·체능의 경우, 특히 체육의 게임이나 음악의 합창이나 합주 등의 경우는 인접학교의 동 학년과 협력학습을 실시하지 않는 한 인접학년이나 심지어는 전교생이 같이 할 수밖에 없는데, 이때는 2개 학년 이상의 교육과정을 병합하여 복식교육을 실시하지 않으면 안 된다. 또 이때 학습지도도 복식 학습지도를 해야 한다. 이때 중요한 것은 학년의 벽을 허물고 전체를 하나의 모둠(반)으로 생각하여 교육과정을 재구성하고 단일학급에서 하는 것처럼 개별화 학습을 하는 수밖에 없다. 그러나 주로 학습지를 활용한 개별화 학습은 주지교과에서는 가능해도 예·체능교과에서는 사실상 불가능하다. 그리고 개별화 학습은 협동성이나 사회성 신장과 같은 예·체능 교과의 일부 학습목표와도 부합되지 않는 면도 없지 않다.

2) 다음으로 소규모 학교에서 2개 학년 이상을 병합하여 복식수업을 할 경우 교육과정의 융통성에 대하여 알아보도록 하자. (1) 먼저 생각해 볼 수 있는 것은 학년의 벽을 허물고 대체로 고학년(4~6학년)의 교과내용(동일 교과뿐 아니라 다른 교과를 통틀어)을 재구성해서 단계별 수준별 교육과정으로 운영해 보는 방법이 있을 것이다. 단계를 몇 개(가령 고·중·저 등)로 할 것인가는 학교의 사정에 따라 임의로 정할 수도 있을 것이다. 이러한 교육과정에서는 학년별 학습목표는 무의미해지고 단계별 학습목표가 새롭게 설정되어야 한다.

그런데 7차교육과정에서는 예·체능교과의 학습목표는 대체로 영역별로 인접학년과 유사하게 설정할 것이라고 한다. 이때 학습지도는 비록 학급이 복합학년으로 구성되어 있더라도 학년의 구분을 고려하지 않고 동일 학생집단으로 간주하여 단식수업에서와 동일하게 하되, 단지 학생들의 수준별 차이를 고려하여 지도하면 된다. (2) 또 다른 방법은 기존의 학년 벽을 허물긴 하나(여러 학년을 하나의 반으로 편성) 기존의 학년별 학습목표를 그대로 유지하면서 동일한 교과에서 유사 단원을 추출하여 학년별로 다른 학습목표를 도달하게 하는 방법이다. 그러면 교육과정의 병합에 대하여 좀더 구체적으로 살펴보도록 하자.

① 먼저 모든 교육과정을 재구성하는 방법은 무학년 주제통합학습이라 할 수 있을 것이다. 이는 소규모 학교에서 학년의 벽, 교과의 벽을 제거하고 교육과정상 서로 관련된 내용을 하나의 주제로 통합 재구성하여 학습하는 방법이다. 즉 학년에 관계없이 개개 학생들의 능력과 흥미에 따라 적절한 내용을 교육받을 수 있도록 학생집단 수준의 표시를 학년이 아닌 교육내용 단위로 하자는 것이다. 이는 학년 간 교과의 수직적 통합이자 학년 내 교과 간 통합이기도 하다. 이때 학습목표는 기존의 학년별 학습목표가 아니라 학습내용의 난이도와 수준별 단계에 따라 새롭게 설정되어야 한다. 따라서 예·체능교과 중에서 단일 교과만을 학년 간 수직적으로 통합하여 복식수업을 실시하는 경우는 이에 해당되지 않는다.

② 또 다른 방법은 학년의 벽을 허물고 동일한 교과에서 유사 단원을 추출하여 계획을 세워 지도하는 방법이다. 이를 동교과 동교재 조합이라 할 수 있는데, 즉 같은 교과의 같은 단원으로 계획을 세워 인접 2개 이상의 학년을 지도하는 방법이다. 이는 학년을 무시하고 교재 위주로 같은 단원을 다루어 가급적 단식화하는 방법이다. 특정 교과만의 수직적 통합으로 이루어지는 복식수업의 형태라 할 수 있다. 학년 간 동일 교과 간의 통합이 여기에 해당된다 (예를 들면, 예·체능교과의 2개 학년 이상의 유사 단원 통합).

2개 이상의 학년이 같이 모여서 새롭게 반을 편성하고 동일 교과의 유사한 단원을 배우기는 하나 학습목표는 기존의 학습목표를 고수하면서 지도할 수도 있다. 즉 모든 학생들에게 동시에 도입을 하고 전개 시 학년별 학습목표에 적합한 활동을 하게 함으로써 학년별 기존의 학습목표에 도달하게 하는 방법이다. 아니면 각 학년에서 필요한 기초내용을 학년별로 학습하게 한 후 전체가 동시에 모여서 전체활동을 전개하는 방법도 있을 수 있다.

그러나 동교과 동교재 조합에 있어서 기존의 학습목표와는 별개로 학년을 무시하고 수준별 학습목표를 새롭게 설정하는 방법도 있을 수 있다. 가령 체육이나 음악의 단체활동 시 학습목표를 학년에 상관없이(대체로 인접학년 통합) 영역별로 포괄적으로 제시하고 하위에 고·중·저와 같은 수준별 성취 목표를 제시하는 방법이 여기에 속한다. 이러한 방법이 무학년 주제통합학습과 다른 점은 후자가 학년 간 그리고 교과 간을 주제별로 통합하여 동시에 시행하는 반면 전자는 학년 간의 통합과 동일 교과만의 통합을 시도하며, 따라서 학습목표도 동일 교과에 한정하여 새롭게 정해진다는 점이다.

3) 이상의 방법과는 별개의 방법이 있을 수 있다. 가령 2개 이상 학년의 교육과정을 병합하여 재구성하기는 하되, 그러면서도 학년 간의 구별을 명확히 하는 경우이다. 이를 학년별 교육내용의 조직이라 하는데, 이는 같은 시간에 학년별로 다른 교과를 지도하거나 동일 교과를 가르친다고 하더라도 그 내용이나 정도가 다른 제재(단원)를 가지고 학년별로 따로따로 지도하는 것을 의미한다. 따라서 교육내용을 조직할 때는 교과의 특질과 지도 계열이나 학습할 기본 요소의 통합 가능성을 살려 효율적인 지도가 이루어지도록 교재를 조합하는 방법을 생각해야 한다. 물론 복식수업을 제외하고는 잘 활용되지는 않는 방법이겠지만, 여기에는 동교과 이교재 조합 수업방법과 이교과 이교재 조합 수업방법이 있을 수 있다.

① 먼저 동교과 이교재 조합은 복식안이라고도 하며 주로 학습의 계열성이 강한 국어, 수학, 사회, 자연, 실과 교과 지도에 적용된다. 2개 학년을 같은 교과로 지도하지만 학습내용은 각각 다른 것으로 계획·지도하는 방법이다. 이 방법은 발달 단계에 따라 교과의 계통을 밟아 지도할 수 있다. 학년별 교육과정을 그대로 따르게 되어 혼란이 없는 반면 교사의 지도력이 분산될 우려가 있고 교재 내용에 따라서는 각 학년별 학습 활동이 서로 방해가 되기도 한다.

② 이교과 이교재 조합은 학년별로 다른 교과를 지도하는 방법으로 교사의 직접지도 시간이 많이 필요한 교과와 적게 필요한 교과, 가령 국어＋미술, 수학＋체육, 수학＋미술, 국어＋체육 등으로 조합해서 지도하는 것이 보통이다. 이 방법에서는 교재의 내용에 따라서 중점적으로 지도할 수 있다는 장점이 있으나 학년 간 학습이 서로 방해가 되기 쉬우며, 학습지도가 한쪽으로 편재되어서 간접지도가 소홀히 다루어지게 되거나 희생을 면키 어렵다. 또한, 학습

분위기가 둘로 갈라지고 산만해지기 쉬워서 교사의 지도 기술과 노력이 크게 요망되므로 복식학습에서는 경계해야 한다는 의견이 지배적이다.

그동안 우리나라는 산업화와 개발을 앞세워 그리고 최근에는 IMF의 경제 한파를 이유로 경제적 효율성을 대단히 중시했고 교육정책도 도시의 과밀학급에는 많은 관심을 경주했으나 농·어촌의 소규모 학교교육에 대해서는 상대적으로 등한시해 오고 있다. 더욱 문제가 되는 것은 농·어촌 소규모 학교교육에 대하여 불리한 교육적 정책이 입안되어도 아무도 농·어촌 주민들의 입장을 대변해 주지 않는다는 점이다.

거두절미하고 앞으로는 소규모 학교교육의 장점을 살리는 방향으로, 그동안 희생만을 강요해 왔던 농·어촌 소규모 학교의 교사들에게는 인간다운 생활을 할 권리가, 그리고 문화적 결핍은 말할 것도 없고 교육적 사각지대에 있으면서도 아무도 이들의 권리를 대변해 주지 않았던 농·어촌 소규모 학교 재학생들에게는 교육기회 균등이, 그 중에서도 보장적 평등을 넘어서 결과의 평등이 실현되어야 한다. 농·어촌의 소규모 학교를 살리자는 주장은 낭만적인 향수에 젖어서 하는 이야기가 아니라 농·어촌 거주자들의 인간다운 생활을 할 권리의 표현이자 그들의 생존에 관련된 문제이다. '작은 학교가 아름답다'는 말처럼 작은 학교를 통폐합하기보다는 아름답게 가꾸면서 교수-학습방법을 개선하는 방향으로 나아가야 할 것이다. 이는 학교를 살리는 길이자 또한 지역사회를 살리는 일이기도 하다.

가르치고 배우는 과정은 과학이라기보다는 예술이다. 따라서 교사의 창의성에 의하여 교육방법은 얼마든지 고안할 수 있다. 기존의 주어진 교수-학습방법을 답습하기보다는 새로운 교수-학습방법을 학교 특성에 맞추어 개발하여야 한다. 이런 점에서 농·어촌 소규모 학교에 근무하는 교직자들의 새로운 교수-학습방법에 대한 고안 의지가 어느 때보다도 절실히 요구되는 때이다.

제 **4** 부:

학교환경의 이해

교단선진화의 필요성 및 방향

21세기와 관련된 주요 담론은 세계화와 정보화이다. 21세기는 지식과 기술, 문화의 시대로 제5세대 컴퓨터가 개발되고 광통신의 대중화가 이루어지는 가운데 전자광학, 전파상업, 신소재, 인공지능, 생명공학 등 새로운 지식과 첨단기술이 주도하는 사회가 될 것이라는 예측이다. 인터넷이나 월드와이드웹에 접속하면 어디서나 세계의 모든 정보를 손쉽게 구할 수도 있다. 미래의 지식, 정보사회에서는 교육이 국가 경쟁력의 바탕이기 때문에 우리는 이러한 세계화와 정보화라는 무한경쟁의 시대를 교육을 통하여 대비하여야 한다.

선진국에서도 이러한 시대적 요청과 교육적 요청에 부응하기 위하여 교육개혁이 시작되었다. 1980년 중반부터 일기 시작한 교육개혁은 세계 각국마다의 독특한 교육전통과 문제에 대응하여 나름의 방식으로 추진되고 있다. 그러나 다양성 가운데서도 발견되는 공통점은 미래의 정보사회에서 국가가 생존하기 위해서는 창의적이고 스스로 배울 능력을 갖춘 국민의 양성이 필수적이라는 점과 정보화 추세를 수용하는 방향으로 교육개혁이 나아가고 있다는 점이다.

우리나라에서도 1980년 중반 이후 기존의 단편적이고 획일적인 교육체제, 내용, 방법으로는 창의적이고 능동적인 인간교육을 제대로 실시할 수 없다는 인식과 변화하는 시대적 요구에 능동적으로 대처하고 개인의 특성을 존중하며 개인의 무한한 잠재적 능력을 최대로 개발하기 위해서는 새로운 학습체제가 필요하다는 인식이 확산되었다. 이러한 필요성에 따라 새로운 교육체제로의 개혁을 시도해 보려는 노력의 일환으로 나타난 것이 열린교육이다.

열린교육의 핵심원리는 모이어(Moyer)가 주장한 것처럼 개별성과 융통성이다. 이는 궁극적으로 학습자의 학습효과를 극대화하려는 노력이라고 해도 과언이 아니다. 학습자의 학습효과를 극대화하기 위한 실천적인 방법은 여러 가지가 있을 수 있다. 가령 학교의 주변 환경을 정비하는 일, 교수-학습방법을 개발하는 일, 그리고 교육 시설이나 설비를 현대화하는 일 등. 교단선진화는 첨단 멀티미디어(다중매체) 정보통신 기술을 교육에 도입하여 교실 환경의 현대화와 교수-학습방법의 변화를 통하여 학습자 중심의 개별성과 융통성을 보장하고 궁극적으로는 학습효과의 극대화를 도모하려는 방법 중의 하나이다.

제한된 본문에서는 교단선진화의 필요성과 교단선진화의 나아가야 할 방향에 대하여 필자의 사변적인 생각을 정리해 보고자 한다. 따라서 교단선진화에 대한 이론들에 대한 소개나 교단선진화의 구체적이고 실질적인 방안을 논의하는 글이 아님을 밝혀 둔다.

1. 교단선진화의 필요성

교육의 본질은 가르치고 배우는 행위에 있다 해도 과언이 아니다. 따라서 어떻게 하면 가장 쉽고 흥미 있는 방법으로 가장 잘 가르칠 수 있으며 가장 잘 배워서 배운 내용을 오래도록 간직할 수 있고 실제로 이를 활용할 수 있는가가 교육의 가장 중요한 관심사이다(물론 과거에는 가르치는 것에 중점을 두었으나, 오늘날은 배우는 것에 중점을 두고 있다).

이에 대한 구체적 노력이 시작된 코메니우스 이래 오늘날까지 가르치는 방법과 배우는 방법에 관한 다양한 이론과 모형이 개발되었는데, 요지는 전통적인 서적 중심의 주입식 방법에서 탈피하여 가능한 한 학습자 수만큼 다양한 교육과정을 개발하고 다양한 교수-학습방법과 매체를 통하여 즐겁게 배우게 하자는 것이다. 가장 잘못 배우는 방법은 인쇄매체의 학습자료에 의한 설명이나 해설식 수업이며, 보다 진일보한 학습방법이 실물에 의한 직관교육이다. 보다 효과적인 학습방법은 소위 비코(Vico)가 주장하는 것처럼 실제로 만들어 보는 방법일 것이다. 비코는 그의 인식론에서 우리는 사물이나 개념을 만들었기 때문에 알 수 있다는 논리를 전개하여, 우리가 직접 사물이나 개념을 구성하여 봄으로써 그 사물이나 개념을 가장 잘 학습할 수 있다고 하였다.

그러나 제한된 학습공간과 과다한 학습자 그리고 학습자료의 부족을 극복하면서, 그러면서도 동시에 보다 효과적인 학습을 도모하기 위해서는 실물교육이나 직접적인 구성학습에 대응하는 교수-학습방법이 강구되지 않으면 안 된다. 필자가 생각하기에는 그러한 방법 중의 하나가 학습자의 공감각에 호소하는 시청각 기자재의 활용 학습이 아닌가 생각된다. 멀티미디어 등 첨단 교수매체를 통하여 학습의 극대화를 기하자는 것이다.

이러한 점에서 교단선진화란 첨단 교수매체를 교수-학습활동에 활용하여 학습의 극대화를 기하자는 노력이라고 할 수 있다. 다시 말하면 선진화된 교육환경을 구축하고 첨단 멀티미디어와 정보통신 기술을 교단에 직접 활용함으로써 학습자의 학습동기를 증진시키려는 방법이다. 또한 강의에 의존하던 전통적인 교수-학습방법을 첨단공학과 매체를 통한 학습방법으로 바꿈으로써 효과적인 교수-학습을 증진하자는 것이다.

그러나 교단선진화는 학습효과를 극대화하기 위한 첨단매체의 활용방안이기도 하지만 더 나아가 숱하게 주어지는 정보를 학습자들이 비판적으로 검토하고 타당한 정보를 가려 효율적으로 활용할 수 있게 하며, 독창적이고 생산적인 지식이나 정보를 생산할 수 있는 능력을 배양하게 하기 위한 방안이기도 하다. 그리고 교육의 인프라를 정보화하고 정보기술을 이용하는 방안까지도 포함한다.

교육 인프라(educational infrastructure)는 교육체제를 지원하고 있는 사회, 정치, 문화, 기술적 기본조건을 말한다. 물론 교단선진화는 기술적인 측면에서의 교육체제에 대한 지원이다. 즉, 학교의 시설과 설비, 교수-학습자료, 그리고 교수 기자재(교재, 교구) 등에 있어서 정보통신 기술 및 멀티미디어의 활용을 의미한다.

결국 이러한 노력들은 교육개혁의 방향과 시대적 부응의 당위성에서 그 필요성을 찾을 수도 있지만, 실제로 교단선진화의 효과에서도 그 필요성을 찾을 수 있어야 한다. 즉 교단선진화는 기존의 교수-학습방법에 비해서 인지적, 혹은 정의적 영역에서 학습의 효과가 있어야 하고, 실제로 교단선진화가 과다한 비용을 감수하면서 이루어진 노력인 만큼 투자와 결과 간의 교육의 경제성도 따져 보아야 한다.

그러나 교단선진화가 실시 초기단계에 있기 때문에 실제적인 학습효과를 검증하는 연구결과는 찾아볼 수 없다. 학습효과와 관련하여 몇몇 운영시범학교들은(예를 들면, 초등의 경우 봉정초등학교, 광주 하남동초등학교, 광주 태봉초등학교, 보덕초등학교, 송학초등학교, 장정초등학교 등) 하나같이 최첨단 기자재를 통하여 교단의 선진화가 이루어짐으로써 아동들이 쉽고 즐겁게 학습할 수 있는 교육환경이 조성되었고, 효과적인 학습의욕이 고취된 결과 학습자 스스로 자신의 학습방법을 결정하고 창의성 및 문제해결 능력이 신장되었다고 보고하였다. 뿐만 아니라 교단선진화는 정서함양에도 도움이 되었으며, 창의적 표현력 및 사고력을 증진하여 궁극적으로는 교수-학습의 효과를 극대화할 수 있었다고 밝히고 있다.

만약 이와 같은 결과가 실제로 검증된다면 허쯔버그(Herzberg)가 주장하는 것처럼 일선학교의 교육개혁은 위생요건을 개선함으로써 동기화하려는 방향으로 나아가야 할 것이다. 학교의 시설과 기자재를 현대화하고 교수-학습자료와 교수 기자재(교재, 교구) 등에 멀티미디어 및 첨단 정보통신 기술을 활용하여(주위의 조건을 개선하여) 학습자를 동기화하고 이를 통하여 학습효과를 극대화할 수 있기 때문이다.

결국 시대적 요청 및 교육적 요청에 부응하고, 더 나아가 교육적 효과의 검증을 거친다면 교단선진화는 그 필요성의 차원을 넘어서 더욱 활성화될 수 있을 것이다.

2. 교단선진화의 방향

그러면 교단선진화는 어떤 방향으로 이루어져야 하는가? 첫째, 교단선진화는 교실환경(교재, 교구, 학습자료, 시설.설비)의 선진화, 교수—학습방법의 선진화, 교원의 의식의 선진화, 그리고 학부모 의식의 선진화를 포괄하여야 한다. 턴넬(Tunnell)이 지적한 열린교육의 학습원리인 환경의 원리에서 보듯 학습자가 왕성한 학습활동을 할 수 있으려면 다양한 학습자료와 지적 자극을 줄 수 있는 학습환경이 조성되어야 한다. 이러한 점에서 전통의 활자매체를 벗어난 교실환경의 선진화는 학습자들에게 학습욕구를 증진시키기 위하여 필요한 환경이 될 것임에 틀림없다. 그러나 교단의 선진화는 비단 환경 조성에만 그치지 않고, 교수—학습방법의 선진화와 교사와 학부모의 열린 의식과 선진화에 대한 긍정적인 사고까지를 필요로 한다. 교사, 학부모의 교단선진화에 대한 당위성과 교육정보화 자료의 활용력 및 정보화 사회에 대한 적응력이 결국은 학습자의 학습활동에 긍정적인 영향을 미칠 수 있기 때문이다.

둘째, 교단선진화는 교단선진화에 활용되는 각 기자재의 용도 및 기대효과를 충분히 고려하여 이를 최대한 활용하는 방향으로 나아가야 한다. 물론 학습기자재의 활용방법은 학습기자재의 종류에 따라 다를 수밖에 없다. 가령 전동스크린, OHP, 실물화상기, 레이저 지휘봉, 그리고 자석칠판, 이동용 화이트보드, 타원형 칠판, 선진화 교탁 등은 다양한 강의방법의 보조시설로 활용할 수 있을 것이며, TV, VTR, Movie Camera, 녹음기, 음향시설, 프린터, 스캐너 등은 제작한 학습자료를 활용할 때나 아니면 기존의 학습용 테이프를 수업에 활용할 때 사용할 수 있을 것이다. 컴퓨터를 활용한 학습에 사용될 기자재로서는 컴퓨터와 대형스크린, 프로젝터 그리고 그러한 기자재를 설치할 탁자 및 교육용 각종 CD 등이다. 물론 프로젝터는 역할놀이 학습과 같은 학습방법에도 활용될 수 있을 것이다. 그 외 마이크로필름과 피쉬의 검색기는 학습자나 교수가 가지고 있는 학습자료를 인쇄된 용지로 전환할 때나 외국에서 구입한 학습자료를 수업에 활용할 때 사용될 것이며, 그림자료, 영상

자료, 청각자료, 그리고 컴퓨터를 활용한 자료(CAI) 등은 학습자료의 개발과 제작에 활용될 수 있을 것이다.

셋째, 교단선진화는 단순히 하드웨어의 설치에 국한되어서는 안 된다. 소프트웨어 개발과 학생이나 교사를 위한 정보화 교육과 병행하여 이루어져야 한다. 분명 지금과 다른 테크놀로지가 사용되는 미래의 정보화 시대에는 학교에서의 교육내용도 달라질 수밖에 없을 것이다. 이는 비단 학생들뿐만 아니라 이를 지도하는 교사들에게도 마찬가지이다. 컴퓨터의 활용, 기기의 사용방법뿐만 아니라 정보의 홍수 속에서 필요한 정보를 선택할 수 있는 비판적 사고력을 배양하는 일, 정보를 찾는 기술, 멀티미디어의 사용방법, 컴퓨터 네트워크에 대한 이해와 사용법, 전자매체에 담긴 정보를 읽는 법, 그리고 정보를 제작하는 방법 등의 정보화 교육이 필요하며, 교사들에게도 이러한 정보화 교육이 교사 양성기관에서부터 부과되어야 할 것이다. 기존의 교사들에게는 정보화에 대한 적절한 연수교육이 이루어져야 한다.

넷째, 교단선진화는 상명하달식이 아닌 교육현장의 교사들로부터 자발적으로 이루어질 수 있도록 해야 한다. 선진국의 예에서 보는 것처럼 관료주의적인 위에서부터의 교육개혁은(bureaucratic approach) 대부분 실패하고 말았다. 학교현장의 교사들의 자발적인 개혁의 의지 없이는 교단선진화도 성공하기가 어렵기 때문에 정부는 재정을 지원하고 주위의 여건을 개선하여 지원체제를 마련해 주고, 각 학교로 하여금 실정에 맞는 교단선진화 방안을 마련하여 실시하도록 하여야 한다. 학교마다 일률적인 학습매체의 선정이나 기자재의 확보, 수업목표나 학습주제를 불문하고 획일적으로 기자재를 활용해야 한다면 이는 오히려 교단선진화의 본래 취지를 손상할 수도 있을 것이다. 물론 각 학교도 기자재 도입이나 운용과 관련하여 투명성을 확보하여야 할 것은 두말할 나위가 없다.

다섯째, 교단선진화는 교사양성기관에서부터 이루어져야 한다. 오늘날 교단선진화의 사각지대는 교사양성기관이라고 해도 과언이 아니다. 최소한 대부분의 초등학교는 각 학급마다 실물 화상기와 대형 TV가 설치되어 있는 데 반하여, 교사양성기관의 대부분의 교수−학습방법은 아직도 교재중심의 강의식과 같은 가장 전통적인 방법에 의존하고 있다. 교육기자재의 활용과 관련하여서는 양성기관에서 배운 내용을 현장에 적용하는 것이 아니라 현장실습을 통하여 역으로 배워 오고 있는 실정이다. 따라서 효율적인 교수-학습방법의 개발과 교육의 질적 향상을 위해서는 교사양성기관에서 여러 현대적 학습기자재를 활용하여 실제로 교육을 해보아야 할 필요가 있다. 즉, 각급 학교의 선진화에 앞서 교사양성기관의 교단선진화가 먼저 이루어져야 한다는 이야기이다.

끝으로 교단선진화는 최소한 보장적 평등이라도 실현되는 방향으로 나아가야 한다. 교육의 기회균등이 거주지에 상관없이 누구에게나 보장되어야 하듯이 교단선진화도 교육적 혜택이 적은 벽지학교부터 시작되어야 한다. 학습자의 의지와는 상관없이 단지 출생지가 벽지라는 이유 때문에 문화적 결핍은 물론이고 교육적으로 불평등한 혜택을 받는 이들에게 원격교육 등의 실시를 통한 첨단 기자재의 혜택이 먼저 갈 수 있도록 배려해야 하는 것은 어쩌면 당연한 일인지도 모른다. 이는 오늘날 선진국에서 주장되는 기회의 평등을 넘어 과정의 평등으로 나아가는 길이기 때문이다.

결국 앞에서 밝힌 바대로 교단선진화는 첨단 정보통신 기술 및 멀티미디어를 활용하여 학습자의 학습효과를 극대화하자는 방안 중의 하나이다. 즉 교단선진화는 그 자체가 목적이 아니라 학습의 수단일 뿐이다. 궁극적인 목적은 학습자의 학습욕구를 향상시켜 학습효과를 극대화하고 21세기가 요구하는 창의적이고 능동적인 인간을 형성하자는 것이다. 따라서 교단선진화를 위한 선진화를 지양하고 학습자의 학습효과를 극대화하기 위한 도구로서 교단선진화가 활용되어야 한다.

하드웨어 자체가 학습효과를 극대화시켜 줄 것이라는 생각은 일종의 환상에 지나지 않는다. 결국 그것을 활용하는 교사가 얼마나, 잘 그리고 효과적으로 활용하느냐에 달려 있다. 이런 점에서 교단선진화의 성패는 교사들에게 달려 있다고 해도 과언이 아니다. 교단선진화에 교사들의 자발적인 참여가 그 어느 때보다 필요한 시기이다.

학교교육을 살리는 길: 사회자본의 진작

1. 오늘의 학교교육

지금 우리 사회에서는 교실이 붕괴되고, 학교공동체가 무너지며, 학교교육이 황폐화되고, 그래서 교육이 총체적으로 위기라는 우려의 목소리가 점점 고조되고 있다. 학교에 잘 나오지 않는 학생들, 수업시간에 잠을 자거나 딴 짓을 하는 학생들, 교사의 지시를 우습게 여기고 질책하면 반항하는 아이들, 그래서 학생지도를 겁내는 교사들, 여기에 집단 괴롭힘과 학교폭력마저 성행하고 있어서 꿈과 희망을 주어야 할 학교는 수업을 진행할 수 있는 최소한의 여건마저 잃어가고 있다. 학부모들에게도 학교는 자녀를 안심하고 맡길 수 있는 신뢰의 장이어야 함에도 불구하고 그렇지 못한 게 현실이다.

교육의 주체인 교사들 역시 마찬가지이다. 교사들에게 보람과 긍지를 가져주어야 할 학교가 그들을 떠나게 하고 있다. 그래서 초등의 경우 교사의 수급 불균형 문제가 심각한 사회문제가 되었고, 임시방편으로 기간제 교사와 학급당 학생 수를 늘려서 교사 부족을 땜질식으로 보충했지만 아직도 선생님이 없어서 수업이 제대로 이루어지지 못한 학급도 있는 실정이다. 교사에 대한 사회적 예우나 존경은 옛말이고 학생들조차도 교사를 신뢰하지 않는 현상이 벌어지고 있다. 결과적으로 교사가 학생들에 대한 통제력을 상실한 지도 오래되었다. 교사를 둘러싸고 있는 모든 주위 교육환경들이 학생들과의 우호적인 상호작용을 저해하고 있기 때문이며, 적극적으로 학생지도를 해야겠다는 의욕을 교사로 하여금 상실하게 했기 때문이다.

무엇이 이처럼 학교 구성원 간 불신과 학교 공동체를 무너지게 만들었는가. 무엇이 학교로 하여금 교육력과 학생통제력을 상실하게 하였는가. 무엇이 정상적인 수업을 방해하며, 교사로 하여금 사기가 저하되게 하였는가. 우리는 이에 대한 원인을 정확히 진단해야 하고 이를 기초로 대책을 서둘러 마련하지 않으면 안 된다. 어떻게 해서든지 학교교육의 붕괴를 넘어서 보다 생산적인 교육결과를 도출하지 않으면 안 되기 때문이다. 이에 대한 문제의 원인에 대한 진단과 대책이 많이 있을 수 있다. 그러나 한정된 본문에서는 미래교육의 방향과 오늘의 교육문제를 타개하는 한 방안으로 사회자본을 진작시키는 일이 중요하다는 점을 언급하고자 한다.

2. 미래교육의 방향

교육구조는 사회의 전반적인 구조의 변화와 무관할 수 없다. 사회가 바뀌면 필연적으로 교육과 학교의 역할도 바뀌게 마련이다. 미래사회는 창조적 사회, 고도 기술 정보화 사회, 네트워크 사회, 그리고 개성화 사회가 될 것이라고 한다. 이러한 사회에 대비하여 교육도 적극 대처하여야 하는데, 가령 창조사회에 대비한 교육의 질 향상 추구, 고도의 기술 정보화 사회에 대비한 교육의 정보화 실현, 네트워크 사회에 대비한 교육의 인간화 구현, 그리고 개성화 사회에 대비한 교육의 특성화를 조장하여야 한다. 시대의 변화는 필연적으로 교육 전반에 대한 변화를 요청하고 있다.

오늘날 포스트모더니즘(post-modernism) 철학이 대두함에 따라 과거의 산업사회의 소품종 대량생산 체제에 적합했던 명제적 지식 혹은 결과로서의 지식은 21세기 지식정보화 사회의 다품종 소량생산체제에 적합한 방법적 지식 혹은 과정적 지식으로 바뀌고 있다. 전자는 앎으로서의 지식(knowing)이었다면 후자는 아는 것을 얼마만큼 활용할 수 있느냐, 즉 '하는 것(doing)'으로서의 지식이다. 다시 말하면 아는 지식을 활용하여 얼마만큼 고부가가치를 산출하느냐이다.

따라서 과거에는 절대적 객관적 지식이 존재할 수 있었으나 오늘날에는 그러한 지식 대신에 상대적 혹은 상황·맥락적 지식이 강조되고 있다. 그리고 지식의 다다익선보다는 탐구의 논리, 방법, 정신의 함양이 더 강조되고 있다. 많이 알도록 가르치는 것보다 많이 알 수 있도록 가르치는 방법이 더 중요해지고 있다. 즉, 기존 지식에 대한 박식함보다는 새로운 지식을 생산하는 지력이 더 중요하기 때문이다.

교육 본질 면에 있어서도 지금까지의 주입식, 암기 위주의 교육은 기술이전과 모방을 위주로 한 산업사회에는 적합했던 방법이었지만, 정보화 사회에 필요한 창의성을 배양하고 평생학습체제를 구현하기 위해서는 적합하지 못하다. 따라서 새로운 시대에 부응하기 위하여 교육적 패러다임도 변하지 않으면 안 된다. 과거의 교육으로는 더 이상 필요한 시대적 인간을 육성할 수 없기 때문이다. 미래사회는 단순히 많은 지식을 암기하고 있는 사람을 필요로 하기보다는 종합적 사고력, 응용력, 문제해결력과 같은 고차원적 정신능력을 가진 신지식인, 창조성을 가진 인간을 요구할 것이기 때문이다.

교육 방법 면에 있어서도 과거의 교육처럼 지식 암기 위주의 교육으로는 21세기의 지식기반사회의 무한 경쟁 시대에 효과적으로 대처할 수가 없다. 입시위주의 교육, 단일 정답의 강조, 획일적 사고방식의 강화, 기억 재생 위주의 평가방식 및 주입식 수업과 같은 기존의 단편적이고 획일적인 교육체제, 내용, 방법으로는 개인의 특성을 존중하고, 개인의 무한한 잠재능력을 극대화하기가 사실상 불가능하다. 또한 이러한 교육으로는 변화하는 시대적 요구에 능동적으로 대처할 수 없다. 따라서 지식기반사회에 효율적으로 대처하기 위해서 우리는 새로운 교육목표와 실천방안을 필요로 할 수밖에 없다. 그러한 교육으로 생각해 볼 수 있는 것들로는 다음과 같은 것들이 있다.

첫째, 미래사회는 단순히 많은 지식을 암기하고 있는 사람을 필요로 하기보다는 신지식인, 창의력을 가진 개방적인 인간을 필요로 하게 될 것이다. 즉, 창의적인 두뇌와 성격적 특성을 가진 창의적이고 능동적인 인간교육이 절실히 요구될 것이다.

창의력은 당면하는 과제를 해결하기 위하여 기존 정보나 경험을 끌어내어 이를 새롭게 조립함으로써 사태해결의 어떤 아이디어를 만들어 내는 능력이라고 할 수 있다. 이러한 창의력을 신장시키기 위해서는 획일적으로 과도하게 부과되는 교육내용, 암기위주, 입시위주의 교육방법은 창의성 신장을 저해하는 대표적인 요소이기 때문에 학생들이 자신의 적성과 관심에 맞게 교육내용을 선택할 수 있도록 교육과정을 개편하고, 다양한 교수-학습자료를 활용하여 창의성을 신장시킬 수 있는 방법을 고안하여야 할 것이다.

둘째, 지식기반사회에서는 학습자가 교육의 주체가 되는 교육이 강조된다. 이러한 교육은 1980년 중반 이후 기존의 단편적이고 획일적인 교육체제, 내용, 방법으로는 창의적이고 능동적인 인간교육을 제대로 실시할 수 없다는 인식과 변화하는 시대적 요구에 능동적으로 대처하고 개인의 특성을 존중하며, 개인의 무한한 잠재적 능력을 최대로 개발하기 위해서는 새로운 학습체제가 필요하다는 인식이 확산되면서부터 도입되었다.

이러한 교육의 핵심원리는 개별성과 융통성이다. 여기서 개별성이란 학습자를 개인으로서 존중해야 한다는 존중의 원리와 그 실천방법으로서 개별화 학습을 말한다. 즉 학습자를 일률적인 교육내용, 방법, 그리고 학습속도에 맞추기보다는 역으로 학습자의 흥미, 수준, 관심에 따라 이러한 것들을 조절하자는 것이다. 융통성이라 함은 시간, 공간, 활동, 교육방법, 그리고 교육과정의 구성에 있어서 미리 규정된 정형화된 틀을 지양하고 상황과 조건에 따라 가변적으로 운용한다는 의미이다.

이러한 교육이 가지고 있는 원리와 이러한 원리를 실천하기 위하여 개발한 다양한 개별화 학습방법과 협동학습 구조를 학생들의 창의력 신장과 인성교육, 그리고 기초기능 신장교육을 위하여 적극 활용하여야 할 것이며 효과적인 학생 통제를 위하여 고안된 방법도 적극 활용해야 한다.

이러한 획일성에서 다양성으로, 평등의 원리보다 적합성으로, 그리고 협동성과 함께 개별성의 원리를 실천하기 위하여 고안된 교육방법이 수준별 교육과정이다. 이는 학생들의 능력 수준에 따라 교육의 내용과 방법을 달리하는 교육과정으로 학습속도의 개별화와 학생의 교과 선택이 가능하게 한다. 또한 이는 학습자의 학습능력 수준과 요구에 대응하는 차별적—선택적 교육을 제공할 수 있게 한다. 따라서 획일적 평등을 넘어서 학습자의 수준에 적합한 교육을 통하여 학습효과를 극대화할 수 있는 구체적인 방안이 마련되어야 한다.

셋째, 지식기반사회는 학교교육의 틀을 넘어서는 평생교육체제를 필요로 하게 될 전망이다. 평생교육이란 인간 삶의 질적 개선이라는 이념을 추구하기 위하여 개인의 출생에서 죽을 때까지의 교육을 수직적으로 통합하고, 가정교육·학교교육·사회교육을 수평적으로 통합한 교육 형태를 의미한다.

후기 산업사회에서 지식기반 정보화 사회로의 전이, 그리고 거기에 수반되는 급격한 사회변화에 대응할 수 있는 교육적 요청은 지금까지 일정한 시기에 제한된 대상자만을 중심으로 한정된 내용과 방법으로 영위해 온 형식적 학교교육만으로는 교육에 대한 사회적 요구를 충족시킬 수 없게 한다. 과학 기술의 급속한 발전, 새로운 직업 기술, 창의적인 직업생활에 필요한 근로자의 능력 개발, 여가 시간의 증대, 그리고 생활양식의 변화 및 인간관계의 변화 등 기존의 형식적인 학교교육을 통해서는 충족할 수 없는 요소들이 학교교육의 한계를 극복하기 위하여 특정 기간 동안 받던 교육에서 벗어나도록 요구한 것이다. 이러한 시대적 변화, 교육의 변화에 적합한 학교상 및 교사상의 모색도 아울러 이루어져야 함은 두말할 나위도 없다.

따라서 이러한 시대적 변화 및 교육의 변화에 부응하여 학교 또한 시대에 맞게 변화해야 한다. 시대에 부합하는 자율적이고 창의적인 인간육성을 위해 교육 본연의 임무와 사명을 감당하는 학교, 학교구성원 모두가 신바람 나게 일하는 학교, 그리고 학생들에게는 가고 싶은 학교로 바꾸어야 한다. 가능한 모든 제도를 정비하고 학교문화를 바꾸어서라도 이 시대에 적합한 새로운 학교를 만들어야 할 것이다.

학부모들의 의식과 교육관 또한 변해야 한다. 가령, 과외문제만 하더라도 학부모의 의식이 바뀌지 않는 한 과외는 근절되기 어렵다. 학부모들은 공교육이 활성화되면 굳이 비싼 돈 들여가며 왜 과외를 시키느냐고 항변한다. 과외의 효과를 신뢰해서라기보다는 경쟁적 사회구조와 맞물려 다른 자녀들과의 경쟁에서 자신의 자녀가 상대적 비교우위를 점하도록 하기 위해서 과외는 어쩔 수 없다고 이야기한다. 그러나 학교교육의 질이 높아진다고 해도, 공교육이 활성화된다고 해도, 학부모들이 가지고 있는 문화적으로 형성된 '한정적인 재화이미지'가 바뀌지 않는 한 과외는 근절되기 어려울 듯하다. 타인과 공개적으로는 평등을 요구하면서도 보이지 않는 곳에서는 모든 수단과 방법을 동원하여 더욱더 많은 재화를 얻으려고 노력하기 때문이다. 이제는 생각을 바꾸어 자신의 자녀만이 타인과 구별되게 만들기보다는 우리 사회 모든 자녀들이 한결같이 잘할 수 있는 방법을 모색해 보아야 할 때이다.

3. 학교교육을 살리는 길: 사회자본의 진작

최근 학계에서 사회자본에 대한 관심이 고조되고 있다. 이는 경제나 경영 분야뿐만 아니라 사회학이나 정치학에서도 예외가 아니다. 가령 하버드 대학의 로버트 퍼트남 교수는 선진국에서 사회문제의 증가와 학교의 효율성 저하는 사회자본의 약화와 직접적으로 연관이 있을 것이라고 지적하고 있다. 사회자본이 아동의 인지적, 사회적, 도덕적 발달에 직접적으로 영향을 미친다는 연구결과가 밝혀지면서 사회자본은 교육학에서도 중요한 관심사가 되고 있다.

사회자본은 학자에 따라 약간씩 다르게 정의된다. 가령, 우리나라에도 잘 알려진 프랜시스 후쿠야마 교수는 『트러스트(신뢰)』라는 저서에서 사람들이 상호신뢰 아래 협력하는 능력이라고 정의하는가 하면, 로리라는 학자는 아동의 인지적 혹은 사회적 발달에 유용한 가정 내 관계나 지역사회 내 사회조직에 존재하는 일련의 자원으로 정의한다.

소위 '콜맨보고서'로 더 잘 알려진 시카고 대학의 콜맨 교수는 사회자본의 대표적인 형태를 구성원 간 의무와 기대, 사회조직 내에 존재하는 신뢰, 유용한 정보교환, 지역사회 내의 규범과 제재, 권위관계(특정 행위에 대한 통제권리), 그리고 의도적 사회조직 등으로 구분하고 그러한 사회자본은 가정, 학교, 지역사회 내에서 구성원 간의 관계 속에 존재한다고 하였다.

보다 구체적으로 가정에서는 부모-자녀 간의 유대감, 부모가 가지고 있는 교육에 대한 정보, 자녀교육에 대한 개입의 방식으로, 학교에서는 교사와 학생관계, 기능적 사회가 가지고 있는 규범이나 기대의 형태로, 그리고 지역사회 내에서는 지역사회 거주 학부모들 간의 사회적 상호작용, 관계 구조의 긴밀성, 그리고 학부모와 지역사회 내에 있는 제도들 간의 다양한 관계로 존재한다.

그런데 문제는 오늘날 우리나라 교육개혁의 방향이 사회자본을 진작시킴으로써 교육결과를 향상시키기보다는 역으로 교육개혁이라는 기치하에 사회자본을 소멸시키는 일에 앞장서고 있지는 않나 하는 점이다. 구성원 간의 관계의 긴밀성을 돈독하게 하기보다는 오히려 기존의 관계를 훼손하는 경우가 더 많다는 점이다.

가령, 일련의 교육개혁을 통하여 교원을 개혁의 대상으로 삼았거나 교육정책의 일관성을 유지하지 못함으로 인하여 교육부가 교원들의 신뢰를 얻지 못한 점, 체벌금지와 관련된 정책의 표류로 인하여 학생에 대한 교사의 적절한 제재수단의 상실, 사회 전체의 공교육에 대한 기대와 의무 저하, 교사의 권위 추락, 언론매체 등의 교직사회에 대한 불신 조장, 사제지간의 관계 약화, 그리고 학교와 학부모 간 우호적인 관계 설정의 실패 등 교육 관련 사회자본들이 교육개혁을 통하여 점점 소멸되고 있음을 보게 된다.

경제 행위에 있어서 신용이 절대적이듯 교육활동에 있어서도 구성원들 간 신뢰관계가 핵심이다. 따라서 교육개혁을 수행함에 있어서 무엇보다도 먼저 고려해야 할 점은 새로운 사회자본의 생성은 두말할 것도 없거니와 최소한 기존의 사회자본을 훼손하는 일은 삼가야 한다는 점이다. 구성원 간 신뢰의 구축과 관계의 회복이야말로 교육개혁의 시작이자 종착점이 되어야 할 것이다. 사회자본 구축이 교육 결과 향상에 핵심적이기 때문이다.

그렇다면 관건은 사회자본을 형성시키고 구축하기 위한 실제적이고 구체적인 방안이 무엇인가이다. 무엇보다도 가정, 학교, 지역사회 내의 사회자본을 진작시키는 일이 중요하다. 그리고 반사회자본적인 요소들을 제거하고 구성원 간 신뢰를 회복하는 일이 급선무이다. 교원들이 주체가 되는 교육개혁, 교육정책의 일관성 유지, 학생들에 대한 적절한 제재수단의 강구, 공교육에 대한 기대와 의무감 향상, 교사의 권위에 대한 존중, 교직사회에 대한 우호적인 분위기 조성, 그리고 학교 구성원 간 신뢰관계 회복 등이 여기에 포함된다.

둘째, 가정과 학교 간 파트너십을 만드는 일이다. 가령, 학교는 학부모들에게 자녀교육에 대한 기초적 책임이 무엇인지를 제공한다든지, 지역사회에서 이용 가능한 교육적 서비스가 무엇인지를 알려 준다든지, 아니면 학교 행사나 학부모를 위한 프로그램(가령, 학교공동체의 날, 자녀교육 상담 프로그램, 취미교실, 컴퓨터교실 등) 등을 다양하게 개발하고 이를 여러 방법들(메모, 전화, 소식지, 통신표, 그리고 회합)을 통해서 알려주어야 한다. 학부모들도 자녀의 과제 점검 및 학습 환경 조성을 통한 자녀교육에 적극 개입하고, 학습보조자로서 학습활동에 참여함은 물론 각종 학교모임에 참석하거나 학교정책 결정과정에 참여함으로써 학교와의 유대강화에 적극적으로 나서야 한다.

셋째, 가정-학교-지역사회 간 협력체제를 구축하는 일이다. 삼자 간의 협력은 학교운영위에 학부모가 참여하는 형태, 학부모의 학교선택, 학과나 교육과정에 대한 학부모의 이해를 돕는 일, 그리고 지역사회활동 등이 포함된다. 특히 지역사회 내에 자녀의 학업을 돕는 학부모 교육 프로그램을 개설함으로써 학부모들이 교육에 대한 정보와 노하우를 입수하고 이를 자녀교육에 활용할 수 있도록 해야 한다.

끝으로, 가정-학교-지역사회 간 '사랑의 삼각띠(love triangulation)'를 형성하는 일이다. "아이는 전체 마을이 기른다"는 아프리카의 속담처럼, 지역사회의 모든 구성원이 자녀교육에 관여하지 않으면 안 된다. 가정에서 부모들은 자녀와 부단한 대화를 통하여 자신들의 교육적 기대가 자녀의 학습원이 될 수 있도록 노력하여야 하고, 관심과 사랑을 가지고 자녀 교육에 개입하여야 한다. 학교는 보다 효과적인 '기능적 학교사회'를 만들기 위하여 구성원 모두가 합심해야 한다.

또한 지역사회는 모범적인 규범을 만들고, 교육적 정보를 제공함으로써, 그리고 규범과 기대 일탈자에 대한 지역사회의 의식적 노력과 무의식적 기대, 압력, 사회적 제재를 통하여 학교교육의 공리성을 사회구성원들에게 보다 널리 인식시켜야 한다. 가령, 도덕적 인성교육의 습관화를 위한 학부모들의 지속적인 관심, 교사의 구체적 실천 프로그램 구안 및 적용, 그리고 지역사회의 공동 계도 및 교정 노력은 하나의 실천 사례라고 하겠다.

결국 이러한 일련의 구체적인 노력을 통하여 사회자본은 진작되는 것이며, 궁극적으로 이를 통하여 교육결과가 향상되는 것이다. 따라서 가정, 학교, 지역사회가 혼연일체가 되어 학교교육에 보다 많은 관심을 경주할 때 학교는 분명 제자리를 찾는 것은 물론 사회자본이 풍부한 기능사회가 될 것이다.

결과적으로 학생들에게는 즐겁고 재미있는, 그래서 월요일이 기다려지는 장소로 만들어 주어야 하고 그들의 꿈과 희망을 마음껏 펼칠 수 있는 장소로 복원해 주어야 한다. 다시 한번 사제간 상호신뢰하고 인정이 넘치는 관계를 회복시켜 주어야 한다. 교사들에게도 제자리를 돌려주어야 한다. 보람과 긍지를 가지고 신명나게 일할 수 있는 조건과 분위기를 만들어 주지 않으면 안 된다. 그래서 학부모가 자녀를 안심하고 맡길 수 있도록 교원도, 학생도, 학부모도 그리고 사회 전체도 함께 노력을 하지 않으면 안 될 것이다.

학교와 지역사회 간 관계 정립의 방향

1. 들어가며

학교는 단순히 교사가 가르치고 학습자가 배우는 장소만은 아니다. 특정한 구조와 그 구조가 발견되는 지역사회와 연관된 장소이다. 시겔(Siegel, 1955)의 주장처럼 "학교는 고립된 조직이 아니다. 학교의 기능적 구조는 지속적으로 외부의 환경에 의하여 영향을 받는다. 학교는 지역사회의 다른 기관과 완전히 독립적으로 그 자체 목표를 수립하거나 그 목표를 실행할 수 없다"(Eggleston, 1967: 3 재인용).

때로는 학교 밖의 문제들이 오히려 학교 안에서 일어나는 일보다 더 학교 교육과정을 운영하고 지배하는 데 영향력을 발휘한다(Sadler, 1900; Boocock, 1980 재인용). 여기서 학교 밖의 일들이란, 학교를 둘러싸고 있는 환경들을 의미한다. 그렇기 때문에 학교교육은 학교와 주변환경과의 관계를 어떻게 설정하느냐에 따라 학교교육의 목적과 과정 그리고 학교교육의 결과가 달라진다.

학교를 둘러싸고 있는 가장 핵심적이고 직접적인 환경은 지역사회이며, 그렇기 때문에 학교와 지역사회 간 관계는 학교와 주변환경 간 관계의 핵심을 이룬다. 학교 교육과정 운영에서 가장 결정적인 영향력을 미치는 것은 제도적으로 학교와 가정의 관계이며 인적 구성원으로는 교사와 학부모와의 관계이다. 그 외 지역사회의 물리적 사회적 조건들도 양자 간의 관계를 규정한다. 따라

서 학교교육을 보다 효과적으로 수행하기 위해서 학교가 처한 지역사회의 속
성과 학교와 지역사회 간의 관계를 보다 명확히 이해하는 일은 필수적이다.
제한된 본문에서는 학교를 하나의 사회문화체제로 보고, 이를 둘러싸고 있는
주변환경과 학교와의 관계를 개략적으로 살펴본다. 특히 지식정보화 시대에는
학교와 지역사회 간 관계가 어떻게 설정되어야 하는가를 정리해 보고자 한다.

2. 학교와 지역사회 간 관계

  현실적으로 학교와 지역사회의 관계는 크게 학교와 가정 간의 관계와 교사
와 학부모와의 관계 그리고 학부모의 학교참여 및 이를 위한 학교의 노력 등
으로 구체화된다. 그 외 학교와 학교를 둘러싸고 있는 여러 환경들과의 관계
로도 포함될 수 있다.

가. 학부모-교사 관계

  공교육의 규범은 학부모와 교사 간 동반자적 관계를 기대하고 있으나 실제
적으로 양자 간 관계는 그렇게 무난한 사이가 아니다. 1970년대 이전까지만
하더라도 양자 간 관계는 소위 월러(Waller)가 이야기한 것처럼 '자연적인
적(natural enemies)'으로 인식되었고 영토의 한계를 설정하는 문제를 가
지고 상호 지속적으로 갈등하는 관계였다(Lareau, 1987: 714 재인용).
그러다가 교사들이 정보나 조언을 학부모들에게 일방적으로 전수하는 수준의
접촉이 있었고, 학부모들도 자신의 자녀가 주로 문제가 있을 경우에만 교사와
접촉을 시도하였다. 1970~1980년대 이래 학교에 대한 학부모의 참여가 확
대되고 교사와의 교류도 비교적 활발하게 일어났다. 주로 자녀의 학습에 대한

형식적인 대화나 비숙련적인 조력에 불과했던 학부모들에게도 교실의 학습 활동에 있어서 보다 건설적이고 책임 있는 역할이 부여된 것이다. 그리고 자녀교육에 대해서 교사와 비형식적이고 우호적인 대화를 할 수 있게 되었다. 소위 가정과 학교와의 파트너십으로 발전한 것이다.

학부모의 교사 간 관계가 이처럼 활발하게 확대된 것은 자녀교육에 대한 부모의 개입, 특히 교사들과 우호적 관계가 자녀의 학습동기와 성적향상에 긍정적으로 기여한다는 연구결과들이 발표된 때문이기도 하고, 부모의 적극적인 개입에 대한 법령의 제정, 그리고 지역사회 내 교육에 대한 관심과 노력이 증대된 탓 때문이다(Gestwicki, 1996).

이러한 다양한 이점을 학부모들이 인식함에도 불구하고 교사와의 관계가 원활해진 것은 아니다. (제한된 본문에서는 논의할 수 없으나) 이를 방해하는 장애요소들이 많기 때문이다. 따라서 교사-학부모 간 성공적인 파트너십을 마련하기 위해서는 이러한 장애를 극복하고 건설적인 관계를 구축하기 위한 다양한 노력을 경주하지 않으면 안 된다. 교사-학부모 관계에 대한 인식전환, 양자 간 대화구축, 교육적 정보교환, 함께 하는 생활체험활동 등의 프로그램 개발을 포함하여 다각적인 방안이 모색되어야 한다.

나. 가정-학교 관계

가정과 학교의 관계에 대하여 콜맨(Coleman, 1987)은 두 가지 서로 다른 입장을 제시한다. 첫째, 학교는 특정 학생이 우연히 특정 가정에 출생함으로 부과되는 차단 막으로부터 학생을 해방시켜 주는 사회적 도구라는 시각이다. 즉 학교는 가정에서 부모의 제한을 뛰어넘어 학생들에게 보다 광범위한 세계를 열어주기 위하여 고안된 장치이다. 협소한 문화적 벽지로부터 탈출시켜 전체 사회의 보편적 문화를 접하게 한다. 둘째, 학교를 가정의 확대로 보려는 시각이다. 학교는 가정에 대한 조력자이자 가정의 가치를 강화한다. 학교는 따라서 학부모의 의지를 실현시키기 위하여 학부모의 권위를 교사에게

위임한 장소이다.

콜맨은 이러한 양 입장의 차이를 사회구조의 일관성을 유지함으로써 통합할 수 있다고 보았다. 여기서 구조적 일관성이란 사회구조가 가정의 연장으로서 학교를 둘러싸고 있는 사회 내 구성원 간의 밀접한 유대망을 구심점으로 하는 기능적 사회를 구축하는 것을 의미한다. 즉 구성원 간 긴밀한 사회적 유대망을 가진 사회를 말하는데 그러한 사회에서는 구성원들이 다양한 정보를 획득할 수 있고 구성원 간 유대를 통하여 자녀의 행동에 대한 상호 피드백이 가능하다. 일상 대화나 가십을 통하여 자녀의 활동과 행위들에 대한 일관성을 의논할 수 있다. 이를 통해서 규범을 설정할 수 있으며 성공과 실패에 대한 보상과 사회적 제재가 결정된다. 결국 학생들이 처한 가정의 맥락과 가정의 교육과정(curriculum of home)에 대한 이해는 학교의 교육과정과 상호 연결되어 학습의 효과를 신장시킬 수 있다는 점에서 중요하다 하겠다.

다. 학교와 지역사회 관계

성공적인 학교교육을 위해서는 지역사회의 필요와 관심을 이해하는 일이 필수적이다. 학교에 대한 지역 주민의 문화적 의미에 따라 학교에 대한 태도와 행동차이를 유발하기 때문이다. 학교와 지역사회 양자 간 전체 사회의 문화에서부터 사회·언어적 형태가 상호 이질적이거나 상호 다른 가치, 신념, 관행을 견지할 때 학생들의 긍정적인 교육결과는 기대하기 어렵다. 따라서 학습결과를 진작시키기 위해서는 지역사회의 규범과 학교가 일치했을 때 가능하다. 이를 위해 지역사회는 학교의 가치와 일치하는 적응 전략을 개발하는 일이 필요하다(Lancey, 1993).

그 외 학교가 지역사회의 규범과 관심을 수용하여 제도화하는 경우도 가능하다. 오늘날 학부모의 학교참여기회의 확대와 지역사회공동학교와 같은 새로운 학교의 등장이 그것이다. 전자는 미국의 경우 차터스쿨(charter school), 마그넷 학교(magnet school), 그리고 바우처 제도(voucher plan) 등이 대표적이며, 후자는 지역사회공동학교의 형태로서 지역사회주민과 관공서 등이 함께 참여하여 학교를 개선하고 지원하는 방안이다. 특히 1940년 이후 올센(Olsen)에 의하여 제기된 지역사회학교(community school)는 지역사회의 필요를 반영하여 생생한 교육적 경험과 생활경험을 교육내용으로 활용하는 학교이다.

3. 학교와 지역사회 간 관계 정립의 방향

가. 교육적 사회자본의 구축

아프리카의 속담에 "아이는 전체 마을이 기른다"는 말이 있다. 자녀 양육이 복잡하기 때문에 지역사회의 모든 구성원이 관여하지 않으면 안 된다는 이야기이다. 학습은 가정이나 학교에서만 일어나는 것이 아니라 그 외 지역사회의 사회적 유대망, 규범, 그리고 신뢰에 의하여 영향을 받는다(Braatz & Putnam, 1996). 콜맨(Coleman)은 이러한 사회적 유대망, 규범, 그리고 신뢰를 통틀어 '사회자본'이라고 칭하고 그러한 사회자본이 학교교육과 밀접하게 연관됨을 밝혔다.

교육적 사회자본을 구축하기 위해서는 첫째, 지역사회 구성원 간 사회적 유대망을 형성하는 일이다. 여기서 유대망이란 일련의 사물, 대상, 사건으로 규정되는 관계의 구체적인 연결 형태를 말한다(Knoke & Kuklinski, 1982; Blanchard & Horan, 1998 재인용). 콜맨(Coleman, 1988)이 이야기한 것처럼 지역사회 내의 사회자본은 지역사회 거주 부모들 간의 사회적 관계, 관계 구조의 긴밀성, 그리고 부모와 지역사회 내에 있는 제도들 간의 네트워크에서 발견된다.

사회자본은 특정 가정이 타 가정이나 지역사회제도와 사회적 관계를 맺음으로써 생성된다. 만약 부모가 촘촘한 사회적 연결망과 공동의 가치를 가진 지역사회의 일원이 된다면 그들은 보다 더 큰 사회자본을 얻게 된다. 부모가 그러한 체제의 일부가 된다면 지역사회 내 타인의 지원과 지지를 얻을 수 있기 때문이다. 따라서 자녀교육이 지역사회에 의하여 공유될 때 자녀들은 보다 성공적인 학습결과를 얻을 가능성이 커진다(Furnsteinberg & Hughes, 1995: 582).

가정 간 유대망이 기대와 규범과 제재를 공유할 때 관계의 긴밀성, 특히 세대 간 긴밀성은 더욱 강화된다. 그 역도 성립한다. 가령, 부모가 자기 자녀 친구의 부모와 친구라면 자녀교육에 관한 정보교환을 증진할 수 있는 사회적 유대망이 존재하는 셈이다. 즉 공고한 유대망이 형성될 때 구성원들은 더 많은 규범, 기대, 제재 등을 공유하게 된다. 공고한 유대망을 갖지 못한다면 행동은 불확실해지고 제재 사용은 일관성을 잃게 된다.

여기서 중요한 것은 지역사회 내에 이러한 사회적 관계를 설정하려는 노력이다. 관계는 무의식적으로 형성되기도 하지만 대부분 구성원들의 의도적 노력을 통하여 형성되기 때문이다. 구성원들은 사회적 상호작용을 위하여 시간을 투자하여야 하고, 형성된 관계를 상호 유용한 방향으로 활용할 수 있어야 하며, 상호 도움이 필요할 때 도움을 줄 수 있어야 한다.

오늘날 정보화 시대에는 특별히 컴퓨터를 통한 의사소통, 예컨대 이메일, 채팅방, 컴퓨터 회합, 전자게시판을 통하여 가상사회(virtual community)를 구축함으로써 지역사회 구성원 간 유대관계를 촉진시킬 수 있다. 활용하기에 따라 가상사회는 면대면의 참여를 저해했던 문제들을 제거하고 지역사회와의 유대를 더욱 공고히 할 수 있다. 인터넷은 다른 네트워크와 연결함으로써 보다 큰 네트워크를 형성할 수 있고 유대망의 형성 속도도 매우 빠르다. 그러나 구성원 간 상호의존관계와 사회적 신뢰 규범을 촉진시키는 것은 촘촘한 유대망이라는 점을 고려할 때 일부 가상사회는 오히려 사회적 네트워크의 분산으로 인하여 사회자본을 감소시킬 우려도 없지 않다. 이때 중요한 것은 특정 주제에 대한 관심을 중심으로 관심사회(virtual community of interest)를 형성함으로써 구성원 간 긴밀한 유대를 구축해야 한다는 점이다. 따라서 밀접한 네트워크와 정보의 확산을 촉진시키는 컴퓨터에 의한 가상사회 구축은 사회자본의 증진에 기여함으로써 궁극적으로 학생들의 학교교육에 긍정적인 영향을 미칠 수 있다.

둘째, 지역사회 내 학교교육에 유용한 사회적 규범을 형성하는 일이다. 즉 규범과 기대 일탈자에 대한 사회적 제재를 마련하는 일이다. 지역사회 내의 규범이 어떻게 설정되는가에 따라 학교교육에 대한 학부모의 지원과 자녀교육에 개입하는 방법은 달라진다. 모범적이고 성적이 우수한 학생이 모델이 되고 비행학생이 제재를 받는 사회와 그와 반대로 학교교육에 무관심한 지역사회는 학습 결과뿐만 아니라 전체 사회 발전에도 큰 차이를 가져온다. 예컨대 미국의 경우 각종 사회문제가 가정, 학교, 그리고 지역사회 내 사회자본의 약화에서 비롯되었다는 주장은 이런 점에서 설득력을 갖는다. "사회자본이 결핍되면 아동들은 성인 및 그들의 가치, 그리고 성인사회 조직과 동떨어져서 성장한다. 그 결과 무목적적이고 규범이 결핍되기 때문에 범죄에 쉽게 노출된다."(Wehlage, 1993: 5)

물론 이러한 사회적 규범과 제재가 작동하기 위해서는 지역사회 내에 촘촘한 사회적 연결망과 공동의 가치를 추구하려는 성향이 존재하여야 한다. 즉 공고한 유대망을 가진 지역사회 내에서 자녀교육에 대한 상호 의무감이나 적절한 규범을 설정하고, 사회적 제재를 효과적으로 활용할 수 있어야 한다 (Lee, 1995).

지역사회 내 상호의존성과 같은 사회적 규범은 정보화 시대의 가상사회에서는 '정보의 교환'이라는 활동을 통하여 상대방을 도와줌으로써 형성된다. 가상공간과 장소를 통하여 구성원 간 상호 사회적 지지를 보다 쉽고 폭넓게 교환할 수 있고 이러한 상호지원은 가상사회 내 상호의존관계의 규범을 더욱 촉진함으로써 학교교육에 기여할 수 있다. 이를 위한 구체적인 방안을 강구하는 일이 급선무이다.

셋째, 구성원 간 신뢰를 구축하는 일이다. 후쿠야마(Fukuyama, 1995)는 『트러스트(신뢰)』라는 저서에서 사회자본을 '사람들이 상호신뢰 아래 협력하는 능력'이라고 정의하고 신용과 도덕성을 경제활동에서뿐만 아니라 학교교육에서도 중요한 자원으로 강조하였다. 그는 학교교육에 있어서 사회자본의 한 형태인 '신뢰'가 교육결과를 좌우할 정도로 중요하다고 주장한다. 그 외 많은 학자들도 선진국에서 사회문제의 증가와 학교의 효율성 저하는 신뢰라는 사회자본의 약화와 연관이 있으며 또한 아동의 인지적, 사회적, 도덕적 발달에 직접적으로 영향을 미친다는 것이다(Lee & Croninger, 1996; Teachman, Paasch, & Carver, 1996; 1997; Fursteinberg & Hughes, 1995; Braatz & Putnam, 1996).

불신으로 인한 학교교육의 효율성 저하는 우리나라도 예외가 아니다. 예컨대, 일련의 교육개혁을 통하여 교원을 개혁의 대상으로 삼았거나 교육정책의 일관성을 유지하지 못하여 교육부가 교원들의 신뢰를 얻지 못한 점, 체벌금지와 관련된 정책의 표류로 인하여 학생에 대한 교사의 적절한 제재수단의 상실, 사회 전체의 공교육에 대한 기대와 의무 저하, 교사의 권위 추락, 언론매체 등의 교직사회에 대한 불신 조장, 사제지간의 관계 약화, 그리고 학교와 학부모 간 우호적인 관계 설정의 실패 등 교육 관련 사회자본들이 오히려 교육개혁을 통하여 점점 소멸되고 있음을 보게 된다. 구성원 간 신뢰의 구축과 관계의 회복이 교육개혁의 시작이자 종착점이 되어야 함에도 불구하고 그렇지 못한 경우이다. 학교와 지역사회 간 관계에 있어서도 이 점은 똑같이 적용되어야 한다.

구성원 간 신뢰 구축은 정보화 시대에 있어서는 더욱 정교화되어야 한다. 익명성으로 인하여 특정 구성원이 자신의 주장이나 인식을 과장하기도 하고, 상대방에 대한 기만을 통해서 상호 신뢰를 떨어뜨리기 때문이다. 그러나 특정 구성원이 보다 더 많이 가상사회에 알려질수록 그리고 다른 구성원과 친밀해질수록 집단 내에서 상대방에 대한 신뢰관계는 가상사회에서도 가능하다. 예컨대, 특정 구성원의 의견에 대하여 가상사회에서도 토론이 가능하고 이를 통하여 진위가 가려짐으로써 더욱 폭넓은 신뢰가 구축될 수 있다. 또한 구성원 간 쉽고 빠른 의사소통을 통하여 구성원 간 친밀도가 증진됨으로써 촘촘한 유대망이 형성되고 결과적으로 신뢰 구축도 가능해진다.

급선무는 가상사회에서 신뢰를 구축하기 위해서는 이를 저해하는 요소를 방지하는 '네티켓'을 보다 명확히 설정하여야 한다. 결과적으로 신뢰와 상호의존성을 확보하는 한 사회자본은 더욱 진작될 것이다. 그러한 방안을 강구하는 일이 학교사회의 구성원들에게 남겨진 과제이다.

나. 학교와 지역사회 간 파트너십 형성

바람직한 학교와 지역사회 관계는 학교와 지역사회 간 파트너십에서 찾아질 수 있다. 이를 위해 자녀의 학교교육에 대한 학부모의 개입과 학교의 학부모 교육에 대한 관심은 중요하다. 학교-가정 파트너십은 다양한 형태로 존재한다. 가령, 학교는 학부모들에게 자녀교육에 대한 기초적 책임이 무엇인지를 제공한다. 지역사회에서 이용 가능한 서비스가 무엇인지를 알려준다. 그리고 학교 행사나 프로그램 등을 메모, 전화, 소식지, 통신표, 그리고 회합 등을 통해서 알려준다. 학부모들은 자녀의 학교에 도우미로 참여하거나 각종 학교 모임에 참석하고, 가정에서는 학교의 학습을 도와주기 위하여 자녀의 학습활동을 모니터링한다. 숙제점검 및 학습환경을 조성하고, 학교정책 및 프로그램의 의사결정 과정에도 참여한다(Payne, 1997).

위와 같이 가정을 포함한 지역사회와 학교 간 파트너십은 학생들의 인지적 발달, 태도, 자녀교육에 대한 부모의 태도에 긍정적인 영향을 미칠 뿐만 아니라 부모교육 프로그램을 통해서 자녀교육에 긍정적으로 기여한다. 그도 그럴 것이, 부모들이 학교참여를 통하여 자녀에 관한 교육적 정보를 더 많이 갖게 됨으로써 자녀교육을 진작시킬 수 있고, 교육을 전적으로 교사의 책임으로만 맡겨두지 않고 부모가 공동으로 협력하며, 부모가 학교교육에 자원 봉사하는 과정에서 자녀의 학습 상황에 대한 정보를 앎으로써 적절한 조치(가령, 개인지도, 숙제에 대한 점검, 학습활동에 대한 부모-자식 간 대화 등)를 취할 수 있기 때문이다(Epstein & Sanders, 2000).

결국 부모의 자녀교육에 대한 개입과 학교참여를 통한 교사와의 상호작용은 앞에서 말한 자녀교육을 위한 사회자본이 되기 때문에 자녀의 학습결과에 긍정적인 영향을 미치는 것이다. 부모가 학교 내 학업 성공과 관련된 규범과 가치를 많이 공유할수록 자녀의 학업 성공을 조장하는 환경과 조건을 보다 효과적으로 형성할 수 있기 때문이다.

여기서 보다 중요한 것은 가정과 학교 간 존재하는 사회자본을 활성화하는 일이다. 구체적으로 이야기하면, 성공적인 자녀교육을 위하여 학부모와 학교 간 파트너십을 성공시킬 수 있는 전략이 필요하다는 점이다. 기본적으로 학교는 주기적으로 학교와 가정 간 관계에 대한 유형, 수준, 양과 질에 대하여 세심하게 점검해 보아야 한다. 그래서 학부모들로 하여금 학교에 기꺼이 올 수 있도록 해야 한다(가령, 매력적이고 우호적인 회합장 마련, 부모-교직원 간 비공식적 의논 기회 마련, 학교 관계자들에 대한 대인관계 훈련 등). 그리고 학부모들로 하여금 그들이 학교에서 하는 일이 가치 있는 일이라는 인식을 갖도록 해주어야 한다. 또한 학교는 학부모들로 하여금 그들에게 부과된 영역을 이해할 있도록 자세하고 체계적인 절차를 알려주어야 하고, 학부모들이 자신 있고 지속적으로 자신들에게 부과된 임무를 수행하도록 적절한 학부모 훈련 프로그램을 마련하여야 한다(Payne, 1997).

정보화 시대에 있어서 학교와 지역사회 간 파트너십은 특별히 인터넷이나 전자통신방법을 통하여 가상사회를 형성함으로써 보다 용이하고 쉽게 형성할 수 있다. 가령, 학교의 온라인상(학교마다 구축된 홈페이지)에 정보를 탑재하거나 이메일, 전자 게시판, 인터넷 등을 활용하여 지역사회 구성원들이 학교에 보다 쉽게 접근하도록 하는 공동체의 형성과 지역적으로는 멀리 떨어져 있지만 공유된 관심에 의하여 형성된 가상의 공동체를 구성하는 일은 여기에 속한다(Blanchard & Horan, 1998).

4. 나오며

지금은 의도한 교육목적을 보다 효과적으로 달성하기 위하여 학교와 지역사회 간 관계의 형태로 존재하는 사회자본을 재점검하는 일이 필수적이다. 무엇보다도 학교와 지역사회 간 관계를 올바로 구축하기 위해서는 반사회자본적인 요소들을 제거해야 하고 구성원 간 신뢰를 회복하는 일이 급선무이다. 가령, 교원들이 주체가 되는 교육개혁, 교육정책의 일관성 유지, 학생들에 대한 적절한 제재수단의 강구, 공교육에 대한 기대와 의무감 향상, 교사의 권위에 대한 존중, 교직사회에 대한 우호적인 분위기 조성 그리고 학교 구성원 간 신뢰관계 회복 등이 여기에 포함된다.

또한 가정−학교−지역사회 간 '사랑의 삼각띠(love triangulation)'를 형성하는 일도 중요하다. 이를 위해서 지역사회의 모든 구성원이 자녀교육에 관여하지 않으면 안 된다. 가정에서 부모들은 자녀와 부단한 상호작용을 통하여 세대 간 공고한 유대망을 형성하고, 관심과 사랑을 가지고 자녀교육에 적극적으로 개입하여야 한다. 학교는 보다 효과적인 '기능적 학교사회'를 만들기 위하여 구성원 모두가 합심해야 한다.

지역사회는 모범적인 규범을 만들고, 교육적 정보를 제공함으로써, 그리고 규범과 기대 일탈자에 대한 지역사회의 의식적 노력과 무의식적 기대, 압력, 사회적 제재를 통하여 학교교육의 공리성을 사회구성원들에게 보다 널리 인식시켜야 한다. 특히 정보화 시대에 있어서 인터넷, 이메일, 전자 게시판 등을 통하여 형성되는 가상사회를 통하여 학교와 지역사회 간 상호 유대망을 더욱 공고히 하고, 보다 광범위한 의사소통방법을 통하여 그러한 작업은 보다 손쉽게 이루어질 수 있을 것이다.

결국 오늘날 컴퓨터를 통한 상호작용의 긍정적인 측면까지 고려하여 학교와 지역사회가 혼연일체가 되어 학교교육에 보다 많은 관심을 경주할 때 그리고 양자가 상호 유기적인 협력관계를 형성하여 공동체 의식을 갖는다면 학교와 지역사회는 더불어 발전하는 새로운 관계를 정립할 수 있을 것이다.

자녀의 성적향상을 위한 학부모 역할

오늘날 학부모들의 가장 큰 관심사는 어떻게 하면 자녀의 학업성적을 향상시킬 것인가에 있다고 해도 과언이 아니다. 우리 사회에서 개인의 지위와 사회생활의 많은 부분을 학교성적이 좌우하기 때문에 학업성적에 거는 기대는 갈수록 증대될 것임에 틀림없다. 그러나 문제는 공부에 왕도가 없다는 데 있다. 그리고 또 다른 문제는 자녀의 성적향상 방법과 관련해서도 각양각색의 처방들이 나와 있기 때문에 어느 방법이 도움이 될지 모른다는 점이다. 그런 점에서 이하의 글도 독자들에게 또 다른 혼란을 야기할지 모르겠다.

성적, 혹은 학업성취 변인과 관련하여 지금까지 발표된 논문이나 출간물의 일부만 개괄하여도 학업성취는 매우 다양한 변인에 의하여 설명된다는 점을 알게 된다. 시카고 대학의 월버그(Walberg) 교수는 지금까지 영어권에서 수행된 학업성취 관련 2,575개의 선행연구를 종합적으로 개괄하여 9개의 변인이 학업성취에 결정적으로 영향을 미친다고 설명한 바 있다. 개인변인, 교수의 변인, 그리고 환경변인이 그것이다. 학습자의 개인적 특성 변인으로는 학생의 능력(IQ), 발달정도, 학습동기가, 학습관련 변인으로는 교수의 질과 학습의 양(학생의 공부 학습 시간)이, 그리고 환경변인으로서 가정의 교육적 환경, 학교·학급 환경, 또래집단, 그리고 대중매체의 영향이 포함된다. 이러한 변인 중에서 변경 가능한 것이 있는가 하면 그렇지 못한 것도 있다. 개인의 IQ가 후자의 대표적 변인일 것이다.

　제한된 본문에서는 학업성취 관련 모든 변인을 다룰 수는 없다. 학부모가 할 수 있는 일이 있고, 전체 학교나 학생들이 알아서 해야 할 일이 다르기 때문이다. 본문에서는 가정의 환경변인, 특히 학부모의 역할과 관련하여 학생들의 성적향상 방법에 대하여 간략하게 기술하여 독자들의 이해를 돕고자 한다.

1. 초기 가정환경의 중요성

　심리학자들에 의하면 자녀의 인지발달과 사회성발달, 그리고 성격발달과 같은 기초적인 사회화의 조건은 4세를 전후하여 이루어진다고 한다. 아동 성장에 있어서 가정의 초기 환경이 중요하다는 이야기이다. 실제로 스켈스와 다이(Skells & Dye)는 고아원에 버려진 아동을 대상으로 실험을 한 결과 아동이 어렸을 때 부모의 지적 자극과 관심을 어떻게 받느냐에 따라 지적 성장은 물론 사회성 발달과도 밀접히 관련이 있음을 입증하였다. 이들의 실험을 좀더 자세히 살펴보자.

　고아원에 버려진 아동(7~13개월) 25명을 대상으로 영아용 지능검사를 실시한 결과 12명의 아동은 평균 지능이 90정도인 정상적인 아동이었고, 다른 13명의 아동은 평균 지능이 64.3 정도의 저능아 집단이었다. 고아원의 제한된 인력 때문에 정상적인 아동 집단은 조그만 방에서 2명의 보모와 2명의 보모 보조자가 12명의 아동을 돌보게 하였다. 따라서 이들이 할 수 있는 일은 단순한 의무적 관심, 가령, 젖먹이기, 옷 입히기, 목욕시키기, 화장실 가기 등과 같은 일에 국한되었고, 성인들과의 의미 있는 접촉은 할 수 없었다. 놀이기구도 마음대로 이용할 수 없었고, 외출도 보호자가 적은 관계로 거의 할 수 없었다. 2살경에는 보호소로 옮겨져서 6세 이하의 아동 30~35명이 1명의 보모와 비전문 보조인의 통제 속에서 생활을 하게 되었다. 따라서 이곳에서의 생활도 성인으로부터 특별한 관심을 받을 수 없었다. 즉, 대부분 방에서 생활을 하거나 단체로 열을 지어서 일어서고 앉기를 하거나, 작업을 하거나 아니면, 각자 개별적으로 놀도록 방치되었다.

반면, 저능아 집단의 13명의 아동은 1명 아동에 1명의 보조자가 담당하여 특별한 관심과 애정을 받을 수 있었다. 자기 아이처럼 귀여워해 주고, 아동의 수용 호실 간 걷기, 말하기 등의 경쟁을 통하여 아동들의 성취를 장려하였다. 보호자는 많은 시간을 같이하며 걷기, 말하기(언어자극) 등을 시키고 같이 외출도 자주 하였다. 다양한 장난감을 가지고 놀게 하였고, 아동이 걷기 시작할 무렵부터는 학교 유치원에 보내서 매일 같이 예배에 참석도 하고(단체합창, 음악), 그리고 다른 학교 행사에도 참석케 하였다.

52개월 이후 다시 지능검사를 해본 결과 양 집단 간 놀라운 차이를 발견하게 된다. 저능아 집단의 아동들은 정상적인 지능을 획득하게 되는 반면, 정상적인 집단 아동들의 지능은 오히려 저하된 현상을 발견한 것이다. 전자는 평균 27.5점이 상승하였는데, 그중 3명은 45점이 증가하였다. 이들 중에서 1명 혹은 2명의 성인과 계속적이고 긴밀한 유대를 가진 아동은 34점이 증가한 반면 성인과 애정관계가 다소 적은 아동은 14점이 증가하였다. 즉, 애정과 관심의 정도에 따라 지능의 변화가 다르게 나타난 것이다.

반면 정상적인 집단의 아동으로 지적 자극과 애정이 부족한 집단 아동들의 지능은 1명을 제외하고 최저 8점에서 최고 45점까지 하락하였다. 성인들과의 긴밀한 애정적 유대가 결핍되었기 때문이다. 최소한 어린이가 부모의 사랑을 보고 느낄 수 있는 부모의 대리인이 부족한 것이다.

이들은 21년 후에 실시된 추후 연구를 통하여 초기 가정환경이 사회성 발달과도 밀접한 관련이 있음을 보여주었다. 21년 후, 연구에 참가한 사람들의 사회생활을 조사해 본 결과 이때에도 양 집단 간 놀랄 정도의 차이를 발견하게 된다. 즉 초기의 저능아 집단의 아동으로 풍부한 애정과 다양한 지적 자극 속에서 성장한 사람들은 정상적인 가정생활을 하는 반면, 초기의 보통 지능으로 부족한 관심과 지적 자극 속에서 성장한 사람들은 정반대의 생활을 하고 있음을 발견하게 된 것이다. 전자는 13명 전원이 고등학교를 졸업하고 그중 4명은 대학까지 진학하였다. 11명이 결혼하여 9명은 자녀가 있는 정상적인 가정생활을 하고 있었다. 직업에 있어서도 대부분 준전문직종에 종사하고 있었다.

반면, 초기의 무관심과 부족한 지적 자극 속에서 성장한 사람들은 12명 중 1명은 오랫동안의 지진아 보호소 생활 끝에 사망하였다. 3명은 여전히 보호감호소 생활을 면하지 못하였고, 1명은 정신병원에 입원 중이었다. 결혼한 2명 중 1명은 이혼한 상태이고, 3명의 여자는 한정치산자 판정을 받아 사회생활이 불가능한 상태였다. 평균 초등학교 3학년 이내 중퇴자가 대부분이었으며, 반 이상이 무직이거나 나머지는 육체노동에 종사하고 있었다.

물론 극단적인 연구결과이고 중간에 성장변인 등 다양한 변수가 작용하긴 했어도, 초기 가정환경을 어떻게 구성하느냐와 부모역할의 중요성을 일깨워 주기에는 충분한 연구라고 생각된다.

2. 성적에 미치는 가정변인

학업성취에 있어서 가정변인의 중요성은 학계에서 널리 인지되고 있다. 가령, 뉴저지 주립대학의 부콕(Boocock) 교수는 가정변인과 학업성적과의 유관성에 관한 연구는 거의 모든 서구사회에서 발견된다고 하였다. 그러나 대부분의 그러한 초기 연구는 가정의 과정변인(가령, 식구와의 상호작용, 혹은 방과 후 활동)보다는 학교 밖의 구조적 영역(가령, 가정의 수입, 부모의 교육 정도, 직업, 사회적 지위, 가정의 크기, 가정의 구성구조 등)에 더 치중해 왔다.

부모의 사회·경제적 지위(SES)가 학업성취를 설명하는 주요변인이라는 주장은 학업성취와 관련하여 세인들의 관심을 집중시킨 소위 '콜만보고서'(1966)로 더 잘 알려진 미국 시카고 대학 교수였던 콜만(Coleman) 주도의 〈교육기회 불평등 조사보고서〉에서 나왔다. 이 보고서는 이후 학교교육과 직접적으로 관련 당사자인 학교와 교사의 역할에 대한 회의를 품게 했으며, 학업성취에 대한 논쟁의 도화선이 되었다. 그 보고서에서 콜만이 밝힌 주내용을 요약하면 다음과 같다.

- 부모의 사회경제적 지위가 학업성적의 대부분을 설명한다.
  - 소수민족의 학생이 백인 학생들보다 성적이 열등하다.
  - 학생의 SES변인이 고려되어질 때, 학교변인은 학생들의 학업성적에 크게 영향을 미치지 못한다.
  - 학교의 교육과정이나 시설은 학생들의 학업성적을 거의 설명하지 못한다.
  - 교사의 자질은 일부 소수민족 학생에게 약간의 영향이 있다.
  - 학생이 자신의 운명에 대한 통제 가능 의지는 학교변인의 합보다 더 학업성취에 영향을 크게 미친다.

따라서 자녀의 학업성적은 부모의 교육정도, 수입, 재산, 직업, 거주지, 그리고 가옥의 형태에 따라 좌우된다는 이야기이다. 그러나 문제는 당장에 부모의 사회경제적 지위를 향상시킬 수 없다는 데 있다. 그리고 이러한 가정에서의 하드웨어보다는 소프트웨어가 중요하다는 반론이 제기되면서 단순히 부모의 사회경제적 지위 그 자체가 자녀의 성적을 결정하는 것은 아니라는 설명이 설득력을 얻어가고 있다.

가정변인의 중요성을 주장하는 일군의 학자들도 연구가 지속됨에 따라 초기에 강조했던 가정의 구조적 변인보다는 가정의 과정적 변인이 더 중요하다는 쪽으로 변화를 보이고 있다. 가정의 과정적 환경, 즉 가족원 간의 상호작용의 질, 부모가 부과하는 규범과 가치 등이 자녀의 인지발달에 더 영향을 미친다는 것이다. 그중에서도 부모의 가치체계, 교육적 기대, 그리고 행동양식 등이 자녀의 학업성적과 밀접한 연관이 있으며, 부모-자녀 간의 상호작용과 자녀의 학업에 대한 부모의 직접적 개입이 중요하다는 것이다.

콜만은 1980년 중반 이후 부라우디(Bourdieu)의 자본론을 학업성취를 설명하는 이론으로 활용하여, 결국 가정에서 부모가 가지고 있는 문화자본과 사회자본이 자녀의 학업성취를 결정한다고 주장하였다. 여기서 문화자본은 교육적 인식론의 기초가 되는 문화적 특성으로서 개인과 사회에 대한 인지적 성향을 결정하는 지식, 기능, 상징체계를 의미한다. 가령, 사회·문화적으로 형성된 인간의 가소성에 대한 신뢰, 교육열 등이 여기에 포함된다. 사회자본이란 가정이나 지역사회에 존재하는 인간관계, 유대감, 사회망, 교육적 정보, 노하우, 그리고 자녀의 학습동기를 진작시키기 위하여 부모가 사용하는 노력, 시간, 관심의 총체를 말한다.

따라서 자녀의 성적을 향상시키기 위해서는 부모가 높은 교육열과 자녀의 변화 가능성에 대한 강한 신뢰를 가지고 있어야 하며, 다양한 교육정보와 교육적 노하우를 축적하고 있어야 한다. 그리고 성적이 우수한 학생들을 모범으로 삼아 그들의 학습 방법을 벤치마킹할 수 있어야 한다.

3. 학부모의 역할: 가정의 교육적 환경 조성

위에서 언급한 대로 가정의 교육적 환경이 자녀의 학업성적에 중요한 요인의 하나임에는 틀림없다. 그렇다면 부모들은 어떻게 가정환경을 구성하여야 자기 자녀의 성적을 향상시킬 수 있을 것인가. 즉 자녀의 인지발달과 학업성적에 긍정적으로 영향을 미치리라 생각되는 가정의 교육적 환경을 어떻게 구성할 것인가가 관건이다.

데이브(Dave)와 울프(Wolf)에 의하면 인지발달과 학업성적에 영향을 미치리라 여겨지는 가정의 교육적 환경 특성은 다음과 같다.

① 성취압력 : 자녀에 대한 부모의 높은 성취 기대, 부모 자신에 대한 교육적 기대, 자녀의 교육활동에 대한 부모의 높은 관심, 자녀의 성취 수준에 대한 부모의 정확한 지식, 자녀의 학업성취 도달을 위한 부모의 치밀한 준비와 계획성
② 부모의 언어모델 : 부모의 언어사용의 질, 문장력 및 어휘 증진 노력, 언어교정 및 효과적인 언어사용에 대한 부모의 민감성

③ 학습지도 : 자녀에 대한 부모의 학습지도의 기회, 학습지도의 질, 학습관련 시
    설 및 자료의 활용 및 기회 부여
④ 가족 구성원의 지적 활동 : 식구의 활동 범위 및 내용, TV나 대중매체의 활
    용, 도서관 및 학습관련 자료와 설비의 활용
⑤ 가정의 지적 분위기 : 자녀가 활용 가능한 놀이의 내용과 질, 사고와 상상의 기회
⑥ 가족 구성원의 일상사 : 가사의 일상성, 오락과 학습 간의 우선순위

결국 가정의 과정적 변인을 조작함으로써 자녀의 학업성취 수준을 향상할 수 있다는 이야기이다. 자녀에 대한 부모의 성취 압력이 높을수록, 언어사용에 대해 민감할수록, 학습지도의 양과 질이 우수할수록, 가족 구성원의 지적 활동이 다양할수록, 가정의 지적 분위기가 풍부할수록, 그리고 가정의 일상사에서 자녀교육이 우선될수록 자녀의 학업성적은 향상된다. 특히 여기서 중요한 것은 학생들의 학습동기와 자율적 학습습관은 유년기부터 지속적으로 부모가 자녀교육에 관심을 가지고 개입을 해야 가능하다는 점이다. 만약 부모가 유년기부터 자녀들에게 열심히 공부하게 하고, 좋은 학습습관을 형성시키면 고등학교 무렵에 이르러 부모의 학습 기대를 이해하고 내면화하여 자율적인 학습습관을 갖게 되고, 강한 학습동기로 작용한다. 그러나 유년기부터 부모-자녀 간 대화와 이해가 부족하면 성장 후에는 모든 것이 간섭과 잔소리로 들리게 된다. 따라서 학생의 동기화의 발전에 유년기 때부터의 부모의 적극적인 개입은 무엇보다도 중요하다고 하겠다.

부모의 관심과 높은 기대를 내면화하기 위해서는 가정에서 부모와 자녀 간의 상호 이해와 자녀의 부모에 대한 순종이 필수적이다. 즉 비실재적 부모의 기대와 무리한 학습 강요조차도 상호 이해를 바탕으로 할 때 이는 자녀의 학습 동기원이 된다. 그러나 상호간의 이해가 부족할 때는 비교적 낮은 기대 수준이라 할지라도 잔소리로 들리게 마련이다.

따라서 자녀의 교육경험에 대한 부모의 개입(직접 교수, 긍정적인 가정의 학습 분위기 조성), 학업 관련 활동 통제(학습감독, 과외활동시간 통제 및 숙제점검 등)와 비학과 관련 활동 통제(친구와의 시간 보내기, 집안일 하기, TV

시청 등), 그리고 자녀의 학습증진에 대한 지속적인 관심이 부모의 교육적 기대를 내면화시킴으로써 자녀의 학업성적을 향상시키는 방안이 될 수 있다.

결국 자녀에 대한 높은 교육적 기대를 갖는 일과 어렸을 때부터 자녀와 부단한 상호작용을 통하여 높은 기대가 자녀의 학습원이 될 수 있도록 가정의 교육적 환경을 조성하는 일이야말로 가정을 통하여 학생들의 학습력을 신장시키는 방안이라고 하겠다.

소외계층의 교육: 미국을 중심으로

1. 들어가며

공교육의 이념을 수월성의 추구와 평등의 실현으로 구분한다면, 소외계층을 위한 교육은 후자에 해당한다. 학생들을 평등하게 대하는 것과 모든 학생이 학교교육의 수혜자가 될 수 있도록 하자는 것이다. 학교체제는 공개적으로 특정 학생을 차별대우하기가 어렵게 되어 있다. 학생들을 공평하게 대하도록 되어 있고 대중교육의 담당자로서 학생들에게 동등한 교육서비스를 제공할 것으로 기대된다.

그러나 현실은 그렇지 못하다. 불평등재생산론자들의 주장처럼 학교는 제도로써(접근기회의 차별, 트랙제도 등), 교사와 학생 간 상호작용의 차별을 통하여 그리고 교육과정의 운영이나 기대되는 규범, 가치의 차별을 통하여 의도적이든, 암묵적이든 사회의 불평등한 구조를 재생산하는 역할을 수행하고 있다. 따라서 가정에서 문화적 결핍과 교육경험의 부족으로 인하여 취학 당시부터 뒤처진 학생은 학교에서 특별한 인위적 조치가 있지 않는 한 다양한 경험과 지적 자극 속에서 성장한 학생들에 비해 상대적으로 학습결과가 뒤떨어지게 마련이고 그러한 결과는 사회의 직업구조로 이어지면서 결국 다시 빈곤을 경험할 수밖에 없게 된다. 따라서 이러한 빈곤의 악순환을 반복하지 않기 위해서는 소외계층을 위한 의도적인 보상교육이 실시되어야 한다.

제한된 본문에서는 외국의 소외계층 학생들의 교육실태는 어떠하며 이들을 위한 보상교육 방안은 무엇인가에 대한 개괄적인 해답을 시도하고자 한다. 다양한 제약으로 인하여 미국을 중심으로 소외계층 학생(하층 학생, 위기에 처한 학생, 집 없는 학생, 소수민족)의 교육실태와 보상교육의 실제에 대한 소개로 대신한다.

2. 하층 학생을 위한 교육

하층 학생(low-status students)은 사회계층 구조상 최하위에 처한 빈곤학생으로 대부분 집이 없고 인종상으로는 소수민족이다. 미국은 서구 다른 나라보다 상대적으로 이러한 빈곤학생 비율이 높으며 지난 20년 동안 꾸준히 증가했다고 한다(Cohen, 1993; Ron, 1993 재인용). 전체 미국 인구의 40% 정도가 공식적인 가난 수준에 처해 있으며 1,260만 명의 학생(18세 이하 아동의 20%에 해당)이 저소득 가정 출신이다(Saha, 1997).

이들은 대부분 도심에 거주하기 때문에 교육적으로 매우 유해한 환경에서 성장한다. 즉, 부모의 에이즈감염이나 약물중독, 출생 시 낮은 몸무게, 열악한 영양상태, 납중독 그리고 개인적 사고에 노출될 위험을 안고 있다. 교육적으로도 낮은 학업성취와 이로 인한 학교중퇴가 빈번히 발생한다(Ron, 1993).

미국사회에서 하층 아동이나 학생에 대한 교육은 먼저 그들의 학습결과가 저조한 이유를 규명하고 이를 바탕으로 구체적인 보상교육을 논의하고 있다. 대부분 학자들은 이들의 학업실패 원인을 ① 부적절한 교육과정과 교수법, ② 학교규범과 학습경험에 대한 부모와 동료의 강화부족, ③ 학교에서의 기대와 학생행동 및 학습형태와 불일치, ④ 선수학습 성공 경험의 결여, ⑤ 교사의 적절한 준비부족 및 교수조건의 어려움, ⑥ 학생의 부적절한 행동에 대한 교사의 부정적 인식, ⑦ 하층 학생에 대한 차별대우, ⑧ 학급에서의 비효율적

서비스, ⑨ 과대한 교실 규모, ⑩ 낮은 성취 기대, ⑪ 자녀교육에 대한 부모의 지식과 영향력 부족, ⑫ 불우한 가정환경 등으로 돌린다.(Levine & Havighurst, 1992)

보상교육 역시 이러한 원인을 극복하기 위하여 제시되었다. 대표적인 보상교육으로는 취학전 교육을 위하여 고안된 헤드스타트 프로그램(Head Start Program)을 들 수 있다. 이는 불리한 환경에 처한 취학 전 아동을 위한 수학, 읽기, 쓰기 보상교육프로그램이다. 1965년부터 1990년 사이 1,100만 명의 아동(하층 전체 가정의 1/5)이 참가하였으며 최근에는 매년 450만 명의 아동이 참가하도록 약 10억 달러가 투입되었다. 결과적으로 대부분의 평가 연구들은 일부 비판적 시각에도 불구하고 이러한 노력들이 대체로 긍정적 효과를 가져왔다고 보고하였다. 즉, 빈곤아동의 인지적 사회적 능력의 신장, 성적 향상 그리고 건강상태가 보다 증진되었다는 것이다.

초·중학교 재학 하층 학생을 위한 보상교육으로는 '추후프로젝트(Follow Through on Head Start)'가 고안되었다. 재정적 지원을 통한 구제책으로 1965년 초·중등교육법이 통과됨으로써 400억 달러가 초·중등 하층 학생들의 학업증진을 위하여 투자되었다. 또한 고등학생을 위한 보상교육 방안으로는 '상급학교 진학프로그램(Upward Bound Program)'이 시행되었는데, 이는 재정적인 지원을 통해서 하층 학생의 대학 진학에 대한 동기 부여와 대학준비를 돕자는 것이다. 1970년부터 하층 학생들의 대학입학을 촉진시키기 위해서 대학 입학 수능 성적이나 내신 성적이 입학기준에 다소 미달한 하층 학생들에게도 입학기회를 허용하는 개방입학제(소수민족 특례입학)를 실시하였다.

최근에 와서 학교나 교육 당국의 노력과 더불어 빈곤아동의 학습결과는 가정의 교육적 환경과 부모의 양육태도와 상관관계가 있다는 사실이 밝혀짐에 따라 보상교육도 부모의 태도 변화에 초점을 맞추고 있다. 즉 자녀에 대한 부모의 양육태도 변화를 통하여 경제적 불리함 때문에 초래되는 학업성취의 역효과를 극복하자는 것이다(Ron, 1993).

그러나 보상교육이 성공을 거두기 위해서는 하층 아동이나 학생들이 안고 있는 문제를 해결하기 위한 뛰어난 리더십, 적절한 재정적 지원, 헌신적인 교직원의 노력이 통합될 때 비로소 가능하다. 레빈 등(1992)은 이를 '종합적 생태적 개입(comprehensive ecological intervention)'이라고 불렀다. 유해한 환경의 부정적 효과를 극복할 수 있는 관련 서비스와 종합적인 가정의 지원이 있을 때 보상교육은 효과적으로 수행될 수 있다는 입장이다. 이러한 접근은 가정과 학교의 통합적 개입을 강조하는 것으로 학업 실패의 원인을 가정에서 찾는 사람들이 강조했던 여러 방안들, 즉 사회적으로 불우한 아동의 취학전 교육의 확대, 학부모와 같이 하는 학교교육, 다양한 지원체제의 구축과 같은 주장과 학교요인을 강조했던 사람들의 학교변화를 추구하고 하층민을 위한 교수방법을 고안하며 학교의 효율성을 증진시키자는 양자의 주장을 통합한 것이라 할 수 있다.

3. 위기에 처한 학생을 위한 교육

위기에 처한 아동(children at-risk)은 학자에 따라 다양하게 규정된다(Saha, 1997). 가령 빈곤 가정의 아동, 다른 문화적 배경을 가진 아동(소수민족), 제한적 영어사용 가정 출신 아동(Catterall & Cota-Robles, 1988), 가난, 문화적 장애, 언어적 차이로 인하여 전통적 학교교육 실제로부터 이익을 얻을 수 있는 가정, 지역사회의 자원이 결핍된 아동(Levin, 1989), 문화적으로 결핍되었거나 사회적으로 불리한 아동, 교육적으로 결핍된 아동, 교육문제 지표에 따른 위기에 처한 아동, 전체 집단으로서 위기에 처한 아동(편부모, 청소년 범죄활동, 약물남용, 빈곤아동)을 말한다(Natriello, et al, 1990).

이러한 위기에 처한 아동이나 학생들을 구제하기 위한 교육적 노력도 다양하게 경주되었다. 여기에는 긍정적인 학교 분위기 조성, 교사의 적극적인 개입, 학생에 대한 훈육적인 지원 등이 포함된다. 최근에는 위기에 처한 학생을 위한 개혁안으로 '속성학교(accelerated school)'가 대두되었다. 보상교육과 교정프로그램이 위기에 처한 학생들을 제도화하여(institutionalize) 오히려 학습지진아로 낙인을 찍고 그로 인하여 교사의 기대를 낮아지게 한다. 필요한 지적 자극을 제공해 주지 못하고 학습속도를 늦춤으로써 위기에 처한 학생들은 다른 학생에 비해 점점 더 뒤처지게 된다. 따라서 촉진 교육프로젝트는 이러한 격차를 극복할 수 있도록 설계되었다. 다음과 같은 4가지 전제가 그것이다. ① 학생에 대한 높은 기대, ② 위기에 처한 학생의 성취 격차를 줄이기 위한 구체적 경계설정, ③ 개념, 분석, 문제해결, 적용을 포함한 속성교육과정 마련, ④ 학부모의 개입, 지역사회 자원의 활용, 지원인사의 활용.

그 외에도 위기에 처한 학생의 교육을 위한 다양한 전략들이 제시되었다. 가령, 학업실패와 자아감 상실로부터 고통을 받는 학생을 위한 개별화된 교육과정 및 수업 마련, 지역사회에 기초한 학습, 졸업을 위한 융통적인 옵션 제공(Hamilton, 1986; Saha, 1997 재인용)이 그것이다. 또한 위기에 처한 학생들에게 긍정적인 교육경험을 제공하는 일도 강조되었다. 이를 위해서는 위기에 처한 학생들 교육에 대한 교사와 행정가의 책임감, 공정하게 존중되는 통제실제의 확립 그리고 위기에 처한 학생들이 학업을 계속할 수 있도록 만족감을 가져다줄 수 있는 학교 업무의 재개념화가 필요하다(Wehlage & Rutter, 1986. Saha, 1997 재인용). 결국 교사의 개인적인 노력뿐만 아니라 가정, 학교, 지역사회의 유기적 지원과 개입을 통하여 위기에 처한 학생들을 구제하자는 것이다.

4. 집 없는 학생을 위한 교육

집 없는 아동(homeless children)이란 고정적이고 규칙적인 그리고 적절한 야간 주거지가 없는 아동을 말한다. 미국의 경우 집 없는 사람은 300만 명에서 400만 명에 이른다고 한다. 그중 절반 이상이 여성과 아동들이다. 집 없는 아동들은 기본적으로 증가되는 건강문제, 낮은 재학율(집 없는 취학 아동의 43%가 미취학), 저조한 학업성장, 낮은 자아정체성을 특징으로 한다(Juane, 1991).

미국 사회에서 집 없는 아동이나 학생문제에 대하여 가장 종합적으로 제도적 장치를 강구한 것은 1987년에 통과된 맥킨니법(Stewart B. McKinney Homeless Assistance Act)이다. 이는 집 없는 학생들에게 교육서비스를 보증해 주기 위한 정책과 절차를 규정하였다. 즉, 집 없는 학생들에게도 다른 학생들과 동일하게 초·중등교육기관에 접근하도록 보장할 것, 거주지 증명이나 보호자 증명, 이전 학교에서의 학적부, 예방접종 확인서 등과 같이 집 없는 아동의 입학을 제한했던 기준철폐, 그리고 집 없는 특정 학생을 위해 특수교육의 필요성을 확인해 주는 조정관 임명 등을 명시하였다. 또한 특수서비스, 특수교육 프로그램, 영재아 프로그램, 영어가 모국어가 아닌 집 없는 학생을 위한 프로그램, 직업교육 프로그램 그리고 학교 식사 프로그램의 마련 등 다양한 보상교육 프로그램을 제안하였다.

동 법에서는 학교가 집 없는 아동이나 학생들이 가지고 있는 정신적 스트레스, 무질서한 행동, 신체적 이상, 열악한 건강, 발달 장애나 배움의 시기를 놓침으로 인한 인지적 기능 결핍 등 그들의 학습능력을 저해하는 점을 고려하여 이들의 필요를 충족시키기 위해 다양한 노력을 경주할 것을 권고하였다. 이를 위해 교육자들은 각 기관 간(학교, 보건소, 정신건강센터, 알코올이나 약물남용센터 등)의 긴밀한 협력과 교정교육, 기초기본 교육, 방과 후 교육, 개인공간 제공, 자아정체성 발달 지원 그리고 우호적 주변환경을 설정함으로써 집 없는 학생들을 구제하자는 것이다.

5. 소수민족을 위한 교육

미국에서 소수민족에 대한 교육정책은 거시적으로 동화정책(melting pot

theory)에서 다문화주의(multiculturalism)로 변화되었다. 그 후 다문화주의는 다음과 같은 다섯 가지로 전개되었다(Banks & Banks, 1989).

첫째, 문화차이에 대한 교육이다. 유색인종, 특수아, 여성, 저소득층 학생들을 학교에 적응시키기 위한 다양한 방안을 강구하고 추후 성인사회에 효과적으로 준비를 시키기 위해 미국사회가 요구하는 인지적 기능, 개념, 정보, 언어, 가치 등 다양한 문화내용을 교육함으로써 소수민족이 사회제도와 전체 문화 속에서 올바른 역할을 하게 한다.

둘째, 인간관계를 통한 소수민족에 대한 태도의 교정이다. 사회의 모든 구성원들을 인종, 계층, 성별에 상관없이 동등하게 상호 존중하게 하고 학생들에게 조화로운 삶을 배울 수 있도록 긍정적 정서, 집단 정체성 및 긍지를 고취시키고 편견과 고정관념을 제거하도록 도와준다. 학교에서 학생들로 하여금 타인에 대한 긍정적 인식을 고취시키기 위해 협동학습, 역할놀이, 체험학습을 통하여 소수민족에 대한 태도교정을 유도한다.

셋째, 특정 인종에 대한 연구이다. 특정 인종에 대한 인식, 존중 그리고 허용이 가능하도록 하기 위해서이다. 주류문화를 확대하고 사회평등과 문화적 다원주의를 증진시킬 것을 강조한다. 따라서 학교에서는 특정 인종의 문학, 역사 및 다양한 문화적 형태에 대한 학습을 통하여 소수민족에 대한 이해를 확대한다.

넷째, 다문화 교육이다. 이는 소외계층에 대한 편견과 인종차별을 없애고 모든 집단에 대한 사회정의와 균등한 기회를 제공하며 다양한 문화집단 간 권력의 공정한 분배를 강조한다. 이를 위해 교육과정은 문화적 다양성에 대한 인식, 허용 그리고 확인을 위해 재조정된다.

다섯째, 다문화 교육과 사회재건을 위한 교육이다. 이는 학생들을 사회계층 구조와 삶의 조건을 분석할 수 있는 비판적이고 분석적인 사고자가 되도록 교육하는 것이다. 학생들로 하여금 자신의 운명을 통제하고 조정하기 위하여 어떻게 사회적 행동 기능을 활용할 것인가를 가르친다. 교육과정은 다양한 집단의 관심사로 설계된다. 인종, 계층, 성, 소외된 사람들 간에 보다 더 큰 평등을 실현하기 위해 사회 재건을 시도한다. 이를 위해 학교에서는 민주주의의 활성화, 자신의 삶의 조건에 대한 분석방법 교육, 정치·경제·사회적 변화를 유도하는 지식, 태도, 가치, 기능의 학습, 사회의 공동선을 실현하기 위한 인종 간의 화합을 강조한다.

소수민족(특히 흑인)을 위한 보상교육 역시 다양하게 제시되었다. 보상교육은 미국의 공립학교 제도는 모든 학생이 인종, 문화적 배경, 성별, 능력에 상관없이 교육받아야 한다는 신념에 기초를 두고 있다. 1950년 중반 이후부터 시행된 인종통합정책(desegregation)이 대표적인 예이다. 1954년 미 대법원은 'Brown et al v. Board of Education of Topeka et al' 사건을 통해 인종차별교육정책을 허용하는 법률을 폐기하도록 판시하였다. 결과적으로 흑인 거주지 인근학교를 폐교하고 백인 학교로 학생들을 통학하게 함으로써 인종통합정책이 시행되었다.

그러나 많은 백인 지역사회가 공립학교에 대한 재정적 지원을 철회하고 백인학생만을 위한 사립학교를 세웠으며, 학교 내에서는 코스의 할당이나 능력별 반편성, 트랙제도를 통하여 흑인학생들을 재차별하는 현상(resegregation)이 나타나게 되었다. 거기에 더하여 소수민족이라는 부정적 지위, 인종통합으로 인한 흑인 학교의 폐교로 흑인 교육자의 대량 해고 및 실직, 흑인들의 성적 부진을 조장하는 학교변인에 대한 관심 부족, 백인의 규범에 대한 흑인 학생들의 거부감 등이 이러한 현상을 촉진하였다. 따라서 이들을 위한 보상교육은 흑인 학생들로 하여금 사회적 실제에 대한 비판적 반성에 참가할 수 있도록 하는 기본지식을 교육하는 것으로 그쳐서는 안 된다는 것이다. 그리고 학교는 학부모와 지역사회와의 파트너십을 형성할 수 있어야 한다는 것이다(Patricia, 1999).

그 외 미국사회에서 소수민족의 상황을 변화시키기 위한 교육적 노력으로는 학교 내 상호작용 유형의 변화, 다문화 교육 프로그램 마련, 학교의 분위기 쇄신, 지역사회의 개입 등을 들 수 있다. 개인뿐만 아니라 가정, 학교, 지역사회를 포함한 구조가 변화되지 않고는 소수민족의 보상교육이 진정으로 이루어질 수 없다는 인식하에 학교가 조기에 이들의 교육에 관여해야 한다는 것이다. 즉 학습시간을 보다 많이 늘리고, 교육적 기대를 고조시켜 학교 중퇴율을 줄이고, 10대 미혼모 학생 자녀에 대한 보육지원체제를 제공하며, 학급 규모를 줄여 소수민족을 위한 효율적인 교육을 실시해야 한다는 것이다(Lindjord, 1998; Ballantine, 2001 재인용).

6. 나오며

오늘날 자본주의가 발달된 사회일수록 결과는 투자에 비례한다는 원리가 대부분의 사회영역에 그대로 적용된다. 교육결과 역시 예외가 아니다. 취학 전 어떠한 교육경험과 문화경험을 하느냐에 따라 학습결과는 달라진다. 학교에서의 교육경험 역시 비례적으로 중요하게 작용한다. 따라서 가정에서의 문화적 결핍과 교육경험의 부족으로 인하여 취학 당시부터 기초학습능력이 결여된 학생들은 학교에서 특별한 인위적 조치가 있지 않고는 보다 우수한 가정환경과 교육환경에서 성장한 학생들에 비해 상대적으로 학습결과가 뒤떨어지게 마련이다.

그런데 문제는 가정환경을 학생들이 임의로 선택할 수 없다는 데 있다. 단지 출생지가 열악하다는 것 때문에 일생을 낙후된 환경에서 성장해야 하고 열악한 학교교육을 받아야 하며 사회지위체계의 속성상 낮은 지위를 차지할 수밖에 없다는 것 그리고 그러한 관계가 악순환된다는 사실은 결과의 평등이나 사회정의를 위해서도 결코 바람직한 일은 못 된다.

따라서 결과의 평등을 실현하기 위해서는 소외계층(하층 학생, 위기에 처한 학생, 집 없는 학생, 소수민족, 여성, 장애아, 특수아, 도서벽지 거주자)을 위한 인위적인 조처가 필요할 수밖에 없는데, 빈약한 교육환경에 처한 학생들을 위한 보상교육이 그것이다. 앞에서 살펴본 바대로 미국 역시 예외는 아니다. 취학 전부터 시작하여 취학 후 학교교육과정을 통하여 그리고 사회의 제도적 장치를 통하여 그러한 노력을 실천하려는 의지를 엿볼 수 있다. 물론 그 중에는 성공한 것도 있고 실패한 정책도 있지만 중요한 것은 그러한 보상교육을 위한 관계자들의 다각적인 노력이라는 점이다. 특히 가정, 학교, 지역사회가 함께 하는 종합적 생태적 접근이 오늘날 보상교육의 방향이라고 할 수 있다. 그러한 점에서 우리나라도 도서벽지 거주 아동이나 결식아동, 저소득 빈곤층 아동 등 사회·문화적으로 뿐만 아니라 교육적으로 열악한 환경에 처한 아동들을 위한 교육적 관심과 보상교육을 위한 다양한 노력들이 경주되어야 할 것으로 보인다.

도·농간 교육격차의 실태와 개선방향

어느 사회건 어느 정도 불평등이 있게 마련이다. 이 점은 한정적 교육자원을 분배하는 일에 있어서도 마찬가지이다. 특히 산업화로 인하여 학교의 공리성이 강조되면서 교육받을 기회의 불평등이 사회문제로 대두되게 되었고 상호 평등주의와 업적주의, 교육과 고용 및 수입 등 직업구조와 관계가 더욱 밀접해짐에 따라 교육적 평등의 실현은 교육 그 자체만의 독립적인 문제가 아니라 사회 경제적 맥락에서 고려되었다.

산업화 이후 학교교육은 사회적 재화의 형태를 띠게 되었고 모든 사람들에게 똑같은 양과 질의 평등한 교육기회를 제공하는 일이 중요한 문제로 대두되었다. 처음에는 주로 하층민들의 경제적 장애 때문에 학교교육에 대한 접근 기회가 제한적으로 주어졌다는 점에 사회적 관심이 쏠렸으나 점차 문화적 장애로 인한 학업실패의 문제 및 교육체제 내에서 특정 계층의 불리함으로, 그리고 지식 자체의 사회성의 문제로 인한 교육결과의 차이의 문제로 관심사가 변천하였다(Foster, et al, 1996).

그 후 교육기회를 배분하는 기준과 원칙에 대하여 다양한 논의들이 전개되었다. 예컨대, 동일한 종류의 교육적 경험과 동일한 양의 교육을 모든 사람에게 똑같이 제공해야 한다는 주장(산술적 평등주의)과 서로 다른 개인들이 서로 다른 교육적 욕구를 실현할 수 있도록 교육기회를 배분해야 한다는 차등원리가 그것이다. 전자는 남녀, 빈부, 지역에 상관없이 모든 사람들에게 똑같은 수준의 교육을 시키는 것을 평등으로 본 반면, 후자는 교육기회 평등이란 다양한 학습자의 조건을 고려하여 불평등하게 배분하는 것이라고 본다. 따라서 후자는 사회적으로 가장 불리한 지위에 있는 집단의 교육받을 기회를 개선하는 방향으로 불평등하게 교육받을 기회를 배분하는 것이 정의로우며, 재능이나 사회적으로 열악한 조건에서 태어난 사람들이 진정한 교육기회를 누릴 수 있도록 사회적으로 배려되어야 한다고 주장한다.

교육격차란 교육기회의 불균등(불평등)이라는 말과 같은 뜻으로 교육에 관련된 요인을 중심으로 무엇 간 차이를 포괄하는 결과적 현상을 총칭한다(이종재, 1981). 그러한 격차는 개인의 지적 능력, 사회경제적 배경, 성별, 지역, 제도적 요인, 학교의 특성 등 다양한 요인에 의해 발생한다. 우리의 경우 교육격차를 파생시키는 변수가 도·농간 지역별 차이와 사회경제적 지위에 의한 영향, 그리고 성별에 의한 차이가 특징적인 것으로 지적된다. 그런데 여기서 문제삼고자 하는 것은 농촌 지역에 거주한다는 사실이 교육기회의 접근 및 결과에 중요하게 영향을 미치며 그것도 도시에 비해 상대적으로 불리하게 영향을 미친다는 점이다. 농촌 학생들은 상대적으로 교육기관에 접근 기회도 제한되어 있을 뿐만 아니라 불리한 교육과정에 노출되어 있고 따라서 교육결과도 저조한 것으로 나타난다. 그러한 현상이 왜 나타나는가, 그리고 그러한 교육격차를 줄이기 위해서는 어떠한 노력들을 해야 하는가. 본문에서 다루려는 주제이다.

1. 도·농간 교육격차의 실태

우리나라에서 농촌교육은 1980년대까지만 해도 언론의 관심으로부터 뿐만 아니라 학문적 관심으로부터도 사각지대에 있었다. 주로 도시 학교교육에 치중하여 관심과 투자가 이루어졌기 때문이다. 농어촌 소재 학교가 전체 학교수의 44.1%를 차지하고 있다는 사실(학생 수는 전체의 16.8%; 학급 수 22.1%; 교원 수 23.3%. 2002 교육인적자원부 통계)을 고려한다면 대도시나 중소도시의 학교교육에 대한 관심과 투자 못지않게 중요하게 다루어져야 했겠지만 그렇지 못한 것이 오늘의 현실이다.

그러면 도·농간 교육격차는 어느 정도인가? 교육격차의 현실을 나타내는 지표는 학자에 따라 다양하다. 가령, 교육기회 불평등에 대한 주관적 평가도, 취학률, 진학률, 교육선발지수, 지니계수와 같은 객관적 측정 방법이 그것이다(그러한 지표 하나하나에 따라 농촌과 도시 학교 간 격차가 어떻게 나타나는가를 따져보는 것이 순서겠지만 지면 관계상 생략한다).

대부분 농촌 교육실태에 대한 연구들은 농촌학교는 도시학교와 같이 균등한 교육을 받을 수 있는 교육환경이 구비되어 있지 못하다는 사실에 동의하고 있다(한정신, 1980; 김병성, 1981; 이무근 외, 1982; 이해성, 1985). 예컨대 이무근 외(1982) 연구는 투입요인, 과정요인, 그리고 결과요인에 있어서 도·농간 교육격차를 극명하게 보여준다. 먼저 투입요인으로 학교의 인적 구성 수준이 농촌학교가 도시 소재 학교보다 낮다. 농촌 거주 학생들은 학생 1인당 연간 공·사교육비 투자가 상대적으로 낮다. 초등학교는 대도시 지역 교육비의 60%, 중학교는 79% 그리고 고등학교는 65% 수준에 불과하다. 사교육비의 투자에 있어서도 대도시 학생들이 농어촌 학생들보다 많게는 5배, 적게는 2~3배에 이른다. 결국 낮은 교육투자는 열악한 교육환경으로 이어지며 저조한 성적으로 나타난다. 그 외 학생의 가정환경, 부모의 사회·경제적 배경 및 가정의 교육적 환경, 문화 수준에 있어서 농촌이 도시에 비해 상대적으로 낮다. 학교 안정도, 교사의 전문성 등 학교의 특성에 있어서도 농촌 학교는 도시 학교에 비해 불리하다.

둘째, 도·농간 교육격차는 과정변인인 학교의 사회적 체제(물리적 시설, 학교 학습 환경, 재정적 지원, 행정적 지원, 행정의 효능성, 교직만족도), 교육과정 구성 및 운영(학습집단 편성, 교수계획, 좌석배치 방식, 수업교재, 평가, 학생지도 투입시간, 진로지도), 그리고 학교의 학습풍토(학생풍토, 교사풍토, 교장풍토)에 있어서도 극명하게 드러난다. 즉, 농촌학교는 모든 면에 있어서 도시학교에 비해 상대적으로 불리한 교육여건에 처해 있다.

셋째, 결과요인인 인지적 영역의 학력과 정의적 영역의 자아개념과 가치관에 있어서 농촌 학생들은 도시 학생들에 비해 낮다. 초·중·고등학교에서 도·농간 학력격차가 뚜렷하다. 특히 중학생보다 고등학생 간 학력격차가 더 큰 것으로 나타나 도·농간 학력격차는 학력이 높아질수록 더 커진다. 또한 지능에 있어서도 농촌 청소년이 도시 청소년에 비해 열등한 것으로 나타났다 (한정신, 1980).

1980년대에 수행된 도·농간 교육격차에 대한 연구들이 밝힌 격차의 크기는 오늘날 와서도 좁혀지지 않고 있다. 2000년대에 와서 수행된 일부 조사들에 따르면 특히 대부분 농어촌 학생들의 학업성적이 상대적으로 저조한 것으로 나타난다. 한국교육과정평가원(2001)이 실시한 조사에 따르면 고2 학생의 경우 국어, 영어, 수학 교과에서 읍·면의 학생의 기초학력 미달 학생 수의 비율(국어 25.4 %; 영어, 6.1%; 수학 7.8%)은 도시학생(국어 10%; 영어 1.8%; 수학 2.3%)은 말할 것도 없고 전체 학생 기준(국어, 13%; 영어 2.7%; 수학 3,4%)에도 미치지 못한다. 특히 도·농간 학력격차는 상급학교로 갈수록 심화되고 있으며, 농어촌 지역 학력미달 학생의 비율도 상대적으로 높게 나타난다. 결국 교육격차를 가늠케 하는 측정 도구에서 농촌교육은 도시교육에 비해 상대적으로 열악하다는 사실을 알 수 있다.

2. 도·농간 교육격차의 원인

그러면 왜 교육격차가 생기는가? 일견컨대, 개인의 유전적 특징(능력), 사회계층, 정치적 권력, 교육적 자원 및 자원의 분배, 거주지, 교육기관의 특성, 교사의 특성, 교육비, 상급학교 선택 등을 그 원인으로 들 수 있다(Oxenham, 1997). 또한 경제적 및 제도적 장애, 개인의 능력 부족 및 신체적 장애, 부모의 교육적 태도 등도 그 원인에 포함시킬 수 있다.

지금까지 교육격차의 원인에 대한 논의는 주로 학생의 타고난 능력이나 지능, 성취동기 등 개인적 차원에 기인한다고 보았으나 차츰 개인적 차원보다는 사회적 불평등이 반영된 구조적 차원에서 그 원인을 찾게 되었다. 즉 학생의 지능이나 능력 등 개인차(Jensen, 1969)와 가정의 사회경제적 배경 및 문화적 요인(Coleman, 1966; Plowden, 1967; Jencks, 1972; IEA 보고서, 1976) 등 학교 외적 요인이 격차를 초래한다는 주장과 학교의 사회적 체제와 학교 내 상호작용을 중시한 입장(Brookover, 1977, 1979; Percell, 1977)으로 대별되었다. 전자의 입장에서 보면 도·농간 교육격차는 도시문화가 농촌문화보다 우월하다는 사회의 지배구조 때문이라는 반면 학교의 사회적 체제와 학급 내 교사와 학생 간 상호작용을 강조하는 후자는 도·농간 교육격차의 원인을 농촌학교의 열악한 교실시설 및 투자의 부진, 교육과정 및 교수수준의 저하로 돌리려 한다. 특히 학교 구성원의 상호기대, 지각, 평가 그리고 학교의 사회체제와 밀접한 학교의 학습풍토가 교육격차를 유발한다고 본다.

학교의 외적 조건이 교육격차를 초래한다는 입장에서는 가정의 사회 경제적 지위와 그에 따른 가정환경이 중요하며 농촌학생의 학업격차는 곧 가정에서의 사회화 과정에서 학교 학습에 적절한 인지양식, 언어모형, 그리고 성취를 위한 동기가 제대로 형성되지 못한 때문으로 본다(정영애, 1981). 반면, 학교의 내적 조건을 강조하는 입장에서는 학생의 가정 배경이나 사회의 지배구조는 교육자의 힘으로는 고치기 어려우며 따라서 교육격차를 줄일 수 있는 방법은 학교의 구조 및 시설, 교육여건, 교육과정, 교수변인, 학교의 학습풍토의 개선에서 찾아야 한다고 주장한다(이인효, 1981).

이러한 원인들이 도·농간 교육격차의 대부분을 설명할 수 있을 것임에는 의심의 여지가 없다. 보다 직접적으로 우리나라 도·농간 교육격차를 초래한 요인으로 이무근 외(1982)의 연구는 종합적 원인을 제시하고 있다. 즉, 도·농간 교육격차의 주된 요인은 교사의 특성, 학교의 시설, 학생의 가정교육환경, 학생 가정의 사회경제적 지위 등이다. 즉, 특정 요인이 결정적으로 관여되었다기보다는 학생의 개인적 지적능력 이외 학교 내 요인과 학교 밖 요인이 종합적으로 관여한 결과라는 것이다. 그러나 이해성(1985)의 연구는 학교교육 그 자체보다 학생의 가정배경, 그리고 지역사회의 문화·경제적 수준이 결정적으로 영향을 미친다고 주장한다. 따라서 농촌지역에 대한 교육적 투자를 통해서 농촌지역사회의 문제를 해결하기보다는 농촌지역의 문화·경제적 수준의 향상을 통해 도·농간 교육격차를 해소해야 한다고 주장한다.

그러나 도·농간 격차는 많은 부분 이촌향도의 결과(결과이자 원인이다)라 해도 과언이 아니다. 즉 가정의 경제적 사정이 좋고 성적이 비교적 우수한 학생들은 대체로 도시로 전·입학을 한다. 두뇌 유출 결과 농어촌 학교에는 우수한 학생들이 상대적으로 적다. 그렇지 않아도 지적 능력(한정신, 1980)이 도시 학생들에 비해 상대적으로 뒤처지고 가정의 교육적 환경이나 학교의 환경이 도시에 비해 열악한 상황에서 그나마 우수한 학생들의 유출로 인하여 농촌학생들의 학습결과가 더욱 낮아지는 것은 어쩌면 당연한 일인지 모른다.

3. 도·농간 교육격차의 개선 방향

도·농간 교육격차를 줄이는, 즉 교육의 기회균등을 실현하는 방안은 무엇인가? 가장 간단히 말하면 첫째, 기본적으로 성별, 인종, 종교, 정치, 계층, 경제적 조건, 거주지 간 불평등하게 분배되어 있던 교육의 기회를 동등하게 한다(접근기회의 균등). 둘째, 학교 간 시설, 교육비, 교육과정, 교사의 질 등 투입 요인을 균등하게 하여 학교 간 격차를 최대한 줄인다(교육과정의 균등). 셋째, 선수학습 경험의 차이 등 출발점의 불평등을 적극적으로 보상하여 결과적으로 학습결과를 균등하게 한다(결과의 균등).

그러나 그렇게 교육격차가 현실적으로 쉽게 해결될 수 있는 문제는 아니다. 그 외에도 고려해야 할 것들이 많기 때문이다. 무엇보다도 교육격차의 반대

개념인 평등을 어떻게 보느냐 그리고 교육격차를 어떻게 보느냐에 따라 동일한 현실에 대한 해석은 문제 상황이 될 수 있고 그렇지 않을 수도 있다. 따라서 교육격차의 원인을 조명하는 교육기회균등의 원리에 비추어 개선방향과 정책이 결정되어야 한다.

둘째, 개선방향은 문제의 실태 및 원인에 대한 분석에 기초하여 도출되어야 한다. 교육격차의 원인이 개인의 능력이나 노력의 차이 때문인지 아니면 가정의 사회·문화적 배경 때문인지 그것도 아니면 학교교육의 특성 때문인지에 따라 그 개선 방향도 달라질 것이다. 가령, 도·농간 교육격차가 학생의 인지적 능력과 노력 탓이라면 이러한 격차를 해소하기 위해서 학생의 지적 능력을 향상시킬 수 있는 방법을 모색해 보아야 한다.

그렇지 않고 학교교육 그 자체보다 학생의 가정배경, 그리고 지역사회의 문화·경제적 수준이 원인이라면 농촌 지역에 대한 교육적 투자를 통해서 농촌 지역사회의 문제를 해결하기보다는 농촌지역의 문화·경제적 수준의 향상을 통해 도·농간 교육격차를 해소해야 한다. 그럴 경우 미시적으로 학교나 교사가 할 수 있는 방안은 상대적으로 제한적일 수밖에 없다. 국가나 지역사회 그리고 교육청의 거시적인 교육구조와 사회 전체의 변화를 통해서만 개선이 가능하다. 예컨대, 제도적으로 농촌학교들 간 그리고 학교와 교육청 간 협력체제를 구축하여 자원과 설비의 공유, 교사의 전문성 프로그램 운영, 교육자료의 공동구매 등을 통하여 재정적 결핍, 교수자원의 부족 그리고 소규모 학교 활동의 장애를 극복할 수 있을 것이다(Levine & Havighurst, 1992).

그러나 도·농간 교육격차를 파생시키는 중요한 변수가 교육의 내적 조건에 놓여 있다면 내적 조건의 변화 가능 변인에 의해 격차를 축소 내지 극소화해야 한다. 즉 농촌학교의 구조와 시설, 교육여건, 교육과정, 교수변인, 학교의 사회심리적 환경, 그리고 교사 및 행정가의 특성을 개선함으로써 효과적인 학교 프로젝트를 통해서 교육격차를 최소화해야 한다.

셋째, 학생의 학습권을 최대한 보장해 주는 방향으로 정책적 배려가 있어야 한다. 농촌학교에 대한 재정적인 투자뿐만 아니라 교수—학습방법을 개선하여 농촌학생들이 불이익을 받지 않도록 해주어야 한다. 후자와 관련하여 첨단 기자재를 활용한 원격교육과 혁신적인 교수법의 개발, 연계 프로그램의 개발, 효과적인 학교 프로젝트의 시행 등을 들 수 있다(Levine & Havighurst, 1992).

특히 농촌 소규모 학교에서 시행하고 있는 복식수업으로 인하여 학생들의 학습권이 침해받는다는 점을 감안하여 현행 제도하에서 농촌학생들로 하여금 도시학생들과 동등한 교육권을 보장하기 위해서는 소규모 학교의 학생 및 교사의 최저 정원제를 실시하거나 학급당 최저 학생 수의 기준을 하향 조정하여 복식학급 편성을 완화해 주어야 한다. 그리고 효율성보다 교육성에 기초한 복식용 교육과정 재구성 및 지도서를 제작해 줌으로써 최소한으로라도 학생들의 학습권을 보장해 주어야 한다.

넷째, 교육격차를 해소한다는 것이 지역에 관계없이 모든 사람들에게 똑같은 수준의 교육을 제공하는 산술적 평준화를 의미하는 것은 물론 아니다. 오히려 다양한 학습자의 조건을 고려하여 불평등하게 고려하는 것이다. 즉, 사회에서 가장 교육적으로 불이익을 받고 있는 계층의 교육받을 기회를 확대하는 방향으로 정책이 나아가야 한다. 사회적으로 열악한 조건에서 태어난 사람들이 진정한 교육기회를 누릴 수 있도록 다양한 사회적 배려가 이루어져야 한다. 보다 구체적으로 기회의 평등을 넘어 교육결과의 평등의 입장에서 농촌교육문제에 접근하여야 한다. 결과의 평등은 산술적 평등주의를 지양하고 차등원리 및 보상원리를 추구하자는 입장이다. 즉, 지적능력이 떨어지거나 저소득층이거나, 열악한 교육환경에 처한 학생일수록 더 많은 교육적 배려를 받아야 결과적으로 교육차가 줄어들 수 있을 것이다.

끝으로, 넷째와 관련하여 농촌교육의 특수성을 살리는 방향으로 나아가야 한다는 점이다. 즉, 도시주의와 구별이다. 위에서 언급한 것들은 대체로 도시의 교육과 사회, 경제, 문화적 배경 등 외적 조건을 유사하게 만듦으로써 교육 불평등을 극소화하자는 것이라면 도시주의와 구별은 농촌사회의 특수성 및 장점을 강화하는 방향으로 나아가자는 입장이다. 즉 지역적 특수성을 살린 교육을 실시함으로써 농촌의 자긍심을 신장시키고 결과적으로 교육적 불평등을 가치의 우열에서 보는 것이 아니라 문화적 상대주의 시각에서 대등한 것으로 보자는 것이다. 이를 위해서는 농촌교육을 새롭게 보는 시각의 변화 및 농촌교육의 장점을 발굴해 내는 노력이 선행되어야 한다.

결과적으로 다양한 노력을 통하여 단지 거주지 때문에 농촌학생들은 문화적 결핍은 물론이고 교육적 불평등까지 감수해야 한다는 논리가 더 이상 구속력을 갖게 해서는 안 될 것이다.

농어촌 소외학생을 위한 교육복지 대책

1. 들어가며

교육의 양적 팽창으로 인한 대중교육이 보급된 이래로 평등 문제는 수월성의 추구와 더불어 공교육의 2대 이념으로 대두되었다. 특히 교육평등 개념이 더욱 세분화됨에 따라 선진 사회를 중심으로 기회의 평등과 내용의 평등을 넘어서 교육결과의 평등을 추구하게 되었고, 그러한 평등을 실현하기 위한 구체적인 방안들을 모색하기에 이르렀다.

수월성의 추구가 주로 도시 거주 성적 우수학생을 대상으로 삼았다면 교육평등의 실현은 도시의 빈민 학생이나 농어촌의 소외된 학생을 대상으로 삼았다. 특히 성장보다는 분배에 더 많은 관심을 경주하는 정부일수록 분배정의의 실현을 위하여 수월성 추구보다는 소외계층을 위한 교육 평등 실현 정책을 강조하는 경향을 띤다. 따라서 소외학생에 대한 교육복지 역시 이러한 정책적 동향의 일환으로 이해될 수 있다.

일반적으로 '소외학생'이란 사회경제적 요인을 포함하여 다양한 제약으로 인하여 주류 학생들과 동일한 교육적 혜택(그것이 기회가 되었건 내용이 되었건 아니면 결과가 되었건)을 받지 못하는 학생들을 일컫는다. 힘 있는 자들에 의하여 관심과 존경, 이해와 지원을 받은 역사가 거의 없는 학생을 말한다 (Sher, 2000).

사회계층상으로는 하층 학생이나 경제적으로 극빈 학생, 구조적·기능적 결핍 가정 학생(소년 소녀 가장, 결손 가정 학생), 이질적 문화를 소유한 학생(이민자, 역이민자, 탈북자, 외국인 근로자 자녀), 지역적으로는 도심의 교육 낙후지역 학생이나 농어촌 벽지 거주 학생, 장애인, 특수아, 그리고 이외에 다양한 이유 때문에 중심에서 벗어나 있는 학생을 말한다. 이러한 아동들은 공통적으로 기초학력이 낮고 학교 중퇴율이 높거나 상급학교 진학률이 낮은 것으로 나타났다(Sanders, 2000).

제한된 본문에서는 농어촌 거주 소외학생의 복지에 대해 특별한 사회적 관심을 경주해야 하는 정당성과 그러한 정당성을 실현하기 위한 방안, 즉 농어촌 소외학생의 교육복지 대책에 대하여 알아보고자 한다.

2. 농어촌 소외학생을 위한 교육복지의 정당성

현행 학교체제하에서 대체로 가난하거나 불우한 처지의 학생들에게 불평등한 교육적 요소들이 더 많이 제공되었고, 이는 상대적으로 낮은 교육결과를 초래하였다. 그러한 불평등을 개선하기 위한 수많은 시도들이 있었지만 결과는 여전히 다양한 요인에 의하여 특정 학생들은 차별적인 대우를 받는 것으로 드러났다.

학생 간 차별대우와 관련하여 처음에는 신분, 성, 종교, 지역, 인종에 따라 교육받을 기회가 다르게 주어졌다. 일체의 제도적 차별을 철폐하고 모든 사람에게 교육받을 기회를 동등하게 부여하자는 노력이 나타났는데 이를 교육기회의 허용적 평등이라 한다. 그러나 실제로 이러한 평등관에도 불구하고 농어촌이나 도서·벽지에 거주하는 학생들은 그곳에 학교가 없었기 때문에 교육의 기회를 동등하게 누릴 수 없었다. 따라서 경제적, 지리적, 사회적 제반 제약 요소들을 제거해 줌으로써 누구나 자신의 거주지에서 동등한 교육을 받을 기회를 보장해 주자는 노력들이 나타나게 되었다. 그것이 교육기회의 보장적 평등이다.

이러한 평등관은 교육기회의 확대를 가져오긴 했으나 계층 간 분배구조를 변화시키는 데까지는 영향을 미치지 못하였다. 즉 학교 간 시설, 교사의 자질, 교육과정에 있어서 차이를 극복할 수 없었다. 결과적으로 학교 간 차이는 상급학교 진학 차이를 가져오게 함으로써 상급학교교육의 기회분배 차이를 초래하게 하였다. 따라서 교육과정이 동등해지지 않으면 평등을 실현할 수 없다는 결론에 이르게 되었다. 학교 간 시설을 유사하게 하려는 노력뿐만 아니라 국가 수준의 교육과정을 만들고 평준화 정책이나 국가에서 교사의 자질을 공동으로 관리하려는 노력들은 여기에 포함된다.

이러한 과정의 평등을 주장하는 사람들은 학교의 교육조건이 같아지면 교육결과가 평등해질 것이라고 생각했었다. 그러나 현실적으로 학생 각자가 취학이전에 받은 선수학습 경험과 이로 인한 능력의 차이 때문에 같은 교육조건하에서도 교육결과는 여전히 다르게 나타났다. 따라서 이들을 위한 보상교육 방안을 강구하지 않으면 안 되게 되었다. 이는 불리한 여건에 처한 학생이나 능력이 낮은 학생에게 더 많은 시간과 노력을 경주하여 모든 학생이 동일한 교육결과를 꾀하자는 시도이다. 따라서 지적능력이 떨어지거나, 저소득층이거나, 아니면 열악한 교육환경에 처한 학생일수록 더 많은 교육적 배려를 함으로써 결과적으로 평등을 실현시키려는 입장이다.

농어촌 소외학생의 보상교육이나 교육복지에 대한 정당성은 바로 이러한 결과의 평등관에서 찾아질 수 있다. 실제로 소외학생의 교육결과는 학생의 개인적 특성에 전적으로 좌우되는 것은 아니다. 학습환경이 열악하거나 역기능적 환경, 혹은 학습기회와 지원을 위한 세대 간 자원의 불균등, 그리고 사회자본과 같은 구성원 간 유대감의 부족 등 오히려 학교가 통제 불가능한 변인들의 영향력이 더 강하게 작용한다. 따라서 최소한 교육적으로 통제 가능한 학교의 과정변인만이라도 역차별함으로써 결과를 균등하게 하자는 것이다. 즉 열악한 과정변인을 인위적으로 조작하여 농어촌 학생들의 교육결과를 향상시키자는 것이다.

거주지는 학생들이 임의로 선택할 수 없다. 단지 출생지가 농어촌이라는 것 때문에 취학 전부터 낙후된 교육환경 속에서 성장해야 하고 열악한 학교교육을 받아야 하며 사회지위체계의 속성상 낮은 지위를 차지할 수밖에 없다는 것, 그리고 그러한 관계가 악순환된다는 사실은 결과의 평등이나 사회정의를 위해서도 바람직한 일이 못 된다. 따라서 농어촌 학생의 교육문제는 결과의 평등 속에서, 그리고 교육복지 차원에서 찾아지지 않으면 안 된다는 주장이 설득력을 얻게 된다.

3. 농어촌 소외학생을 위한 교육복지 대책

농어촌 소외학생을 위한 사회복지는 직접적으로 사회보장제도나 의료보험 등 이들의 생계 및 생활환경 개선에 중점을 두었다. 그러나 이들을 위한 교육복지는 주로 지역 거주자의 인간자본의 형성을 통한 간접적 방법과 보상교육과 같은 직접적인 방안을 중심으로 논의되었다. 전자는 농어촌 거주자들을 교육시키고, 기능을 습득토록 인센티브를 제공하고, 직접 훈련을 시키고, 지역학생을 위한 봉사에 필요한 기능을 가진 사람을 선발하고, 지역사회발전종합센터의 구축 및 직접적인 투자를 통하여 그 결과를 학생들의 교육복지에 활용하자는 것이다(Nadel & Sagawa, 2002).

보상교육과 관련하여 지금까지 대부분의 관련 문헌들은 소외학생에 대한 적절한 지원과 가정, 학교, 지역사회가 모든 학생들의 우수한 교육결과를 낳는 효과적인 학교를 만드는 데 교육복지의 초점을 두었다. 가령, 세어(Sher, 2000)는 소외학생을 보호하고 이들의 복지를 증진시키기 위하여 법적 제도적 정비, 학생의 필요와 관심을 충족시키기, 그리고 공공정책과 지역사회의 교육적 캠페인을 주장하였다.

산더스(Sanders, 2000)는 소외학생의 교육복지는 재정 확충, 관련 교육정책 마련, 교사의 질 향상, 학교의 환경개선, 그리고 학교와 지역사회 간 파트너십 형성에서 그 답을 찾을 수 있다고 보았다. 결과의 평등을 실현하기 위한 역차별을 전제로 소외학생의 교육 복지 대책을 좀더 구체적으로 살펴본다.

첫째, 재정 확충을 통한 농어촌 소외학생의 교육복지 증진을 생각해 볼 수 있다. 농어촌 소외학생들은 과거로부터 교육기회의 불균형으로 인한 열악한 교육결과를 경험하였으므로 이들을 위한 부수적 재정 지원은 당연한 일이다. 농어촌 소외학생이 재학하는 학교는 동일한 재정적 투입을 통해서는 보다 우수한 교육적 환경 출신 학생들이 재학하는 학교와 결과가 대등해질 수 없다. 따라서 학교 이외의 조건의 불리함을 보상할 수 있도록 더 많은 재정 지원이 이루어지지 않으면 안 된다. 예컨대, 사회간접자원의 부족에서 오는 학습의 불이익을 학교가 충분히 보상해 줄 수 있는 재정적인 투자가 이루어져야 한다.

둘째, 직접적으로 소외된 학생의 교육복지 관련 정책을 마련하는 일이다. 지금까지 농어촌 학교가 효과적으로 작동하는 데 필요한 정책적인 지원은 미비한 편이었다. 따라서 농어촌 소외학생이 다니는 학교가 효과적으로 작동하여 결과의 평등을 실현할 수 있도록 필요한 지도와 도구 및 지원을 포함한 정책을 강구해야 한다.

지금까지 농어촌 소외학생을 위한 교육정책은 주로 결핍이론에 입각하여 강구되었다(Tompkins, 2003). 즉 농어촌의 장점을 최대한 살리기보다는 부족한 무언가를 보충해 주는 방향으로 정책이 전개되었다. 소규모 학교 통폐합을 통한 농어촌 학교교육 정상화 정책은 그러한 일환이다. 그러나 농어촌 학생의 교육복지는 거주지 학교에서 배울 때 실현 가능하다. 지역사회를 학습장으로 활용할 수 있도록, 그리고 지역화 교육을 통하여 농어촌 학생의 복지를 증진할 수 있도록 학교 재정의 확충이나 시설 보완, 교사 양성 및 전문성 신장 그리고 교육과정 개발이 이루어져야 한다(Tompkins, 2003).

미국의 경우 가난한 학생을 위한 교육적 노력은 1965년 제정된 '초중등교육법(Elementary and Secondary Education Act)'과 'Goal 2000'에 구체화되었지만, 농어촌 거주자를 위한 직접적인 교육복지 정책은 '개인책임과 노동기회조정법(Personal Responsibility and Work Opportunity Reconciliation Act, 1996)'과 그 일환인 '결핍가정일시지원법(Temporary Assi-stance for Needy Families, 1997)'을 통하여 나타났다(Shiffman, 2003). 이 법안들은 농어촌 가정의 안정을 도모하고 결핍가정에 대한 재정지원을 융통성 있게 하자는 취지에서 제안되었으며, 벽지 거주 사회보장제도의 수혜자를 위한 직업교육이나 재활프로그램을 실시하여 저소득 가정의 취업기회를 증대하고 이를 통한 자녀의 교육복지를 증진하자는 것이다.

농어촌 소외학생은 상대적으로 정서적 행동 장애를 가진 학생들이 많다(Rasmussen, 2002). 따라서 소외학생의 복지증진을 위해서는 이들을 위한 구체적인 프로그램이 마련되어야 한다. 예컨대, 일반적인 교육환경 속에서 모든 학생을 유지한다는 것을 목표로 만들어진 미국의 '초등선택(Elementary Options)'은 대표적인 농어촌 거주 정서적 문제 아동을 지원하기 위한 프로그램이다. 프로그램은 5단계(정규학급에서 시행하는 문제아 지원, 상담, 코치와 봉사교육과 방과 후에 시행하는 반나절 대안 학급운영)로 구성되어 있다. 이를 위하여 교육정책가들은 프로그램을 개발하고, 프로그램 운영에 필요한 인적 자원을 확보하며 필요한 재정을 마련하여야 한다는 것이다.

셋째, 교사의 질 향상을 통한 농어촌 소외학생의 교육복지 구현이다. 우수한 인적 자원의 확보는 농어촌 학교교육의 숙원 과제이다. 그런데 문제는 우수 교사의 농어촌 학교 근무 기피와 낮은 교육적 열의, 그리고 이들의 전문성 신장 기회의 제한이 곧 농어촌 학생들의 소외현상을 심화시키고 있다는 점이다.

이를 위하여 '현장 중심 예비교사 훈련 프로그램'을 마련하거나 농어촌 교사 간 교육정보 교환을 위한 '웹사이트 개설' 등은 생각해 볼 수 있는 방안이다. 전자는, 사전 현장 경험이 교사의 사회화 과정이나 농어촌 학생의 학습결과에 중요하기 때문에 농어촌의 지역적 특성에 적합한 교사를 맞춤형으로 양성하는 것을 말한다. 즉 예비교사들에게 봉사교육 프로그램을 시행하여 농어촌 지역 사회나 학교 사택에 일정 기간 기숙하면서 지역사회의 요구를 분석하고 그것을 교육과정에 반영하여 교육하는 현장중심 예비교사 훈련 프로그램을 시행하자는 것이다(Davis, Emery, & Lane, 1998).

웹사이트 개설은 농어촌 지역 학교에 근무하는 교사가 안고 있는 고립과 제한된 자원 및 전문성 신장 기회를 보완하기 위한 노력이다. 궁극적으로 농어촌 학생의 교육복지 증진을 위해서이다. 즉 웹사이트를 개설하고 토론방을 열어서 동료교사 간 접촉을 활성화하고, 전문가나 지역사회 조직과 관련 자료에 대한 정보를 공유하게 하고, 데이터베이스나 온라인 출판물에 쉽게 접근하게 하고, 회의자료나 일상적 교육활동에 대한 자료 및 의문사항에 대한 의견을 주고받도록 하자는 것이다(Herrington & Herrington, 2001).

넷째, 학교환경의 개선을 통한 교육의 질 향상이다. 농어촌 학교는 과정변인인 학교의 사회적 체제(물리적 시설, 학교 학습환경, 재정적 지원, 행정적 지원, 행정의 효능성, 교직만족도), 교육과정 구성 및 운영(학습집단 편성, 교수계획, 좌석배치 방식, 수업교재, 평가, 학생지도 투입 시간, 진로지도), 그리고 학교의 학습풍토(학생풍토, 교사풍토, 교장풍토)에 있어서 상대적으로 다른 지역 학교들보다 열악하다. 따라서 이러한 과정변인을 일반적인 교육이 가능한 수준까지 향상시키지 않으면 안 된다.

특히 농어촌 학생에게 적합한 교수-학습방법을 강구하지 않으면 안 된다. 가령, 농어촌 학생의 학습을 지원하기 위한 e-learning 시스템을 구축하여 운영하는 일은 한 방안이 될 수 있을 것이다. 학습 센터를 구축하고 학습에 필요한 컨텐츠를 개발하고 개별 학교와 센터 간 연계를 통하여 농어촌 학교교육을 지원하자는 것이다.

다섯째, 학교와 지역사회 간 파트너십을 구축하여 농어촌 소외학생의 복지를 증진시키자는 것이다. 미국의 '벽지학교와 지역사회 신뢰 프로그램(Rural School and Community Trust)'은 대표적인 예이다. 이는 학교와 지역사회가 협력하여 농어촌을 살기 좋고, 일하기 좋고, 공부하기 좋은 지역으로 만들어 보자는 프로그램이다. 즉 농어촌 학교와 지역사회를 동시에 개혁함으로써 농어촌 극빈자와 소외된 사람들에 대한 복지를 증진할 수 있다고 본 것이다(Tompkins, 2003).

그 외 평생교육 차원에서 농어촌 거주자의 노동력 향상을 위한 학교의 활용을 들 수 있다. 가정의 사회 경제적 환경을 개선하여 자녀교육에 대한 지원과 우호적인 교육환경을 조성해 보자는 시도이다. 미국의 경우 1998년 제정된

'노동력투자법(The Workforce Investment Act)'이 대표적인 예이다. 이는 지역학교 시설을 활용하여 참가자의 고용과 수입 증진, 직업 기술 훈련, 그리고 노동자의 질을 향상시키자는 법률이다. 학교는 방과 후 혹은 주말에 노동력 증진 프로그램의 센터 역할을 하며, 교사는 지역에 맞는 노동력 증진 과 훈련을 위한 프로그램을 개발한다. 방과 후 개별지도, 직업지도, 진로지도 를 통하여 성인의 직업 교육과 소외 아동의 학습력을 신장시키자는 것이다 (Beaulieu, 2000).

4. 나오며

농어촌 소외학생의 교육복지는 외적 도움만으로 이루어지는 것은 아니다. 소외된 학생 스스로 자신의 미래를 개척할 수 있다는 인식이 중요하다. 따라 서 이들에게 희망을 줌으로써 긍정적인 교육관을 갖게 하는 일이 급선무이다. 학생들에게 우호적인 환경을 조성해야 함은 물론 학생들로 하여금 진취적인 기상과 새로운 것에 대한 도전의식을 심어주어야 한다. 패배의식과 좌절을 극 복하고 숙명적인 인생관을 극복할 수 있는 희망을 불어넣어 주는 것이 중요하 다. 따라서 농어촌 소외학생들의 복지 역시 물리적인 조건의 개선 못지않게 이들의 인식전환 교육도 병행하여야 할 것이다.

또한 농어촌 소외학생의 복지를 고려함에 있어서 농어촌과 상대 지역 간의 이분법적 사고는 경계되어야 한다. 이때 극복되어야 할 상대는 도시 거주자가 아니라 농어촌 학생의 복지를 저해하는 대상과 기득권층의 복지를 더 강화하 고 지원하려는 사람들이다. 사회 유기체는 구성원 간 상호 밀접하게 연관되어 있기 때문에 한 부분이 다른 부분에 영향을 미친다는 '이웃효과'에서 보는 것 처럼 농어촌 학생의 소외 문제는 당사자만의 문제가 아니라 우리 모두의 문제 이다. 따라서 가정과 학교는 물론 지역사회가 공동의 관심과 노력을 경주할 때 농어촌 소외학생의 교육복지는 나아질 수 있을 것이다.

이를 위해서는 기본적으로 농어촌 소외학생의 실태를 대상 집단별로 먼저 파악하고, 그러한 조사에 기초하여 각 대상 집단에 적합한 재정 지원 및 정책 개발, 학교에서의 보상교육 방안, 그리고 지역사회의 역할 등이 구체적으로 마련되어야 할 것이다.

참고 문헌

곽은숙(2002), 컴퓨터와 교사문화, 교육인류학회 월례회 발표자료.

길양숙(1995), 교사의 질문 행동의 특성과 관련 변인의 탐색, 교육학연구 33(1): 27-44.

김기수(2001), 학교문화를 바라보는 눈, 전남교육연구소 소식지 8월호, pp.12-18.

김병성(1981), 교육격차 관련 요인, 한국교육개발원.

김성장(1996), 모둠 토의수업 방법 10가지, 마음을 여는 책.

김안중(1995), 학교의 본질: 오늘날 학교의 기능은 그 본질에 충실한가?, 교육학연구 33(4): 21-34.

박병학(1986), 발문법 원론, 세광출판사.

박병학(1997), 사랑의 수업론, 교육과학사.

박찬국(2001), 현대 기술문명의 본질과 위기에 대한 하이데거 사상. 교육인류학회 월례회 발표자료.

변홍규(1997), 능률적 토의수업의 기법, 교육과학사.

서울특별시교육연구원(1989), 학습개별화의 원리와 실제, 서울특별시교육연구원.

손순종(2001), 교육사회학, 문음사.

윤팔중(1994), 학습지도론, 학연사.

이무근·이용환·권진동(1982), 도시─농촌간의 교육격차 요인·당면과제·개성방향, 한국농업교육학회지 14권 1호, 한국농업교육학회.

이미자(2003), 초등학교 ICT교육의 가능성과 한계, 2002 광주교육대학교 현장교사 연계공동연구보고서, 광주교육대학교.

이용숙 외(1988), 한국 국민학교 수업의 문화기술지 연구, 한국교육개발원.

이용숙·정환규·박금화(1988), 국민학교 수업방법의 개선을 위한 문화기술적 연구, 한국교육개발원연구보고.

이인효(1981), 교육격차의 학교 내적 요인, 교육개발 23권 6호.

이정선(2000), 전환기 학교교육의 자화상, 메이넷 미디어.

이정선(2002), 초등학교문화의 탐구, 교육과학사.

이정선(2002), 학교가 보인다, 다예미디어.

이종각(1988), 학교수업방법의 사회-문화적 맥락, 고형일 외 편(1988), 학교학습 탐구, 교육과학사.

이종각(1995), 교육인류학의 탐구(pp.124-177), 도서출판 하우.

이종재(1981), 교육격차 해소방안, 교육개발 23권 6호.

이해성(1985), 농도 시촌간 교육격차에 대한 분석, 목원대 논문집 8권 1호.

임한영(1969), 20세기 구미철학과 과학적 휴머니즘.

임한영(1984), 과학화 시대의 인간화 교육: 몬테소리 교육이론을 중심으로, 광장 1984년 1월호 pp.122-129.

정문성(2000), 협동학습의 쟁점, 광주교육대학교 초등교육연구소 편. 21세기를 여는 초등교육의 쟁점들, 교육과학사.

정병호(1999), 일본교육개혁의 문화적 의미, 교육인류학연구 2(3): 1-40.

정영애(1981), 교육격차의 학교외적 요인, 교육개발 23권 6호.

조벽(2002), 조벽 교수의 명강의 노하우 노와이, 해냄.

조연순·우재경(1998), 초등과학 수업에서 교사의 발문과 반응 유형분석, 교육과학 연구 27: 51-69.

조영달 편(1999), 한국 교실수업의 이해, 집문당.

한국교육학회 편(1969), 한국교육 20년, 한국교육학회, pp.26-35.

한국문화인류학회 편(1998), 낯선 곳에서 나를 만나다, 일조각.

한면희·김재복·한안진·송용의(1987), 교수·학습 과정에서의 효율적인 발문법에 관한 연구, 인천교대 논문집 21(1): 159-201.

한정신(1980), 한국 청소년 교육격차 연구, 숙명여자대학교 박사학위 논문.

Ballantine, J. H.(2001). *The sociology of education*. Upper Saddle River, New Jersey.

Banks, J. A. & Banks, C. A. M.(1989). *Multicultural education*. Allyn and Bacon, Boston

Bastick, T. (1999). Three Ability Framework: A paradigm for evaluating the quality of teaching. *ED 451 229*

Beaulieu, L. J. (2000). Rural Schools and the Workforce Investment Act. *ED 448 967*

Blanchard, A. Horan, T. (1990). Virtual communities and social capital. *Social Science Review.* 16(3): 293-307

Blosser, p.E. (1991). *How to ask right questions.* NSTA

Boocock, S. S. (1980). *Sociology of education.* University Press of America

Braatz, J., Putnam, R. D.(1996). Families, communities, and education in America: exploring the evidence. *ED 412 637*

Cole, p.G. C. & Chan, L. K.저, 권낙원 역(1994). 수업의 원리와 실제. 성원사

Coleman. J. S.(1987). The relations between school and social structure. In (ed.) Hallinan, M. T. (1987). *The social organization of schools*: *new concepctualizations of the learning process.* Plenum Press

Csikszentmihalyi, M. (1999). *Finding Flow.* 이희재 옮김. 몰입의 즐거움. 서울: 해냄

Darling-Hammond, L. 1997). The Quality of teaching matters most. *Journal of Staff Development.* 18: 38-41

Davis, M. T., Emery, M. J., & Lane, C. (1998). Serve to learn: making connection in rural communities. *ED 417 890*

Dillon, J. T. 저. 김정효 역(1997). 토론학습의 이론과 실제. 교육과학사

Eggleston, S. J.(1967). *The social context of the school.* Routledge and Kegan Paul

Eisner, E. W.(1982). *Cognition and curriculum*: *A basis for deciding what to teach.* Longman: N.Y.

Epstein, J. L., Sanders, M. G.(2000). Connecting home, school, and community. In (ed.) Hallinan, M. T.(2000). *Handbook of the sociology of education.* Plenum Publishers

ERIC Clearinghouse. (1987). Improving quality of teaching. *ED 287 206*

Foster P., Gomm, R., Hammersley, M. (1996). Constructing Educational Inequality. The Falmer Press

Fukuyama, F.(1995), 구승회 옮김(1996). 트러스트: 사회도덕과 번영의 창조. 한국

경제신문사

Fursteinberg Jr, F. F., Hughes, M. E.(1995). Social capital and successful development among at-risk youth. *Journal of Marriage and the Family.* 57: 580-592

Gestwicki, C.(1996). *Home, school and community relations: a guide to working with parents.* Delmar Publishers

Herrington, A. & Herrington, J. (2001). Web-based strategies for professional induction in rural, regional and remote areas. *ED 466 893*

Hess, R. & Azuma, H. (1987). Cultural support for schooling: Contracts between Japan and the United States. *Educational Researcher.* 20(9): 2-8 & 12

Hofstede, G. 저. 차재호, 나은영 역(1996). 세계의 문화와 조직. 학지사

Hui, C. H. & Triandis, H. (1986). Individualism-collectivism: A study of Cross-cultural Researchers. *Journal of Cross-cultural Psychology.* 17(2): 225-248

Huntington, S. P., & Lawrence, E. H. 공편. 이종인 역(2000). 문화가 중요하다. 김영사

Jackson, p.W. (1968). Life in Classroom. Holt, Rinehart & Winstom, Inc.

Juane, H. L.(1991). Developing effective programs for special education students who are homeless. *ED340148*

Lancey, D. F.(1993). *Qualitative research in education.* Longman

Lareau, A.(1987). School-class differences in family-school relationships: the importance of cultural capital. *Sociology of Education.* 60: 73-85

Lave, J. & Wenger, E. (1999). *Situated learning.* Cambridge University Press

Lee, J. S.(1995): *Socialization of Korean-American high school students for academic achievement: an ethnographic study.* Unpublished doctoral dissertation. Rutgers University.

Lee, V. E., Croninger, R. G.(1996). Social capital and children's development: the case of education. *ED 412 629*

Levine, D. U. & Havighurst, R. J.(1992). *Society and education*(8th edition). Allyn and Bacon. Boston

Levine, R. 저 이상돈 옮김(2001). 시간은 인간을 어떻게 지배하는가. 황금가지

Lewis, C. C. (1988). Japanese First-grade classroom: implications for U.S. Theory and Research. *Comparative Education Review.* 32(2): 159-172

Lewis, C. C. (1989). From indulgence to internalization: social control in the early school years. *Journal of Japanese Studies.* 15(1): 139-157

Minnis, p.L & Shrable, K(1970). *Improving questioning strategies.* Teacher Manual Level. Search Models

Moore, K. D. (2005). *Effective Instructional Strategies.* Thousand Oaks: Sage Publications

Muller, R. J. (1991). Three models for teaching and learning. *ED 369 752*

Nadel, W., & Sagawa, S. (2002). America's forgotten children: child poverty in rural America. *ED 467 475*

Orstein, A. C. (1986). Teacher effectiveness research: some ideas and issues. *Education and Urban Society.* 18(2): 168-175

Oxenham, J. (1997). Eqyality, Policies for Educational. In (Ed.) Saha, L. J. (1997). International Encyclopedia of the Sociology of Education. Pergamon

Patricia, S. K.(1999). Rural African Americans and education: The legacy of the Brown decision. *ED 425 050*

Payne, M. A.(1997). School-parent relationships. In (ed.) Saha, L. J.(1997). *International encyclopedia of the sociology of education.* Pergamon

Rasmussen, J. & Lund, D. (2002). Empowering children to change. *ED 463 106*

Ron, R.(1993). Poverty and learning. *ED 357 433*

(Ed.) Saha, L. J.(1997). *International encyclopedia of the sociology of education.* Pergamon. New York

(Ed.) Sanders, M. G. (2000). *Schooling students placed at risk: research, policy, and practice in the education of poor and minority adolescents.* Lawrence Erlbaum Associates, Publishers

Sher, J. p.(2000). Connecting rural school reform and rural child advocacy. *ED 455 076*

Shiffman, C. D. (2003). Welfare reform in (Ed.) Gutherie, J. W.(2003), *Encyclopedia of education*(2nd edition). Macmillan Reference USA

Shimahara, N. K. & Sakai, A. (1995). *Learning to teach in two cultures*: *Japan and the United States*. Garland Publishing, Inc.

Takaoka, T. (1992). Class management and student guidance in Japanese elementary and lower secondary schools. In (Ed.) Leestma, R. & Walberg, H. J. *Japanese Educational Productivity*. University of Michigan Press

Techman, J. D., Paasch, K., Carver, K.(1997). Social capital and the generation of human capital. *Social Forces*. 75(4): 1343-1359

Tobin, J. J., Wu, D, H. Davidson, D. H. (1989). *Preschool in three cultures*: *Japan, China, and the United States*. Yale University Press.

Tompkins, R. B. (2003). Rural school and communities: getting better together. *The State Education Standard*. Winter 2003

Walberg, H. J. et. al. (1986). A Test of a Model of Educational Productivity among Senior High School Students. *Educational Research*. 79(30: 133-139

Wehlage, G. G.(1993). Social capital and the rebuilding of communities. In (ed.) Prager, K. (1993). Social capital: the foundation for education. *ED 363 953*

Wendy, S.(2001). Strategies for improving the educational outcomes of Latinas. *ED458344*

杉山正一・香川英雄 엮음. 권낙원・김현옥 옮김(1994). 학습지도 기술. 성원사

◈ 저 자 소 개 ◈

이 정 선

이정선은 한양대학교에서 박사학위 과정을 수료한 후 미국 럭거스 뉴저지 주립대학교에서 박사학위(교육인류학 전공)를 받았다. 현재 광주교육대학교 교육학과 교수, 한국교육인류학회 회장, 초등학교문화연구소 소장, 광주교육대학교 대학발전연구원장(기획실장)으로 재직 중이다. 15권(공저포함)의 저서와 다수의 교육관련 논문이 있다.

효과적인 학교교육론

• 초판 인쇄	2006년 5월 1일
• 초판 발행	2006년 5월 1일
• 지 은 이	이정선
• 펴 낸 이	채종준
• 펴 낸 곳	한국학술정보㈜
	413-756 경기도 파주시 교하읍 문발리 526-2
	파주출판문화정보산업단지
	전화 031) 908-3181(대표) · 팩스 031) 908-3189
	홈페이지 http://www.kstudy.com
	e-mail(출판사업부) publish@kstudy.com
• 등 록	제일산-115호(2000. 6. 19)
• 가 격	16,000원

ISBN   89-534-5154-X 93370 (Paper Book)
　　　　 89-534-5155-8 98370 (e-Book)